铁路调度事故
案例汇编与解析

樊小锋◎主　编
秦芸成 赵晖 冯俊 刘海虎◎副主编

中国铁道出版社有限公司
CHINA RAILWAY PUBLISHING HOUSE CO., LTD.

内 容 简 介

本书编选铁路运输调度部门历年典型事故案例40个，通过深刻分析产生原因、查找存在问题、指出违章详情、总结经验教训，并对事故案例进行解析评述，以期促进并提高铁路运输调度人员技能水平和应变能力。全书共分四章，内容来源于历年实际工作中出现的典型事件，资料翔实、图文并茂、解析客观，是铁路运输调度人员日常学习和培训的重要素材。

本书可供调度各工种及调度管理人员使用，也可供运输生产岗位人员学习参考。

图书在版编目（CIP）数据

铁路调度事故案例汇编与解析 / 樊小锋主编 . 北京 ：中国铁道出版社有限公司，2024. 11. – ISBN 978-7-113-31580-1

Ⅰ. U298.5

中国国家版本馆 CIP 数据核字第 20244UV140 号

书　　名： 铁路调度事故案例汇编与解析

作　　者： 樊小锋

责任编辑： 李曦琳　　　　**编辑部电话：**（010）51892548

封面设计： 郑春鹏

责任校对： 苗　丹

责任印制： 高春晓

出版发行： 中国铁道出版社有限公司（100054，北京市西城区右安门西街8号）

网　　址： https://www.tdpress.com

印　　刷： 天津嘉恒印务有限公司

版　　次： 2024年11月第1版　2024年11月第1次印刷

开　　本： 880 mm × 1 230 mm　1/32　**印张：** 9.75　**字数：** 235千

书　　号： ISBN 978-7-113-31580-1

定　　价： 65.00元

前　言

案例教育是铁路运输调度最有效的业务培训方法。通过记录翔实、分析客观、深究根源的案例教育，调度员能够直观、感性、快速学习和了解调度组织过程，特别是应急指挥过程中的关键环节和应对措施，达到提高调度员业务水平和处置能力的目的。

铁路运输调度是铁路运输的指挥中枢，又是铁路应急处置的指挥中心，在各类应急处置过程中起着十分重要的作用。调度员指挥水平的高低直接决定了应急处置过程是否准确、快速、高效。调度部门每天面临的情况复杂多样，同一件事情的处理方法在某种条件下有效，换一种环境可能收效甚微，需要针对具体情况制定切合实际的应急处置方案，这就需要调度员在日常的工作中善于总结、不断积累。好的经验和正确做法是确保调度指挥安全的有力武器。但是因为种种原因，调度员不可能经历所有的非正常情况，因而案例教育就十分必要和及时了。通过案例教育，对以往的事故进行分析，找出产生的根源以及存在的问题，从中吸取教训和总结经验，知道在调度指挥过程中哪些是需要注意的，哪些是错误的，哪些是坚决禁止的，遇到突发应急情况时，消除案例中的不当做法，运用案例中好的做法及经验，对于调龄不长、经验较少的调度员来说是大有裨益的。

为适应当前调度工作的发展需求，编者对全路调度系统历年典型案例进行甄选编辑，分别按命令凭证类、程序标准类、施工维修类、其他作业类四个类别编选共40个典型案例，以事故概述、存在问题、违章详情、吸取教训、解析评述和思考问题为基本结构，对列举的典型案例进行详细剖析，深入查找问题所在，深刻吸取经验教训，为调度员开启“科学指挥、精心调度”之门提供钥匙。在编制案例时，编者对一些典型错误以及认识模糊的问题予以详解，相信对调度员提高业务水平和应变能力能起到一定作用。同时，通过丰富的图片和案例图解，力求做到版面活泼、深入直观、解析准确，使本书更具可读性。

在本书编写过程中，曾得到中国铁路兰州局集团有限公司王大林、方兴军、姚自魁、张璞、陈南江等同志的帮助指导，他们从事调度工作多年，经验丰富、工作严谨，对本书提出许多意见和建议。特别是中国铁路兰州局集团有限公司总调度长王大林同志在百忙之中审定内容，提出严格的建议和要求，对此表示诚挚感谢！鉴于编者水平有限，书中疏漏和不妥之处在所难免，敬请广读者批评指正。

樊小锋

2024年9月

目录

第一章　命令凭证类

案例 1

调度命令漏发受令处所造成电力机车进入无电区一般 C 类事故

一、事故概述

×× 年 3 月 2 日 23 时 17 分，×× 局调度所列车调度员布置 A 站车站值班员：通知该站一场电力机车降弓，进行接触网停电维修作业。列车调度员在得到车站值班员布置事项已落实好的汇报后，发布封锁 A 站一场调度命令。23 时 49 分列车调度员发布 A 站一场接触网停电命令。所发布的封锁、停电命令中受令处所均缺少供电臂范围内的机务段折返段，列车调度员仅以口头指示要求车站严禁机务折返段电力机车出库。车站值班员签认了调度命令，但对列车调度员指示通知机务段折返段严禁电力机车出库的要求，因忙于其他工作没有通知到位。3 月 3 日 0 时 37 分，机务段折返段联系车站助理值班员电力机车出库，由于车站、机务段之间工作联系不彻底、工作不认真，造成电力机车进入无电区，构成铁路交通一般 C 类事故，车站负事故主要责任，×× 局调度所负次要责任。

二、存在问题

1. 车站值班员与助理值班员违章蛮干。车站作业人员违反接触网停电作业行车限制卡停电限制要求，车站值班员对列车调度员的口头指示松懈麻痹，没有严格执行列车调度员的指示，未及时通告折返段不得进出电力机车，最终导致了电力机车进入了停电区，是造成事故的直接原因。

2. 调度命令发布受令处所不全。列车调度员发布接触网停电命令时违反《调规》[①]“调度命令发布前，应详细了解现场情况，听取有关人员的意见，命令内容、受令处所必须正确、完整、清晰”的规定，调度命令受令处所不全，仅以口头指示要求车站严禁机务折返段电力机车出库。机务段折返段不知道停电范围，工作中联系不彻底，盲目行车造成电力机车进入无电区。列车调度员发布调度命令缺受令处所也是发生事故的重要原因。

三、违章详情

违反《技规》[②]（普速）第231条之规定：“指挥列车运行的命令（运行揭示调度命令除外）和口头指示，只能由列车调度员发布。列车调度员在发布命令之前，应详细了解现场情况，并听取有关人员意见。”

违反《调规》（普速）第74条第（二）款之规定：“值班中应精力集中、坚守岗位、严格落实岗位安全责任、遵守安全生产规章制度和操作规程，及时正确处理问题。”

违反《调规》（普速）第75条第（一）款之规定：“调度命令发布前，应详细了解现场情况，听取有关人员的意见，命令内容、受令处所必须正确、完整、清晰。”

违反《调规》（普速）第75条第（二）款之规定：“使用计算机、传真机、调度命令无线传送系统发布调度命令时，必须严格遵守

① 《铁路运输调度规则》，在本书中均指事故发生时施行的版本。
② 《铁路技术管理规程》，在本书中均指事故发生时施行的版本。

‘一拟写、二审核（按规定需监控人审核的）、三签发（按规定需领导、值班主任或值班副主任签发的）、四发布、五确认签收’的发布程序。命令接受人员确认无误后应及时反馈回执。”

四、吸取教训

1. 列车调度员发布停电命令之前，要确认停电区段已经具备条件。特别是管辖区段有电力机车折返段的调度台，要注意折返段内是否具备停电条件。

2. 列车调度员按有关规定发布接触网停送电调度命令，受令处所需覆盖接触网供电臂字典中规定的所有受令处所。

3. 对站内接触网停电牵涉到联络线或段管线内的施工和维修作业，要加强作业盯控，严格执行触网停电作业行车限制的有关规定，特别是涉及结合部的关键项点和关键作业要严格落实安全管控措施，确保作业安全。

五、解析评述

1. 调度命令

调度命令系指，各级调度在组织指挥日常运输工作中对下级调度或站段以及有关人员所发布的有关完成日常运输生产的具体部署和指挥行车工作的指令，调度命令必须有调度命令编号并有书面或计算机系统的记载。

2. 调度命令的特点

严肃性——调度命令是涉及行车工作的命令，直接关系到列车运行安全和旅客生命财产安全。所以调度命令的发布要严格执行有关规章制度和要求，在内容上不得违章，在发布时要准确无误，在执行上必须令行禁止。

规范性——调度指挥涉及车、机、工、电、辆、供等多个部门，调度命令的内容及发布程序必须规范准确，以便于不同受令者能明确命令内容并准确执行。

单一性——调度命令的受令范围包括多个单位、多个部门和多个工种。因此，调度命令必须一事一令，防止命令在传递、执行中出现内容分歧，从而导致调度命令在执行中发生问题。

时效性——列车在运行中受运输组织、设备环境等多种因素的影响，运行情况瞬息万变。为了保证列车运行安全和运输畅通，调度命令必须具有时效性，应适时发布，防止因列车运行情况的变化而过多地取消和重发命令，影响调度命令的执行。

3. 调度命令发布要素

在指挥日常运输过程中，列车调度员在进行某项作业时发布的调度命令，既是有关部门具体办理行车工作的主要依据，又是列车调度指挥工作和安全生产工作的必要手段，因此发布调度命令必须要求及时、准确。调度命令包含“命令内容、受令处所、发布时间、签收回执”四个基本要素。调度命令发布要达到命令内容正确、受令处所齐全、发布时机及时、签收回执不漏，这样所发布的调度命令能够被认真执行，确保运输顺利进行。因此，列车调度员在发布调度命令前应详细了解现场情况，听取有关人员的意见，确保发布调度命令及时、准确、完整、规范。

4.《调规》关于发布调度命令的基本规定

（1）调度命令发布前，应详细了解现场情况，听取有关人员的意见，命令内容、受令处所必须正确、完整、清晰。

（2）使用计算机、传真机、调度命令无线传送系统发布调度命令时，必须严格遵守“一拟写、二审核（按规定需监控人审核的）、三签发（按规定需领导、值班主任或值班副主任签发的）、四发布、五确认签收”的发布程序。命令接受人员确认无误后应及时反馈回执。

（3）使用电话发布调度命令时，必须严格遵守“一拟写、二审核（按规定需监控人审核的）、三签发（按规定需领导、值班主任或值班副主任签发的）、四发布、五复诵核对、六下达命令号码和时间”的发布程序。使用电话发收调度命令时，应填记“调度命令登记簿”（列车调度员使用调度命令系统记录时除外），指定受令人员中一人复诵，并记明发收人员姓名及时刻。

（4）已发布的调度命令遇有错、漏或变化时，尚未开始执行的，必须取消前发命令，重新发布调度命令；已开始执行的，应立即停止执行错误或变化内容，并及时发布调度命令进行修正。

（5）调度命令书写不正确时，应重新书写。

（6）发布有关线路、道岔限速的调度命令，必须注明具体地点、限速里程及限速值。铁路局集团公司可对特殊或紧急情况不注明限速里程的场景结合具体情况制定相关办法。

（7）发布救援调度命令，必须注明被救援列车或车列的救援端里程。

（8）使用常用行车调度命令模板（《调规》附件 2）、常用运行揭示调度命令模板（《调规》附件 3）、常用局间客调命令模板（《调规》附件 4），拟写调度命令时，可根据需要对命令模板内容进行增加或删减。

该事故案例中，调度命令受令处所缺少供电臂范围内的机务段折返段，机务段折返段未收到供电臂接触网停电调度命令，仍然按照日常作业组织电力机车出库。而车站值班员签收了封锁及停电的调度命令后未向机务段折返段告知，也未对车站助理值班员作业进行盯控。车站助理值班员接到机务段机车出库的申请后，未核对确认是电力机车还是内燃机车，就贸然同意电力机车出库，盯控人员对该项作业盯控不力，未及时发现并制止，造成电力机车出库进入无电区。工作中由于缺乏认真、细致的精神，各工种之间互相联系不彻底、互控不及时，造成事故的发生。虽然具体作业在车站，但从调度命令发布来看，如果所发布调度命令受令处所中有机务段折返段，机务段折返段接收命令后被告知并严格执行，就会避免出现这样的工作失误。所以列车调度员要不断提高自身业务水平，严格按照规定程序发布调度命令，做到调度命令内容正确、受令处所齐全、发布时机及时、签收回执不漏，确保运输顺利进行。

六、问题思考

1. 调度命令发布要素有哪些？

2. 调度命令受令处所为什么要齐全？

3. 各工种之间应如何做到联系彻底、互控及时？

4. 电力机车进入无电区有什么严重危害？

5. 对于接触网停电调度命令应注意哪些重点事项？

6. 铁路运输调度应如何提高自身业务素质，确保调度命令发布及时、准确？

7. 如何认识“调度命令是调度员生命”？

责任心是安全之魂，
标准化是安全之本。

案例 2

调度命令错误拟写受令处所造成轨道车错误进入区间一般 C 类事故

一、事故概述

×× 年 6 月 20 日 21 时 02 分，×× 局调度所列车调度员发布准许供电作业车进行施工维修的调度命令，将受令处所栏内受令车站错误拟写为“A 站至 A 站间各站”（按施工登记请求应为“A 站至 D 站间各站”）。供电段相关作业人员在接到调度命令后，未认真进行相互核对，擅自开行轨道车进入区间进行作业，构成铁路交通一般 C 类事故，×× 局调度所负主要责任。

二、存在问题

1. 车站作业人员未核对调度命令，盲目交付。车站作业人员在接到调度命令后，未认真对命令内容进行核对，命令内容与维修内容不符，盲目向供电作业人员交付作为行车凭证的调度命令。供电人员接到命令后，也未认真核对命令内容，擅自开行轨道车进入区间进行作业，构成铁路交通一般 C 类事故。

2. 作为行车凭证的调度命令受令不全。列车调度员发布调度命令时违反《调规》“……，命令内容、受令处所必须正确、完整、清晰”以及“使用计算机……发布调度命令时，必须严格遵守一拟写、二审核（按规定须监控人审核的）、三签（按规定须领导、值班主任或值班副主任签发的）、四发布、五确认签收……”之规定。拟写命令时将受令处所错写为“A 站至 A 站”，与施工维修计划作业地点不符。拟写命令后未按规定进行认真检查，也未与助理调度员核对，是造成事故的主要原因。

三、违章详情

违反《技规》（普速）第231条之规定："指挥列车运行的命令（运行揭示调度命令除外）和口头指示，只能由列车调度员发布。列车调度员在发布命令之前，应详细了解现场情况，并听取有关人员意见。"

违反《技规》（普速）第350条之规定："车站应不间断地接发列车，严格按列车运行图行车。接发列车时，车站值班员应亲自办理闭塞、布置进路（包括听取进路准备妥当的报告）、开闭信号、交接凭证、接送列车、发车。"

违反《技规》（普速）第379条之规定："列车调度员应保证施工时间，并向施工区间的两端站、有关单位及施工负责人及时发出实际施工调度命令。"

违反《技规》（普速）第382条之规定："向施工封锁区间开行路用列车时，列车进入封锁区间的行车凭证为调度命令。该命令中应包括列车车次、停车地点、到达车站的时刻等有关事项，需限速运行时在命令中一并注明。"

违反《调规》（普速）第74条第（二）款之规定："值班中应精力集中、坚守岗位、严格落实岗位安全责任、遵守安全生产规章制度和操作规程，及时正确处理问题。"

违反《调规》（普速）第75条第（一）款之规定："调度命令发布前，应详细了解现场情况，听取有关人员的意见，命令内容、受令处所必须正确、完整、清晰。"

违反《调规》（普速）第75条第（二）款之规定："使用计算机、传真机、调度命令无线传送系统发布调度命令时，必须严格遵守'一拟写、二审核（按规定需监控人审核的）、三签发（按规定需领导、值班主任或值班副主任签发的）、四发布、五确认签收'的发布程序。命令接受人员确认无误后应及时反馈回执。”

四、吸取教训

1. 列车调度员要高度重视调度命令的发布，严格按照《调规》规定程序、标准发布命令，认真审核，发现错漏及时取消，重新发布准确调度命令。

2. 调度命令用语必须正确、严谨，严格按照命令模板发布。

3. 对施工维修调度命令，要严格按照设备管理部门登记内容发布，严格按照施工计划内容发布，保障施工维修命令的准确性。

4. 对于向施工封锁区间开行路用列车时，作为列车进入封锁区间的行车凭证的调度命令，要严格准确发布，认真拟写、检查，核对命令中作业内容、列车车次、停车地点、到达车站的时刻以及受令处所等有关事项。车站要加强检查核对，发现错漏及时提醒及早改正。

五、解析评述

1. 调度命令的作用

（1）行车各部门具体办理行车工作的依据；（2）列车调度组织工作和安全生产的必要手段；（3）考察列车调度组织指挥工作的过程及工作质量的依据。

2. 施工调度命令

施工调度命令是指施工作业当日由列车调度员发布的准许施工作业开始、确认施工作业结束等与实际施工作业有关的调度命令，是施工维修过程开始和结束的具体依据。施工维修所涉及的车站、设备管理部门以及自轮运转特种设备运行都根据施工维修调度命令进行作业。

封锁区间施工时，列车调度员向施工区间的两端站、有关单位及施工负责人发出实际施工调度命令。车站值班员根据封锁命令，正确进行进路排列或道岔操纵，以便施工维修中的自轮运转特种设备正确进入指定地点进行施工作业；施工负责人接到调度命令，确认施工起止时刻，设好停车防护后，方可组织施工人员开工。

向施工封锁区间开行路用列车时，列车进入封锁区间的行车凭证为调度命令。该命令中应包括列车车次、停车地点、到达车站的时刻等有关事项。施工作业人员及路用列车司机应按照调度命令规定的车次、停车地点、到达时刻等命令内容执行。

对于复杂大型施工作业，施工调度命令不仅是各部门参与作业的总体要求和内容明示，也是开行路用列车的凭证。施工调度命令发布正确，既是确保施工顺利进行、路用列车开行安全的重要依据，更是确保参与施工人员人身安全的基本保障。

该事故案例中，因列车调度员疏忽，将受令处所栏内受令车站本应为“A 站至 D 站间各站”，错误发布为“A 站至 A 站间各站”。该命令仅 A 站受令，B 站、C 站、D 站没有收到该命令。对于供电臂停电作业，没有受令的车站值班员在不知情的情况下，可能会组织列车运行将电力机车放入无电区，也可能未准备好进路的情况下造成路用列车挤岔、脱轨、颠覆。更为严重的是，未受令车站因为不知道施工作业已经开始，路用列车凭调度命令进入区间，如果现场施工维修防护人员未做好防护，极易可能出现作业人员人身伤亡事故，究其事故源头，调度错发调度命令难辞其咎。

调度命令是列车调度员“生命”，必须要思想上高度重视，严格按规定程序发布。尤其是在施工集中修、非正常应急处置等期间，列车调度员忙于铺画运行线、调整列车运行、进行施工组织、与现场进行通话联系、对运输部门进行命令发布及口头指示等等工作任务，对调度命令的发布也是一条接着一条，常常没有时间进行仔细检查就争分夺秒下发，造成调度命令发布存在内容多字少字、受令处所漏转相关单位及司机等现象。有个别列车调度员在运输组织过程中，对于《技规》《调规》《行规》[①] 等关于调度命令发布的规定学习不够深入，存在一知半解、模棱两可的现象。对调度命令核心要素掌握不全面，频频出现命令错误的情况。

为此，应采取以下措施：

一是进行安全思想教育。开展安全教育活动，通过学习调度命令典型事故案例，提高全体调度员安全责任意识，提高“调度命令是调度员生命”的意识，保持工作态度的不松懈和工作标准的不走样。在日常工作中及时对班组人员进行安全风险研判和预警，明晰作业中调度命令发布的重点和难点，提高对调度命令按规发布意识，增强调度指挥水平。

二是严格落实作业标准。列车调度员要按照《技规》《调规》《行规》等规定发布调度命令，严格按调度命令用语发布。严格遵守“一拟写、二审核（按规定须监控人审核的）、三签（按规定须领导、值班主任或值班副主任签发的）、四发布、五确认签收”的发布程序。对规定需签认的重要调度命令，值班（副）主任及各签字人员要负起责任、认真审核、严格把关，提高调度命令发布的准确性。

三是加强调度命令管理力度。对调度命令进行严格管理，不仅要对调度命令做到100%的全覆盖检查，对检查发现的问题及时进行通报考核。还要通过对错发调度命令的认真分析，进行专题通报，利用专题学习、案例教育等各种形式，对出错的调度员进行“一对一”讲解指导，使其认清错在哪里、如何改正。对突出和具有代表性的问题，认真进行细致分析，严查在安全管理、人员素质、卡控制度等方面存在的深层次原因，找出问题根本原因，并制定整改方

① 《普速铁路行车组织规则》，下同。

案逐项整改。严格执行调度命令的考核制度，做到错误命令及时通报、批评、考核，确保调度安全有序可控。

四是不断提高业务素质。调度员作为调度命令的直接发布者，要不断提高自身业务水平，用娴熟简练的语言，专业的用语发布正确的、切实可行的调度命令，对出现错误的要及时采取有效措施将对运输的影响降到最低。遇有问题要果断、冷静处理，根据管辖区段内实际列车运行情况，及时发布正确的指挥行车的各种命令。要加强与现场站段的联系沟通，听从来自现场各单位的汇报和信息反馈，听取有关人员的意见，命令内容、受令处所必须正确、完整、清晰。

六、问题思考

1. 调度命令发布应遵循哪些发布程序？

2. 调度命令受令处所不齐全会有哪些危害？

3. 已发布的调度命令遇有错、漏或变化时应如何处理？

4. 列车进入封锁区间的行车凭证有哪些？

5. 对于接触网停电调度命令，受令处所应向哪些单位发布？

6. 作为调度员应如何从案例中吸取教训以提高自身的安全责任意识？

遵章守纪保安全，
安全第一永不松懈。

案例 3

未申请部令造成动车组乘务人员缺乘耽误列车一般 D 类事故

一、事故概述

甲局、乙局间动车组车底图定交路：0D5677（A 动车所—A 站）—D5678（A 站—B 站）—D346（B 站—C 站）—D345（C 站—B 站）—D5677（B 站—A 站）—0D5678（A 站—A 动车所），客运乘务和车底均由甲局担当。

××年7月12日，因设备故障影响动车组晚点，造成D346次无法接续后续交路D345次。7月12日D345次使用乙局CRH380B-6202动车组担当交路，客运乘务、随车机械师均由乙局担当。D345次动车组到达甲局B站后，开0D5677/8次入A动车所。D345次值乘客运人员在B站下车退乘，没有随车前往A动车所，仅随车机械师随车前往动车所。

7月12日23时32分，甲局调度所客调发布客调命令，命令第3项内容为："××年7月13日甲局动车所开0D5677次，该循环交路车底使用乙局车底CRH380B-6202动车组担当，定员不变（1005人）。7月13日A站开D5678次、B站开D346次，车辆及客运乘务改由乙局担当。"计划利用乙局动车组担当甲局A站至B站D5678次交路。因乙局客运段未接到D5678次担当乘务的调度命令，造成7月13日D5678次A站始发时无客运乘务人员。6时43分D5678次司机发现后汇报甲局调度所，甲局客运段根据局客调通知临时抽调乘务员担当D5678次客运乘务任务。7时25分从A站开车。耽误本次列车 25 min，构成铁路交通一般 D 类事故，甲局调度所负全部责任。

二、存在问题

1. 未按规定程序发布命令。甲局调度所客调未遵守命令发布程序，7 月 12 日 23 时 32 分发布的客调命令：7 月 13 日 A 站开 D5678 次、B 站开 D346 次，车辆及客运乘务改由乙局担当。发布该调度命令依据不充分、不规范。未充分考虑动车组列车开行要素，未落实动车组乘务人员，既未通报乙局有关部门，也未组织本局乘务人员担当乘务任务。动车台调度对 A 站开 D5678 次使用乙局车底、乙局乘务人员在甲局管内担当小交路时未按规定向原铁道部动车台请令，是导致事故发生的主要原因。动车组交路如图 1-1 所示。

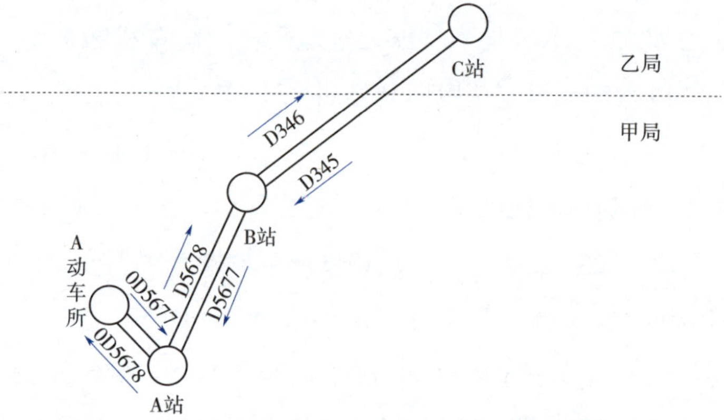

图 1-1　动车组交路

2. 调度所内部控制不力。调度所岗位间缺乏有效的互控，调度命令的发布审核把关不严，是导致事故发生的又一原因。

三、违章详情

违反《技规》（高速）第 209 条之规定：“行车工作必须坚持集

中领导、统一指挥、逐级负责的原则。局与局间由铁路总公司，局管内各区段间由铁路局，一个调度区段内由本区段列车调度员统一指挥。”

违反《技规》（高速）第 214 条之规定：列车应设有列车乘务组。

违反《技规》（高速）第 266 条第 1 款之规定：“列车调度员负责组织实现列车运行图、调度日计划，应做到：1. 检查列车运行图和调度日计划的执行情况，及时发布有关调度命令和口头指示。”

违反《技规》（高速）第 270 条第 1 款之规定：“发布调度命令的基本规定：1. 调度命令发布前，应详细了解现场情况，听取有关人员的意见，命令内容、受令处所必须正确、完整、清晰。”

违反《调规》（高速）第 6 条第（二）款之规定：“严格执行各项规章制度、安全管理制度和安全卡控措施，遵守和维护调度纪律，及时处理影响行车安全的有关情况，保证调度指挥安全。”

违反《调规》（高速）第 26 条第（四）款之规定：“变更车底（车型、定员均不变）或根据有关文电、调度命令确定车底。当使用外局动车组时，铁路局集团公司动车调度员与客服调度员审核后，由铁路局集团公司计划调度员向国铁集团计划调度员提出申请。国铁集团计划调度员发布调度命令，铁路局集团公司计划调度员纳入高铁调度日计划，来不及纳入高铁调度日计划时，由计划调度员发布调度命令。”

违反《调规》（高速）第 27 条第（四）款之规定：“变更车底（车型变化、定员不变）：使用外局动车组时，经铁路局集团公司动车调度员与机车调度员（动车司机调度员）、客服调度员共同审核后，由铁路局集团公司计划调度员向国铁集团计划调度员提出申请。国铁集团计划调度员发布调度命令，铁路局集团公司计划调度员纳入高铁调度日计划，来不及纳入高铁调度日计划时，由计划调度员发布调度命令。”

违反《调规》（高速）第44条第（一）款之规定：“调度命令发布前，应详细了解现场情况，听取有关人员的意见，命令内容、受令处所必须正确、完整、清晰。”

违反《调规》（高速）第44条第（二）款之规定：“使用计算机、传真机、调度命令无线传送系统发布调度命令时，必须严格遵守‘一拟写、二审核（按规定需监控人审核的）、三签发（按规定需领导、值班主任或值班副主任签发的）、四发布、五确认签收’的发布程序。命令接受人员确认无误后应及时反馈回执。”

四、吸取教训

1. 调度各工种人员应进一步加强业务学习，熟练掌握《技规》《调规》《行规》等关于调度命令发布的基本规章制度，明确作业流程和规范，严格按照规章制度执行。

2. 严格调度命令的申请、发布、转达和审核把关作业程序，按规定及时、全面发布有关调度命令。需申请部令的严格按流程办理，不得简化作业流程，造成工作疏漏。

3. 调度所各工种调度之间要加强配合、加强协调，共同做好各项工作。各级管理人员加强对调度命令发布的日常检查，发现问题及时纠正，确保调度命令发布准确。

五、解析评述

动车组列车临时加开、停运、变更径路、途中折返、定员（含席别）变化、反编组运行或变更客运业务停站，由铁路局集团公司主办业务部（室）协调相关业务部（室）确定方案。使用外局动车组时，还需征得配属局车辆部门同意，开行跨局临时定点列车还需征得有关局运输、机务、客运部门同意。

跨局或使用外局动车组时，因施工原因产生的调整，由铁路局集团公司以文电申请，国铁集团以文电公布；基本列车运行图内列车（已纳入春、暑运方案除外）需持续调整 30 日以上时，由铁路局集团公司以文电申请，国铁集团以文电公布；其他情况，由铁路局集团公司客运部或调度所向国铁集团调度指挥中心提出申请，经国铁集团调度指挥中心与客运部门协商一致后，以调度命令调整。调度所计划调度员向有关单位发布或转发调度命令，并抄送铁路局集团公司客运部（客票管理所）、客货统计所、铁路客户服务中心及相关调度台。

该事故案例中，动车组列车跨局运行，由甲局动车组车底、乘务人员担当往返交路。因设备故障影响，造成原折返交路接续不上，由乙局动车组车底、乘务人员担当跨局一个运行区段的交路。但图定该动车组车底及乘务人员还担当甲局管内短交路任务。甲局调度所客调发布调度命令时未执行有关程序，未按规定向原铁道部动车台请令，没有通报乙局，也没有将命令发至乙局相关客运段，没有考虑动车组开行基本要素，盲目发布动车组开行命令。客调有关人员对所发命令审核、把关不严，造成错误命令错误发出。相关调度工种工作责任心也不强，未具体落实开行动车组担当乘务人员，仅仅是发布命令了事，种种环节工作的不到位，卡控的不到位，造成实际开行动车组仅有车底而无乘务人员，耽误动车组正点开车，对乘客出行带来影响，也影响了高铁声誉。究其原因是因为漏发调度命令耽误列车而构成事故。

六、问题思考

1. 需使用外局动车组临时开行动车组列车时应如何办理？

2. 哪些调度命令应向国铁集团申请？

3. 客调命令的审核把关有哪些要求？

4.《事规》[①] 中铁路交通一般 D14 事故内容是什么？

5. 如何认识因漏发、错发、漏传、错传调度命令耽误列车而构成事故？

6. 如何认识客调命令发布的重要性？

安全责任重于泰山

① 《铁路交通事故调查处理规则》，下同。

案例 4

调度命令内容不全造成列车错误进入施工线路一般 C 类事故

一、事故概述

×× 年 4 月 11 日 10 时 16 分，×× 局 A 站施工维修计划：A 站上行线Ⅱ道、4 道、6 道及站内 2 号、8 号、10 号道岔进行线路捣固作业，工务小机群、人工综合维修，工务轨道车配合作业。其施工影响范围为：A 站上行线Ⅱ道、4 道、6 道及站内 2 号、8 号、10 号道岔停止使用，A 站上行端不办理接发列车作业。施工期间行车组织方式为：A 站至 B 站间下行线改按单线行车，利用 A 站 1、3 道组织行车。当日在施工组织过程中，调度所列车调度员下发的施工调度命令，未将“A 站上行端不办理接发列车”和“A 站至 B 站间下行线改按单线行车，利用 A 站 1、3 道组织行车”的内容写入调度命令。施工命令发布施工作业开始后，车站行车人员未认真执行施工计划，未确认施工限制范围，未严格落实施工期间行车安全卡控措施。且列车调度员未及时监督检查车站接发列车情况，造成 A 站接入邻站开来的上行列车并接入施工线路，构成铁路交通一般 C 类事故，×× 局调度所负重要责任。

二、存在问题

1. 车站施工关键卡控不力。施工计划已经明确施工期间的施工影响范围及行车组织方式，但车站对施工计划理解不深，执行不力。在施工调度命令发布后，仍然组织施工线路接发列车。施工管理薄弱，施工关键卡控不力，违章蛮干，是构成此次事故的主要原因。施工维修站场示意如图 1-2 所示。

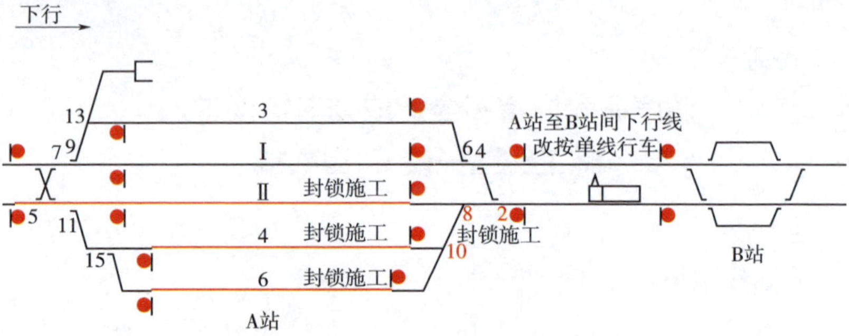

图 1-2　施工维修站场示意

2. 调度命令内容发布不规范。列车调度员在发布施工调度命令时，未严格依据施工内容、影响范围和行车方式下达准确施工调度命令，下发的调度命令中，未将“A 站上行端不办理接发列车”和“A 站至 B 站间下行线改按单线行车，利用 A 站 1、3 道组织行车”的关键内容写入调度命令，对车站及施工部门未起到命令约束作用。

3. 对列车运行及车站作业监控不及时。在施工开始后，列车调度员未及时布置、盯控车站作业，未有效注意区间列车运行情况。致使车站值班员在未请示列车调度员的情况下，盲目办理了上行列车接车作业。

4. 施工盯控不到位。施工调度对施工过程疏于盯控，对施工前后列车放行等关键环节盯控失效，未认真履职尽责，专业作用未充分发挥。

三、违章详情

违反《技规》（普速）第 230 条第 3 款之规定：“注意列车在车站到发及区间内的运行情况，正确、及时地处理临时发生的问题。”

违反《技规》（普速）第 231 条之规定：“指挥列车运行的命令（运行揭示调度命令除外）和口头指示，只能由列车调度员发布。列车调度员在发布命令之前，应详细了解现场情况，并听取有关人员意见。”

违反《技规》（普速）第 379 条之规定：“施工时，除本项施工外的车列或列车不得进入封锁区间。进入封锁区间的施工列车司机应熟悉线路和施工条件。”

违反《调规》（普速）第 6 条第（二）款之规定：“严格执行各项规章制度、安全管理制度和安全卡控措施，遵守和维护调度纪律，及时处理影响行车安全的有关情况，保证调度指挥安全。”

违反《调规》（普速）第 74 条第（二）款之规定：“值班中应精力集中、坚守岗位、严格落实岗位安全责任、遵守安全生产规章制度和操作规程，及时正确处理问题。”

违反《调规》（普速）第 75 条第（一）款之规定：“调度命令发布前，应详细了解现场情况，听取有关人员的意见，命令内容、受令处所必须正确、完整、清晰。”

违反《调规》（普速）第 80 条第（二）款之规定：“列车调度员根据施工日计划与施工作业申请核对一致后，发布准许进行施工作业的调度命令。”

四、吸取教训

1. 列车调度员要严格执行调度命令发布有关规定，掌握调度命令发布时机和条件，正确及时地发布有关命令，认真审核，发现错漏及时取消并重发。

2. 对施工调度命令，要严格按照施工计划内容，准确发布施工调度命令，要求命令内容要全面、准确，受令处所齐全，不得简化作业程序。

3. 加强施工维修期间列车盯控，注意列车在车站到发及区间内的运行情况，正确、及时地处理临时发生的问题，防止列车运行事故。

五、解析评述

铁路营业线施工是指影响营业线设备稳定、使用和行车安全的各种施工作业，按组织方式、影响程度分为施工和维修两类。铁路营业线施工是运输组织的重要组成部分，施工各个部门要坚持运输、施工兼顾的原则，加强施工计划管理，加强施工组织和施工期间的运输组织，按计划、有组织地进行各项施工。

施工日计划是调度日（班）计划的一个重要内容，也是施工维修组织工作的基础，其主要内容为：（1）施工编号、等级、项目；（2）施工日期、作业内容、地点（含线别、区间、车站、股道、道岔、行别、里程）和时间；（3）施工限速、影响范围、行车方式变化及设备变化；（4）施工单位（含配合单位）、施工负责人；（5）施工作业车进出施工地段方案。

施工过程中不可避免会影响正常的行车工作，特别是改变原行车方式和作业方式的施工，会对正常行车带来安全风险。如果施工安全措施未落实，极易出现错办进路、将列车接入施工线路等衍生事故，更严重的是可能带来人身伤亡事故。所以施工参与各部门要严格按施工计划组织施工，对施工作业项目、内容、地点及影响范围、行车方式变化、限速情况、作业车运行情况要熟悉掌握。运输部门要积极做好施工的组织协调工作，制定非正常情况下的行车组织措施，提前调整车流，加强施工期间的行车组织指挥，为施工作业创造条件，确保施工和运输的两兼顾。铁路运输调度部门要严把施工方案审查，施工计划审批、施工技术交底、施工登销记、施工准备、调度命令发布、放行列车条件、施工作业车放行、LKJ 管理等作业的全过程卡控，落实各项卡控措施，确保施工安全万无一失。

封锁施工时，列车调度员应根据施工日计划与车站值班员的施工作业申请核对一致后，发布准许进行施工作业的调度命令。车站值班员应根据封锁或开通命令，在信号控制台或规定位置上揭挂封锁区间表示牌，按照施工计划确定的行车方式组织行车。各部门监督管理人员应加强对施工行车安全关键的盯控，确保施工期间行车安全。

该事故案例中，列车调度员工作标准不高，责任心不强，对施工调度命令的严肃性、准确性认识不高。片面地认为在施工开始后，车站会严格落实行车限制措施，对运行期间的列车及车站接发列车疏于监控，导致车站错误将列车接入施工线路。施工期间，施工机械、作业车及作业人员均在紧张进行作业，现场线路、道岔等行车设备技术指标均发生变化，已达不到行车基本条件，贸然将列车接入施工线路，则会发生列车与施工机械、作业车冲撞，列车脱轨、颠覆，侵入邻线影响行车等严重后果。如果现场施工防护不到位，会发生人身伤亡事故，后果极其严重。所以，对于施工组织，务必要严格落实有关办法及实施细则，工作中来不得半点儿马虎。具体落实到调度工作中，就要严肃、及时、准确发布施工调度命令。树立认真的工作态度，注意列车在车站到发及区间内的运行情况，及时消除问题隐患苗头，确保施工及行车的安全。

六、问题思考

1. 什么是施工调度命令？
2. 施工调度命令发布有哪些规定？
3. 运输部门如何确保施工环境下的行车安全？
4. 为确保施工正常顺利进行，施工前后列车应如何合理放行？
5. 列车调度员应如何发挥职能作用，有效监督列车运行情况？
6. 施工有哪些关键环节？应如何卡控落实？
7. 如何理解调度命令在施工组织过程中的重要性？
8. 施工过程盯控应如何盯？怎么盯？盯哪些？

案例 5

错误发布限速调度命令里程一般 C 类事故

一、事故概述

×× 年 4 月 1 日 12 时 20 分，×× 局 D 站车站值班员提报：D 站至 C 站间上行线 K1930+119~K1937+172 处因处理病害，工务申请限速 60 km/h。12 时 28 分列车调度员按照车站值班员提报的申请，拟写调度命令转值班主任签认后，发布 1234 号限速调度命令，命令内容为："自接令时起至另有命令时止，D 站至 C 站间上行线 K1930+119~K1937+172 处限速 60 km/h。"13 时 22 分列车调度员接工务段调度报告"调度命令发布的上述里程为新里程，新里程是否已经启用了？"接到工务段询问后，列车调度员安全意识极为淡漠，未能引起高度警觉，既不采取措施，也未指示车站值班员重新核对里程重新提出申请，未对错误命令进行纠正。15 时 10 分 C 站车站值班员报告：区间运行的客车机务段添乘干部通报 1234 号限速命令使用了新里程，接报后仍未引起列车调度员高度重视，再一次失去了纠正错误命令的机会。直至 17 时 07 分列车调度员根据现场的申请，下发 1235 号调度命令，命令内容：自接令时起，D 站至 C 站间上行线 K1930+119 至 K1937+172 处，恢复正常速度，同时取消前发 4 月 1 日 1234 号调度命令。在此期间该地段共通过了 14 列客货列车，构成铁路交通一般 C 类事故，×× 局调度所负次要责任。

二、存在问题

1. 列车调度员安全意识极为淡薄。一是对现场申报的临时限速申请虽与拟写的限速调度命令进行了核对，但在拟写调度命令前，没能按照《调规》规定详细了解现场情况，听取有关人员的意见，未及时发现申报的临时限速里程为新里程，也未发现 TDCS 运行图标注的数据已发生变化，没能防止限速调度命令使用了新里程。二是接到工务段调度和客车机务段添乘干部的汇报，调度命令发布的里程为新里程，新里程是否已经启用了的疑问后，未能引起高度重视，对危及行车安全的信息，未能按照《调规》规定，采取措施不力，未指示车站值班员重新核对里程，重新提出申请，未及时对错误命令进行纠正。三是当天 12 点 28 分至 17 点 07 分之间发布的本调度区段其他调度命令，均采用旧里程，却唯独 1234 号调度命令采用新里程，仍未及时发现错误、安全责任意识缺失。限速新旧里程示意如图 1-3 所示。

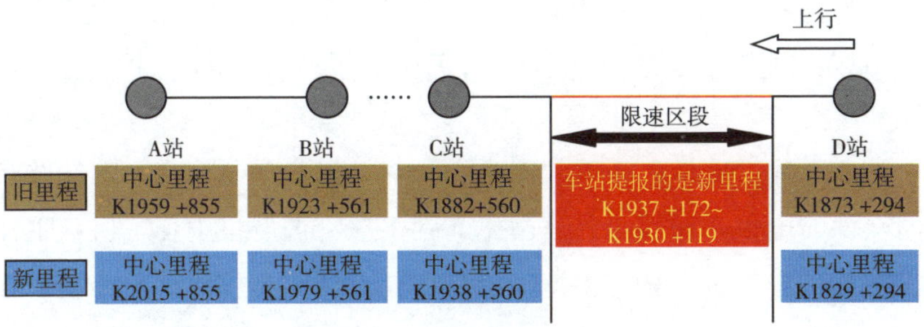

图 1-3　限速新旧里程示意

2. 安全管理主动性不强。日常工作重生产，轻安全，而对抓安全工作不细、不实。包保检查监督干部履职不力，存在麻痹思想，不能严格落实相关规定。虽然制定了周密的干部值班和包保检查制度，但是各级干部在日常工作中的贯彻落实流于形式，干部履行安全责任不扎实，对 TDCS 系统错误启用新里程的严重安全风险点没有研判，没有发挥出应有的安全卡控作用。

3. 值班主任审核签认调度命令把关不严。值班主任在审核签认调度命令时麻痹大意，仅仅对现场提报的申请与 TDCS 运行图标注数据进行了简单确认，未及时发现 TDCS 运行图标注的数据已发生变化，审核把关作用形同虚设。

4. 日常的岗位推标不到位。调度所虽然对管理干部制定了岗位推标量化任务，但在实际执行中，针对性不强，对调度命令、非正常情况处置、行车方式变化等重点推标不够，未能起到强化调度员按标准化作业的意识，导致调度员按标准作业的意识不强。

5. 调度人员业务素质不过硬，应变能力不强。一是调度人员对所辖区段的线路数据、行车设备掌握不熟，在长达 12 天的时间里，从列车调度员、值班主任，到各级管理干部、都未能及时发现 TDCS 运行图标注数据的变化，暴露出业务素质不过硬的问题。二是调度人员面对作业方式、设备状况、组织模式发生的新变化、新情况，不敏感，没有迅速作出反应，说明应变能力不强，亟待提高。

6. 文件、电报的日常管理存在漏洞。日常电子公文、邮件发布的文件、电报、通知，只是由生产副主任、调度室主任、值班主任在交接班会上进行传达学习，值班主任、调度员使用公用邮箱，遇休大班回来上班时，不能及时得到学习掌握，存在盲点。

三、违章详情

违反《技规》（普速）第 230 条第 3 款之规定："注意列车在车站到发及区间内的运行情况，正确、及时地处理临时发生的问题。"

违反《技规》（普速）第 231 条之规定："指挥列车运行的命令（运行揭示调度命令除外）和口头指示，只能由列车调度员发布。列车调度员在发布命令之前，应详细了解现场情况，并听取有关人员意见。"

违反《技规》（普速）第 231 条第 13 表第 10 项之规定："因行

车设备故障、灾害或施工，以及列车中挂有限速的机车车辆等，需要使列车临时限速运行（纳入运行揭示调度命令或本务机车、动车组自身设备原因限速时除外）应向车站值班员发布调度命令。”

违反《调规》（普速）第6条第（二）款之规定：“严格执行各项规章制度、安全管理制度和安全卡控措施，遵守和维护调度纪律，及时处理影响行车安全的有关情况，保证调度指挥安全。”

违反《调规》（普速）第72条之规定：“列车调度员应熟悉管辖区段内主要行车人员和机车车辆、线路桥隧、通信信号、牵引供电等设备基本情况，掌握天气变化对行车工作影响的规律，组织行车有关人员协调动作，实现按列车运行图行车。”

违反《调规》（普速）第74条第（一）款之规定：“熟悉有关运输站段及列车的技术设备、作业过程、各项技术作业标准及各站接发列车的有关规定，正确组织指挥列车运行。”

违反《调规》（普速）第74条第（二）款之规定：“值班中应精力集中、坚守岗位、严格落实岗位安全责任、遵守安全生产规章制度和操作规程，及时正确处理问题。”

违反《调规》（普速）第74条第（五）款之规定：“当得到现场危及行车安全的报告时，应及时指示有关人员立即采取停车等安全措施，查明情况，妥善处理。”

违反《调规》（普速）第75条第（一）款之规定：“调度命令发布前，应详细了解现场情况，听取有关人员的意见，命令内容、受令处所必须正确、完整、清晰。”

违反《调规》（普速）第75条第（二）款之规定：“使用计算机、传真机、调度命令无线传送系统发布调度命令时，必须严格遵守‘一拟写、二审核（按规定需监控人审核的）、三签发（按规定需领导、值班主任或值班副主任签发的）、四发布、五确认签收’的发布程序。命令接受人员确认无误后应及时反馈回执。”

违反《调规》（普速）第75条第（四）款之规定：“已发布的调度命令遇有错、漏或变化时，尚未开始执行的，必须取消前发命令，重新发布调度命令；已开始执行的，应立即停止执行错误或变化内容，并及时发布调度命令进行修正。”

违反《调规》（普速）第75条第（五）款之规定：“调度命令书写不正确时，应重新书写。”

四、吸取教训

1. 提高调度命令安全意识。正确认识和对待安全与效益的关系，时刻牢记“没有安全就没有效益”，深刻理解“安全生产大如天，安全责任重于泰山”的含义，始终把安全摆在第一位，始终保持“如履薄冰、如坐针毡、如临深渊”的安全意识。

2. 提高调度员业务素质和应急处置能力。通过加强教育，培养提高调度员安全责任意识。强化规章制度的学习，采取多种手段，有针对性地突出安全思想教育和安全规章学习，促使调度员牢固树立安全风险意识，增强对安全信息的敏感度。强化实作技能培训，确保调度员对管辖区段的设备、作业方式、技术资料熟悉掌握。加强新设备开通、大型施工、设备故障等非正常情况下的应急处置技能培训，提高调度人员应急处置能力。

3. 严肃临时限速调度命令发布流程。严格落实调度命令发布程序，接到现场提报的临时限速申请，列车调度员要认真核对限速区间、里程、限速值、受令处所等关键要素。值班主任要认真履职，仔细核对并签认。遇申请与现场实际情况不符时，必须督促现场查明原因，重新提报申请，确保发布的调度命令正确无误。

4. 加强安全检查盯控和岗位推标。各级管理人员加大检查监督和岗位推标力度，重点对调度员在作业纪律、规章制度、行车方式变化、调度命令发布、非正常情况下列车运行组织等标准化作业的检查盯控和岗位推标。

5. 强化文件电报的学习及严肃性。对电子公文、邮箱发布的文件电报，按照指示批示流程向各调度工种进行传达，确保所有文电及时传达到每名调度员。及时更新基础资料，使调度员及时掌握所辖区段的线路数据、行车办法、行车设备技术资料的变化情况。

五、解析评述

该事故案例系当班列车调度员安全意识淡薄、责任心不强所致。对新旧里程混淆，限速调度命令随意下发，对现场人员的提醒未引起重视，安全敏感性不强，造成事故的发生。

车站汇报因处理线路病害区间临时限速 60 km/h，车站值班员向列车调度员提报的限速里程为新里程数据，可见在第一环节中设备管理部门提报里程错误，车站也未审核把关，照葫芦画瓢就向列车调度员提报；在第二环节中列车调度员接到车站临时限速申请，对车站提报限速里程也未核对，车站提报什么里程，限速调度命令就发布什么里程。浑然不知 A 站提报的是新启用的里程数据。而当时新里程未启用，设备管理部门所提报的限速里程，以实际里程计算则不在 D 站至 C 站间上行线区间范围，而是跨越到 B 站至 A 站间上行线，实际限速里程与提报里程相差约 50 km，限速命令里程与实际限速里程完全不一致；在第三环节中，限速调度命令错误发布后，工务段调度、机务段添乘人员均对所发调度命令限速里程提出质疑，而未及时采取有效措施。列车调度员接报后仍未引起警觉，未采取补救措施，造成错误发布限速调度命令。期间共通过了 14 列客货列车，列车以常速通过限速地段，极易发生车辆脱轨、颠覆甚至列车冲突等事故，尤其是还有旅客列车，如果发生事故其后果不堪设想。

这里，对交付和核对限速调度命令有关规定及注意事项赘述如下：

（一）临时限速调度命令

所谓临时限速是指未纳入运行揭示调度命令的限速。遇线路病害、自然灾害、事故影响等情况，列车调度员应根据现场人员申请，对照施工运行揭示命令，认真核对提报的限速里程，立即发布线路临时限速的调度命令，并向经由该区段的所有各次列车转交命令，做到内容正确、一列不漏。

（二）《技规》《调规》有关限速命令的规定

1.《技规》（普速）第231条规定：

“列车调度员向司机发布调度命令时，应在列车进入关系区间（车站）前向司机发布或指定车站向司机交付，如来不及时应使列车停车进行发布或交付。

“对于需向司机发布的调度命令，列车调度员可使用调度命令无线传送系统或按规定使用语音记录装置良好的列车无线调度通信设备向司机发布。由车站交付的调度命令，车站值班员可使用调度命令无线传送系统或按规定使用语音记录装置良好的列车无线调度通信设备向司机转达。

“对跨局的列车，接车铁路局列车调度员可委托发车铁路局列车调度员发布调度命令。更换机车或变更限速条件时，应由有关铁路局列车调度员重新发给相关调度命令。途中乘务人员换班时，应将调度命令内容交接清楚。”

2.《技规》（普速）第232条规定：“有计划的施工，涉及限速、行车方式发生变化或设备变化时应发布运行揭示调度命令，司机按运行揭示调度命令执行。因施工提前、延迟或其他原因造成运行揭示调度命令与实际限速、行车方式或设备不符时，列车调度员应取消前发运行揭示调度命令，向有关车站值班员、司机、施工负责人重新发布全部内容的调度命令。”

3.《调规》（普速）第76条第（四）款交付和核对限速调度命令的规定：“1.限速调度命令，须在列车进入限速地点前发布（转达）完毕，如来不及时，必须在列车进入限速地点前的车站停车转达调度命令。2.具备使用调度命令无线传送系统或提前在停车站交付调度命令条件的，须传送（交付）书面调度命令。3.不具备使用调度命令无线传送系统或提前在停车站传送（交付）书面调度命令，需使用列车无线调度通信设备发布（转达）调度命令时，列车调度员除发给限速地点关系站外，还应发给转达调度命令车站，转达调度命令车站应在列车于本站通过（开车）前转达完毕。4.对限速调度命令，列车进入限速地点前的关系站在列车通过（开车）前，须逐列与司机核对限速内容。装备区域联锁设备区段、调度集中区段、装备列控设备区段，有关核对要求由铁路局集团公司规定。5.核对不一致时，司机应在进入限速地点前的车站停车并向车站值班员报告，车站值班员立即向列车调度员报告，列车调度员核实后，发布（交付）正确的限速调度命令。”

4.《调规》（普速）第76条第（五）款规定：“对跨局（调度台）的列车，接车铁路局集团公司（调度台）列车调度员可委托发车铁路局集团公司（调度台）列车调度员发布调度命令。接车铁路局集团公司（调度台）应将需转发的调度命令号码和内容发给邻局（调度台），邻局（调度台）在时间允许情况下，不得拒绝委托，并将受令情况向接车铁路局集团公司（调度台）列车调度员通报。”

5.《调规》（普速）第76条第（六）款规定：“发布行车调度命令时，涉及限速内容应一并下达（司机已有限速调度命令除外）。”

（三）限速命令注意事项

遇设备管理部门申请某处临时限速时，列车调度员需要与运行揭示命令相对照。有时设备管理部门提出的限速里程包含了或部分包含了揭示命令限速里程，这就需要列车调度员对设备管理部门提出的临时限速里程还要有基本的判别意识，仔细审核、准确发布限速调度命令。对涉及站内限速里程时，设备管理部门必须提供具体的场别、股道号、道岔编号、限制要求等，并在调度命令中注明清楚。

不论何种情况，均以最低速度发令为基本安全原则。揭示命令与临时限速命令混合示意如图 1-4 所示，对照图中 A 站至 B 站间红色线路为运行揭示命令限速线路，绿色线路为临时限速线路，蓝色线路为混合限速线路。如若 A—B 区段线路允许速度为 120 km/h，运行揭示长期限速 60 km/h，因设备故障、自然灾害、事故影响，设备管理部门申请绿色线路临时限速 80 km/h。如果列车调度员没有核对运行揭示命令，听从现场申请盲目发令，则混合限速线路本应限速 60 km/h 在不经意间提高成了 80 km/h，存在严重安全隐患，后果很是严重。因运行揭示限速要求较临时限速要求“低”，此时，列车调度员应要求设备管理部门将申请临时限速的里程减去运行揭示约定的部分里程，重新登记临时限速里程并发布命令；如若设备管理部门申请绿色线路临时限速 45 km/h，列车调度员应根据实际情况发布限速命令。

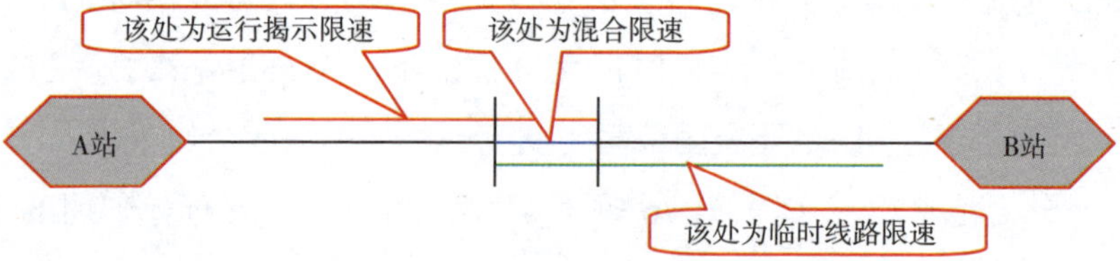

图 1-4　揭示命令与临时限速命令混合示意

当临时限速逐级提速或恢复正常速度运行时，应根据设备管理部门申请并对照运行揭示命令，还要充分考虑混合线路的限制要求，在调度命令中发布清楚，避免将混合线路原本有限制要求的因人为因素提高速度或恢复正常速度，造成列车超速运行酿成严重后果。

当经过设备管理部门整治限速区段限速数值变化或恢复正常速度时，重新发布的限速调度命令受令单位必须要和前发命令一致。

六、问题思考

1. 什么是临时限速调度命令？
2. 《技规》《调规》对发布临时限速调度命令有哪些规定？
3. 在现场设备发生变化时应如何确保调度指挥安全？
4. 限速调度命令发布不当会发生什么严重后果？

无知加大意必危险，
防护加警惕保安全。

案例6

超限列车无调度命令开车
一般C类事故

一、事故概述

××年7月2日20时51分，××局××站编组始发的41234次货物列车中编挂有装载一级超限货物的车辆1辆，由于车站当班作业人员与列车调度员之间联系不彻底，特运调度员未向列车调度员送交“超限超重车辆挂运通知单”，列车调度员因不清楚列车中挂有装载超限货物车辆而未按规定下发调度命令，造成41234次超限货物列车无调度命令开车，构成铁路交通一般C类事故，××局调度所负重要责任。

二、存在问题

1. 列车调度员未详细了解列车编组内容，未督促车站及时发出列车确报。列车调度员未向车站收取41234次摘挂列车的详细编组内容，未掌握该列车中挂有超限货物车辆，也未及时督促车站提前发出列车确报。列车调度员在接到车站值班员汇报41234次列检作业完毕的汇报后，在不了解列车编组内容以及是否挂有附加超限货物车辆的情况下，盲目同意车站开车。41234次开出后，列车调度员也未再次查看列车编组内容，失去了防止事故的最后时机。

2. 特运调度员对待超限货物挂运不严肃。7月2日9时00分左右，车站向特运调度员汇报因车流不足，取消编车计划后，特运调度员仍向计划调度员递交了“超限车挂运通知单”。之后，也未落实车站超限货物车辆的挂运情况，也未向接班调度员做出详细说明。

3. 特运调度员未详细掌握超限货物车辆动态。7 月 2 日夜班，特运调度员在接班前未详细了解超限货物车辆的动态，班中也未加强与车站的联系，当晚 23 时左右仍向计划调度员递交了“超限货物挂运通知单”，未及时防止事故的发生。直到 7 月 3 日日 11 点左右事故发生后，特调室在召开分析会时才知道 41234 次已于 7 月 2 日 20 时 51 分无命令开出。

三、违章详情

违反《技规》(普速) 第 227 条之规定:“行车工作必须坚持集中领导、统一指挥、逐级负责的原则。”

违反《技规》(普速) 第 231 条第 13 表第 13 项之规定:“超长列车或列车挂有装载超限货物的车辆，应向司机、车站值班员发布调度命令。”

违反《调规》(普速) 第 6 条第 (二) 款之规定:“严格执行各项规章制度、安全管理制度和安全卡控措施，遵守和维护调度纪律，及时处理影响行车安全的有关情况，保证调度指挥安全。”

违反《调规》(普速) 第 6 条第 (十一) 款之规定:“组织完成铁路局集团公司管内军运、特运、超限、超重、挂有装载危险货物车辆等重点列车运输组织工作，组织落实新兵和退役士兵运输任务，重点掌握与其有关的列车始发、换乘接续及运行情况。”

违反《调规》(普速) 第 43 条第 (三) 款之规定:“特运 (军运) 调度员——整列和零星军用、罐车、冷藏车运输需求的车种、车型、辆数、配车时间及挂运要求；长大货物车 (D 型车)、装载超限超重货物、剧毒品货物车辆的分布及挂运条件、车次及挂运通知单；专用货车的备用、解除和调配计划。”

违反《调规》(普速) 第 71 条之规定:“国铁集团、铁路局集团公司调度应及时正确发布与运输有关的调度命令，下级调度以及有关人员必须坚决执行。”

违反《调规》（普速）第 74 条第（六）款之规定：“超限超重货物车辆的挂运，必须纳入日（班）计划，根据超限超重货物运输确认电报和超限超重车辆挂运通知单确定的运行条件，由列车调度员发布调度命令。”

四、吸取教训

1. 调度员要严格落实工作职责，对摘挂列车，列车调度员要查看列车编组内容，做好车辆甩挂作业。

2. 特运调度要有高度的工作责任心，对超限货物车辆要动态跟踪掌握，并加强联系沟通，及时送交“超限超重车辆挂运通知单”（图 1-5），加强对作业关键的卡控。

3. 特运调度员加强对超限货物列车的全过程盯控，密切与车站、列车调度员之间的联系，准确掌握超限货物车辆的实时动态，确保超限货物运输的安全。

五、解析评述

超限货物系指货物装车后，车辆停留在水平直线上，货物的任何部位超出机车车辆限界基本轮廓者或车辆行经半径为 300 m 的曲线时，货物的计算宽度超出机车车辆限界基本轮廓者，均为超限货物。超限列车系指挂有装载超限货物的车辆并冠以超限列车车次的列车称为超限列车。超限货物运输对保障国家重点工程建设和国防建设需要、促进国民经济发展具有重要意义。

根据货物的超限程度，超限货物分为三个等级：一级超限、二级超限和超级超限。

1. 一级超限：自轨面起高度在 1 250 mm 以上超限但未超出一级超限限界者；

2. 二级超限：超出一级超限限界而未超出二级超限限界者，以及自轨面起高度在 150 mm 至未满 230 mm 间超限但未超出二级超限限界者；

3. 超级超限：超出二级超限限界者，以及自轨面起高度在 230 mm 至 1 250 mm 间超限者。

根据货物超限部位所在的高度，超限货物分为三种类型：上部超限、中部超限和下部超限。

1. 上部超限：自轨面起高度超过 3 600 mm，任何部位超限者；

2. 中部超限：自轨面起高度超过 1 250 mm 至 3 600 mm 之间，任何部位超限者；

3. 下部超限：自轨面起高度在 150 mm 至 1 250 mm 之间，任何部位超限者。

装载超限货物的车辆（包括自身超限的车辆）在运行过程中与铁路线路附近的设备、建筑物间的距离小于规定的安全距离，有些甚至会侵入机车车辆限界或者建筑限界，就会发生运行的车辆与铁路设备、建筑物间发生碰刮的安全风险。所以，行车人员必须加强超限货物运输的管理，严格超限列车运行工作流程及制度，确保超限列车运行安全。

发站挂运超限车前，应向铁路局集团公司调度所拍发超限超重车辆挂运申请电报。挂运跨及两个铁路局集团公司的超限车辆前，需向邻局进行预报，并征得邻局调度所的同意后方可挂运。

铁路局集团公司调度所接到车站挂运申请或邻局预报后，应根据超限货物运输确认电报认真核对，填写“超限超重车辆挂运通知单”，纳入日（班）计划，并将管内具体运行条件以调度命令下达有关站段。

特运调度员负责掌握装载超限货物车辆的分布及挂运条件、车次及挂运通知单，并全程进行盯控。

超限货物车辆的挂运，必须纳入日（班）计划，根据超限超重货物运输确认电报和超限超重车辆挂运通知单确定的运行条件，由列车调度员发布调度命令。超限超重车辆挂运通知单如图 1-5 所示。

超限超重车辆挂运通知单

号　　　　　　　　　　　　　　　　　　　　　　　　级超限，　级超重

<table>
<tr><td colspan="2">铁总超限超重　　号</td><td colspan="3">（外局）
超限超重　　号</td><td colspan="2">（自局）
超限超重　　号</td></tr>
<tr><td>发　站</td><td></td><td>到　站</td><td colspan="2"></td><td>品　名</td><td></td></tr>
<tr><td>月　日</td><td>口　次接入</td><td>月　日</td><td colspan="2">口　次交出</td><td>件　数</td><td></td></tr>
<tr><td rowspan="10">车种车号</td><td rowspan="2">中心高　mm处</td><td>左宽　mm</td><td rowspan="10">运行条件</td><td colspan="3" rowspan="10"></td></tr>
<tr><td>右宽　mm</td></tr>
<tr><td rowspan="2">一侧高　mm处</td><td>左宽　mm</td></tr>
<tr><td>右宽　mm</td></tr>
<tr><td rowspan="2">二侧高　mm处</td><td>左宽　mm</td></tr>
<tr><td>右宽　mm</td></tr>
<tr><td rowspan="2">三侧高　mm处</td><td>左宽　mm</td></tr>
<tr><td>右宽　mm</td></tr>
<tr><td rowspan="2">四侧高　mm处</td><td>左宽　mm</td></tr>
<tr><td>右宽　mm</td></tr>
</table>

通知者　　　　　　　　签认者　　　　　　　　　　　年　月　日　时　分

图 1-5　超限超重车辆挂运通知单

列车挂有装载超限货物的车辆命令模板为：____次列车挂有超限超重货物____辆，____站至____站间运行条件如下：（1）限速____ km/h；（2）行经 300 m 及其以下半径曲线，限速____ km/h；（3）进出站经侧向道岔限速____ km/h，禁止（侧向）通过____号及其以下道岔；（4）____站至____站间区间会车限速____ km/h，……；（5）____站至____站间……禁止在区间会车；（6）____站至____站间……禁止在区间会____列车；（7）禁止接（进）入有高站台的线路；（8）各站按《站细》[①] 规定的线路接发；（9）其他要求。

该事故案例中，首先车站安全责任心不强。车站编挂装载一级超限货物车辆的列车时，没有向调度所列车调度员、计划调度员及

① 《车站行车工作细则》，下同。

特运调度员汇报，没有向列车调度员请求列车挂有装载超限货物车辆的调度命令，在列车调度员毫不知情的情况下，按照一般列车开出；其次，调度所特运调度员对车站装载一级超限货物的车辆状态掌握不清楚，没有落实该超限车辆编挂具体情况，没有向计划调度员、列车调度员提供具体说明，造成超限列车无命令开车；最后，对于摘挂列车，列车调度员应及时查看列车预确报，掌握编组内容，对未按规定编组的列车应有责任指出，防止事故发生。但列车调度员未收取摘挂列车的详细编组内容，在不了解列车编组内容以及是否挂有超限货物车辆的情况下，盲目同意车站开车。究其原因，都是因作业人员责任心不强，作业程序未落实，相互联系不彻底造成。回顾整个作业过程，只要涉及作业层面的有一个环节发现了，只要多问一句、多说一句，那么该事故就可以及时制止不会发生。可见运输组织过程中防止事故的发生，既需要作业人员认真负责的态度和落实作业标准一丝不苟的精神，更需要全体人员有高度的责任意识，落实互控、他控、自控。大家群策群力，才能共同保障运输顺利进行。

六、问题思考

1. 什么是超限列车？

2. 超限列车无命令开出有哪些危害？

3. 有关调度工种对超限车辆应如何做到全程进行盯控？

4. 列车调度员、计划调度员、特运调度员之间应如何互控、他控，做好超限列车运行安全？

5. 挂有装载超限货物车辆的调度命令内容是什么？

案例 7

漏发调度命令导致列车超速运行一般 C 类事故

一、事故概述

×× 年 1 月 19 日 13 时 36 分，×× 局 A 站至 C 站下行线接触网供电臂短路跳闸，重合成功，13 时 43 分供电段调度向局调度所列调提出下行线 K693+000~K699+000 首列限速 45 km/h 的临时限速申请。但列车调度员接报后，没有立即下达临时限速调度命令或口头限速通知，造成 82345 次列车在限速地段超速运行，构成铁路交通一般 C 类事故，×× 局调度所负全部责任。

二、事故过程

1 月 19 日 13 时 40 分，当班列车调度员接供电段调度通知：13 时 36 分 A 站至 C 站间下行线接触网供电臂跳闸，询问供电臂内是否有车？列车调度员答复有一列 82345 次，供电调度未汇报有异常情况。13 时 43 分 82345 次 B 站通过。

13 时 43 分 23 秒，供电调度员报告因 A 站至 C 站间下行线接触网供电臂跳闸重合闸成功。13 时 44 分 14 秒时提出下行线 K693+000~K699+000 首列限速 45 km/h。此时 82345 次仍然在限速里程内，列调接报后没有立即下达临时限速调度命令或口头限速通知，造成 82345 次列车在限速地段超速运行。

13 时 51 分列车调度员与 B 站核实下行线中心里程为 K695+000。列车超速运行示意如图 1-6 所示。

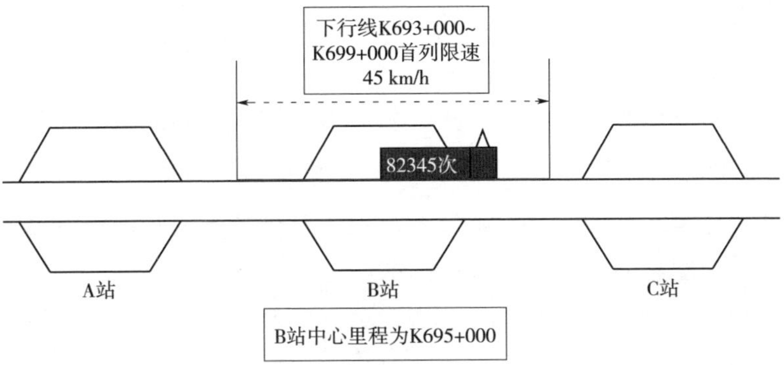

图 1-6 列车超速运行示意

14 时 03 分，B 站汇报接触网轨道车已到车站，列车调度员通知车站立即开行轨道车检查，同时在 TDCS 系统中下达 56001 次列车运行线。14 时 06 分，56011 次开。14 时 08 分，列车调度员下达 56001 次开行调度命令。14 时 24 分，56001 次到达 C 站。14 时 26 分，供电调度汇报不需要限速。

三、存在问题

1. 未严格落实有关规章制度。在 14 时 40 分，当供电段调度汇报“接触网跳闸”时，如果列车调度员有应急处置意识并熟知铁路局集团公司供电跳闸应急有关要求及具体规定，按要求及时指示车站要求列车限速运行，可避免此次事故的定责。

2. 处置不果断。14 时 43 分的通话用时 51 秒，在此次通话中列车调度员废话太多，重点未突出，关键未抓住。没有立即拦停列车，在含含糊糊、啰啰嗦嗦中 82345 次列车恰好已通过需限速地点。如通话中只是说明需限速的原因、地点、限制速度，可减少此次通话时间，及时要求列车限速，可避免事故的发生。

3. 基础资料未掌握。对管辖区段车站中心里程掌握不清，直至 13 时 51 分才与 B 站核对其中心里程为 K695+000，因基础业务不掌握造成应急判断及处置的延误，进而造成应急处置的不当，再次失去防止超速的可能性。

4. 调度员业务不熟。在接到供电调度需限速的汇报后，在拟定跨两端车站的限速命令期间（未发），反复强调的是该命令不好发、询问供电调度是否能够不限速等，说明列车调度员在拟定调度命令中对发布限速调度命令的规定不熟，列车调度员的业务能力亟待提高。

四、违章详情

违反《调规》（普速）第6条第（二）款之规定："严格执行各项规章制度、安全管理制度和安全卡控措施，遵守和维护调度纪律，及时处理影响行车安全的有关情况，保证调度指挥安全。"

违反《调规》（普速）第71条之规定："国铁集团、铁路局集团公司调度应及时正确发布与运输有关的调度命令，下级调度以及有关人员必须坚决执行。"

违反《调规》（普速）第74条第（二）款之规定："值班中应精力集中、坚守岗位、严格落实岗位安全责任、遵守安全生产规章制度和操作规程，及时正确处理问题。"

违反《调规》（普速）第74条第（五）款之规定："当得到现场危及行车安全的报告时，应及时指示有关人员立即采取停车等安全措施，查明情况，妥善处理。"

违反《调规》（普速）第75条第（一）款之规定："调度命令发布前，应详细了解现场情况，听取有关人员的意见，命令内容、受令处所必须正确、完整、清晰。"

违反该局《关于路局供电跳闸应急处置相关要求的通知》第6条第（2）款之规定，在接到供电段调度限速45 km/h的申请后，没有立即下达口头限速要求，也一直没有下达临时限速调度命令。

五、吸取教训

1. 调度员要熟悉掌握各项规章制度、措施办法，发生应急情况后按规定办理。

2. 得到现场危及行车安全的报告后，立即拦停列车，及时发布封锁区间或限速的调度命令。

3. 调度员要熟悉掌握管辖区段技术资料，才能在应急处置中作出最好的方案和决策。

六、解析评述

列车超速运行极易造成列车冲突、脱轨、颠覆，直至引发车毁人亡的严重后果。为此，临时限速列车运行作为行车部门一项最重要的安全风险应予以重点盯控。遇有临时限速（指未纳入运行揭示调度命令的限速），列车调度员要严格遵守有关规定，值班主任（值班副主任）应加强检查。

调度指挥必须坚持安全生产的原则，为此，《调规》（普速）中规定各级调度人员应做到：

1. 熟悉有关运输站段及列车的技术设备、作业过程、各项技术作业标准及各站接发列车的有关规定，正确组织指挥列车运行。

2. 值班中应精力集中、坚守岗位、严格落实岗位安全责任、遵守安全生产规章制度和操作规程，及时正确处理问题。

3. 遇有铁路交通事故、设备故障、自然灾害、天气不良、施工维修、临时限速（指未纳入运行揭示调度命令的限速，下同）、区间装卸等情况和对区间封锁、开通的处理，列车调度员应严格遵守有关规定，值班主任（值班副主任）应加强检查。

……

铁路局集团公司列车调度员发布行车调度命令时，除严格执行《技规》（普速）有关要求外，还应遵守以下规定：

发布行车调度命令，要一事一令，不得发布无关内容。一事一令是指对一个独立事件发布一个命令，该独立事件包括单因素事件和多因素事件两类。单因素事件是指不与其他工作发生关联的简单事件；多因素事件是指涉及两项及其以上工作内容，且因此及彼、因果相关、时间相连的复杂事件，可发布一个调度命令。

……

漏发调度命令导致列车超速运行构成铁路交通一般C类事故。“漏发、错发、漏传、错传调度命令导致列车超速运行”构成时机：列车运行监控装置未输或错输限速指令、机车出库后司机未接到线路限速命令，致使列车超过规定限速运行，按本项论。因列车调度员未发布临时限速调度命令，列车司机未在列车运行监控装置未输限速指令，构成铁路交通一般C类事故。

该事故案例系列车调度员安全敏感性不强所致，在得到现场临时限速报告后，对于即将进入限速区段的列车没有立即拦停，也未口头指示要求限速运行，采取措施不果断，致使列车超速进入限速区段；在发布限速调度命令时，因业务基础薄弱，没有立即、准确发布限速调度命令。在联系业务时，无效的行为占用大量时间，关键点没有抓住，时机被浪费，造成列车超速运行，安全隐患人为产生。

铁路运输调度是铁路日常运输组织的指挥中枢，担负着确保运输安全的重要任务。遇有临时发生的问题及非正常情况，列车调度员应正确及时处置，确保运输安全，这是铁路运输调度的基本工作职责。为此，列车调度员不仅要掌握行车组织方面的基础知识，还要学习掌握其他如“车、机、工、电、供、辆”等业务部门的专业知识，了解“人、车、天、地、图”在调度指挥中的规律，要求列车调度员必须要有过硬的业务素质，才能适应调度工作需求。同时，列车调度员还必须有较强的应急处理能力，发生非正常情况，能够做到反应迅速、处置果断，这是作为一名合格调度员的基本要求。

七、问题思考

1. 什么是“一事一令”？

2. 当列车调度员接到现场临时限速的报告后应如何办理？

3. 如何理解“宁可错停、不可错放”的行车组织原则？

4. 列车调度员对本台管辖范围内基础资料的学习掌握有什么重要意义？

5. 如何快速、准确发布调度命令，确保行车安全？

6. 列车调度员与现场通话中应如何做到简单明了、事项清晰？

7. 本局关于接触网跳闸重合成功后对首列有无限制要求？

安全管理，处处要严，一丝不苟；
严肃认真，勤查常检，消除隐患。

案例 8

未发布变更径路调度命令
一般 C 类事故

一、事故概述

×× 年 1 月 24 日，×× 局 34567 次货物列车临时变更基本径路，由某繁忙干线变更为某干线运行，调度所当班列车调度员未按规定发布变更列车径路的书面调度命令，构成铁路交通一般 C 事故，×× 局调度所负全部责任。

二、存在问题

列车调度员一是违反《调规》“铁路局调度在组织指挥日常运输工作中，应及时正确发布与运输有关的调度命令，下级调度以及行车有关人员必须坚决执行”的规定。二是违反《技规》第 231 条中“变更列车径路应向车站值班员、司机交付调度命令”的规定。

三、违章详情

违反《技规》（普速）第 225 条之规定：“列车运行图是铁路行车组织工作的基础。所有与列车运行有关的铁路各部门，必须按列车运行图的要求，组织本部门的工作，以保证列车按运行图运行。”

违反《技规》（普速）第 230 条第 2 款之规定：“严格按列车运行图指挥行车，遇列车发生晚点时，应积极采取措施，组织有关人员恢复正点。”

违反《技规》（普速）第 231 条之规定：“指挥列车运行的命令（运行揭示调度命令除外）和口头指示，只能由列车调度员发布。列车调度员在发布命令之前，应详细了解现场情况，并听取有关人员意见。”

违反《技规》（普速）第231条第13表第5项之规定："变更列车径路应向司机、车站值班员发布调度命令。"

违反《调规》（普速）第6条第（二）款之规定："严格执行各项规章制度、安全管理制度和安全卡控措施，遵守和维护调度纪律，及时处理影响行车安全的有关情况，保证调度指挥安全。"

违反《调规》（普速）第71条之规定："国铁集团、铁路局集团公司调度应及时正确发布与运输有关的调度命令，下级调度以及有关人员必须坚决执行。"

违反《调规》（普速）第74条第（二）款之规定："值班中应精力集中、坚守岗位、严格落实岗位安全责任、遵守安全生产规章制度和操作规程，及时正确处理问题。"

四、吸取教训

1. 列车调度员要加强业务学习，熟练掌握关于列车运行的有关规定，按规定及时发布调度命令。

2. 严格执行《技规》《调规》关于调度命令发布的有关规定，准确、及时发布有关调度命令，正确调度指挥。

五、解析评述

1. 径路

"列车径路""运行径路"是指列车运行图、列车开行文电、调度命令等规定的列车从始发站到终到站所经过的线路。车站作为列车径路中一个点，其接发列车进路变更不属于变更列车径路。

2. 进路

进路是指在站内、岔线、段管线，列车、机车（自轮运转特种设备）或车列由一个地点运行（移动）到另一个地点，所经由（或为此准备）的一段线路，集中联锁区一般采用按压列车、调车按钮的方式办理。进路包括列车进路和调车进路。列车进路包括接车进路、发车进路和通过进路，延续进路为接车进路的一部分。

3. 经路

经路是指列车、机车（自轮运转特种设备）或车列由一个地点移动至另一地点所经过的路线，经路可以是一条进路，也可以是多条进路或进路与区间线路、联络线、走行线等综合构成。

为确保铁路运输安全有序，列车是按列车运行图等规定的径路运行的，这样便于行车人员熟悉规定运行区段内的线路、信号、供电、车站等设备情况。同时，货物列车在规定的径路中有摘挂、编解、折角等作业。旅客列车在规定的径路中有更换机车、车辆加挂减编，图定车站办理客运等作业。当因特殊原因列车必须改变运行径路（区间运行线别）时，行车设备、作业方式、机车乘务交路以及运输组织方式都产生根本性变化，涉及范围大，须告知的作业人员多。特别是旅客列车改变运行径路时，还涉及旅客组织、客运业务的相应变化，因此《技规》（普速）第 231 条第 13 表第 5 项规定，变更列车径路应向改变径路的司机、车站值班员发布调度命令，明确改变后的列车运行径路，以便各部门做好各项准备工作，妥善安排好乘客，保证列车运行的安全。

六、问题思考

1. 什么是列车运行径路？什么是进路？什么是经路？

2. 在何种情况下需变更列车运行径路？

3. 变更列车径路应发布什么调度命令？

4. 变更列车径路调度命令应如何发布？内容是什么？

案例 9

未及时发布全部内容的调度命令造成客车区间停车一般 D 类事故

一、事故概述

×× 年 3 月 24 日，×× 局 A 站站内上行线计划 3 时 50 分至 6 时 50 分封锁施工，施工时间内有 3 月 23 日发布的运行揭示调度命令。因列车晚点，列车调度员调整施工时间后未及时发布取消前发运行揭示调度命令，未重新发布全部内容的调度命令。3 时 51 分 K1234 次列车停于 A 站机外 K972+230 处索要调度命令，列车调度员发布命令后，K1234 次于 3 时 57 分区间开车，停车 6 min。同时，列车调度员发布的调度命令本应取消 3 月 23 日的运行揭示调度命令 15164 号，但错误地取消了 3 月 22 日的运行揭示调度命令 15154 号，构成铁路交通一般 D 类事故。

二、存在问题

1. 列车调度员业务素质薄弱。列车调度员违反《调规》中“因施工提前、延迟或其他原因造成与运行揭示调度命令不符时，列车调度员须在取消前发运行揭示调度命令的同时，向有关车站值班员、司机、运转车长、施工负责人重新发布全部内容的调度命令”的规定，业务素质薄弱，没有按规定及时发布取消运行揭示调度命令，造成运行的旅客列车停车而耽误列车。

2. 列车调度员工作不认真，随意取消前发命令。列车调度员发布命令本应取消 3 月 23 日的运行揭示调度命令 15164 号，却错误地取消了 3 月 22 日的运行揭示调度命令 15154 号。随意取消运行揭示调度命令可能存在严重的安全隐患。

三、违章详情

违反《调规》(普速)第71条之规定:“国铁集团、铁路局集团公司调度应及时正确发布与运输有关的调度命令,下级调度以及有关人员必须坚决执行。”

违反《调规》(普速)第75条第(一)款之规定:“调度命令发布前,应详细了解现场情况,听取有关人员的意见,命令内容、受令处所必须正确、完整、清晰。”

违反《调规》(普速)第80条第(六)款之规定:“因施工提前、延迟或其他原因造成运行揭示调度命令与实际限速、行车方式或设备不符时,列车调度员应取消前发运行揭示调度命令,向有关车站值班员、司机、施工负责人重新发布全部内容的调度命令;相符时仍按前发运行揭示调度命令执行。”

四、吸取教训

1. 调度所要加强对关键时间、关键岗位、关键作业环节的检查,加强预想预判,严格卡控关键性作业。

2. 列车调度员要加强业务学习,严格执行《调规》规定,研判安全风险点,及时、准确发布有关调度命令,确保施工期间行车安全。

五、解析评述

列车调度员是一个调度区段日常运输工作的具体组织者、指挥者,负责组织实现按图行车,确保列车安全正点,以及完成运输工作的各项指标和任务。所以本区段有关行车人员均应严格执行列车调度员的命令和口头指示。根据调度集中统一指挥的原则,一个调度区段内由本区段列车调度员统一指挥,指挥列车运行的命令或口头指示,只能由列车调度员发布(运行揭示调度命令为施工调度发布)。

所谓调度命令，系指各级调度在组织指挥日常运输工作中对下级调度或站段以及有关人员所发布的有关完成日常运输生产的具体部署和指挥行车工作的指令，调度命令必须有调度命令编号并有书面或计算机系统的记载。

调度命令分为书面命令和口头指示两种。书面命令：需书面发布并须在“调度命令登记簿”上登记或使用TDCS系统下达并编有号码的行车命令，称为书面命令。口头指示：无需登记、不需要书面发布的行车命令，称为口头指示。

运行揭示调度命令系指由施工调度员发布的涉及限速、行车方式变化和设备变化的调度命令。运行揭示调度命令应包括时间、地点、因由、速度、行车方式变化、设备变化等内容。

为确保列车运行安全、正点，确保按计划完成施工任务，积极妥善地处理各类突发事件，列车调度员在发布命令或口头指示前应通过现场有关人员充分了解列车的运行情况、现场设备状况、施工计划以及突发事件影响的范围，并听取现场及其他有关人员的意见，正确、及时发布调度命令，确保运输生产任务按计划完成。

发布运行揭示调度命令的有关规定：

（1）运行揭示调度命令应包括时间、地点、因由、速度、行车方式变化、设备变化等内容。（2）发布运行揭示调度命令，不得含有与受令处所无关的内容。（3）施工调度员应依据施工日计划和主管业务部室提报的灾害、故障涉及限速、行车方式变化和设备变化的申请编制运行揭示调度命令。（4）国铁集团发布的“常用运行揭示调度命令模板”[《调规》（普速）附件3]未涉及的项目，由铁路局集团公司制定“补充常用运行揭示调度命令模板”。（5）运行揭示调度命令须一人拟写、另一人核对，施工办主管科室主任（副主任）、施工办主任（副主任）逐级审核签认，于施工前1日12:00前

（其中 0:00 至 4:00 执行的运行揭示调度命令于前 1 日 8:00 前）发布至有关业务部室、机务（机辆）段、车务段（直属站），并传（交）相关列车调度台，其中涉及邻局的车务段（直属站）和相关调度台，传（交）邻局施工办并由其转达。主管业务部室负责转交施工单位、自轮运转特种设备管理单位，车务段（直属站）负责转交相关车站。（6）列车运行途中遇跨越运行揭示调度命令有效时段或其他原因，造成列车运行没有可依据的运行揭示调度命令时，司机应提前向车站值班员（列车调度员）报告，车站值班员立即向列车调度员报告，列车调度员安排交付书面调度命令（可在一个行车调度命令中转发有关运行揭示调度命令），跨局（调度台）运行时，应通知邻局（调度台）列车调度员。（7）运行揭示调度命令发布的限速条件需转变为 LKJ 基础数据时，除按有关 LKJ 数据管理规定程序办理外，本着“谁申请（登记）、谁取消”的原则，由申请（登记）部门在 LKJ 数据换装生效时刻后，向施工办、车站申请取消限速。施工调度员须在得到申请（登记）部门取消限速的申请后，方准取消该运行揭示调度命令。以上情况涉及普速铁路列控基础数据需要更新时，按有关规定执行。（8）发生灾害、设备故障等突发情况，需临时限速时（含施工开通后未达到规定的放行列车条件），应由有关单位（人员）提出限速申请，列车调度员按规定发布临时限速调度命令；对于暂时不能取消的临时限速，应纳入运行揭示调度命令管理，具体纳入时机由铁路局集团公司规定，限速登记单位或设备管理单位应提出限速申请，报告主管业务部室，由主管业务部室审核后提交施工办发布运行揭示调度命令。（9）因施工产生的邻线限速应纳入施工计划，按运行揭示调度命令流程管理，施工调度员依据施工计划中提报的限速申请及时发布运行揭示调度命令。

对于有计划的施工，为尽量减少对运输的影响，使车站人员、列车司机、施工人员等提前掌握施工期间的行车条件，施工调度根据施工日计划以及业务部门提报的申请，对涉及限速、行车方式变化或设备变化等内容纳入运行揭示调度命令。运行揭示调度命令是提前发布的，其内容涉及限速、封锁施工限速、信联闭设备停用后的行车组织方式以及施工特定行车的组织方式，且受令处所包括有关业务部、机务段、车务段（直属站），并将有关行车要求写入了IC卡。这样在进行施工作业时，各部门按照确定的行车方式进行行车作业，减少拟写、交递、核对命令环节，提高作业效率。

纳入月度施工计划的施工项目原则上不准停止施工，因专特运等原因需停止施工时，须经分管运输副总经理（总调度长）批准。已批准的国铁集团管理的施工计划需停止施工时，须经国铁集团调度中心主任（副主任）批准。

对于有计划的施工，车站、列车司机及施工人员按照运行揭示调度命令确定的六个要素进行行车作业。因施工提前、延迟或其他原因造成运行揭示调度命令与实际限速、行车方式或设备不符时，此时车站、列车司机、施工人员所依据的运行揭示调度命令存在两种现象，一个是因施工提前在施工时间段内没有运行揭示命令约束，但必须要有新的约束的问题；另一个就是因施工延迟，在没有施工的时间段内本应能够正常行车，但因为运行揭示命令时间限制造成限速等情况的发生。不论何种情况，因施工提前、延迟或其他原因造成运行揭示调度命令时间段内约束失效，但实际对限速、行车方式、设备变化仍然还有行车限制。因此，列车调度员应取消前发运行揭示调度命令，向有关车站值班员、司机、施工负责人重新发布全部内容的调度命令。以行车调度命令来约束因运行揭示调度命令失效时段的限速、行车方式及设备变化情况，司机根据取消施工特定行车办法的调度命令解除列车运行监控装置的施工特定行车办法控制模式，按调度命令确定的行车方式运行。所以所发命令内容必须包含全部内容，受令处所必须齐全，且注明取消前发运行揭示调度命令时间、号码，以便车站、列车司机及施工人员明确作业方式和执行时间，防止因混淆带来运输组织的无序混乱，进而引发安全事故。

该事故案例系列车调度员有章不循，调整施工时间后未按规定及时发布取消前发运行揭示调度命令，重新发布全部内容的调度命令，造成耽误列车事故。同时，在其后发布取消前发运行揭示调度命令中，工作不认真、审核不严，错误取消运行揭示调度命令。调度命令发布内容混乱、不严谨，极易造成现场施工及运输组织的混乱，并且存在有需限速的地段未限速的极大安全隐患。

六、问题思考

1. 什么是调度命令？调度命令有哪些形式？

2. 什么是运行揭示调度命令？由谁负责发布？

3. 运行揭示调度命令“六要素”有哪些？

4. 因施工提前、延迟或其他原因造成运行揭示调度命令与实际限速、行车方式或设备不符时，列车调度员应如何办理？

5. 因施工提前、延迟或其他原因造成运行揭示调度命令与实际限速、行车方式或设备不符时，未按规定发布全部内容的调度命令有什么危害？

6. 施工日计划下达后，因特殊原因临时取消时有哪些规定？

7.《调规》（普速）规定“常用运行揭示调度命令”模板有哪些？

案例 10

停电命令发布不规范造成货物列车进入无电区一般 C 类事故

一、事故概述

×× 年 5 月 26 日 12 时 49 分，×× 局 ×× 区段临时加开 45678 次货物列车（电力机车牵引），当班列车调度员未发布临时加开命令。在发布 A 站（不含）至 B 站至 C 站（不含）间接触网停电检修命令前，未了解现场列车情况，也未向邻台通报联系。车站作业人员命令签收制度未落实，盯控互控制度流于形式。45678 次货物列车在 C 站开车后，因 A 站（不含）至 B 站至 C 站（不含）间接触网停电检修，导致电力机车带电进入停电区，构成铁路交通一般 C 类事故。×× 局调度所、车务段负同等主要责任。

二、存在问题

1. 列车调度员在发布接触网停电命令前，未详细了解现场情况，未发现 C 站与 B 站已办妥 45678 次列车闭塞。且在下达停电命令前未与邻台联系，导致邻台不掌握 C 站至 B 站间接触网停电的情况，停电命令也未发给邻台，停电调度命令受令处所不全，违反《调规》"命令内容、受令处所必须正确、完整、清晰"的规定。

2. 列车调度员下达停电调度命令时，C 站车站值班员离岗在邻座吃饭，见习生签收后未核对确认命令内容，也未报告车站值班员；B 站由站调签收，站调和车站值班员均未核对确认命令内容，也未提醒 C 站停开 45678 次列车。

三、违章详情

违反《技规》（普速）第 231 条之规定："指挥列车运行的命令

（运行揭示调度命令除外）和口头指示，只能由列车调度员发布。列车调度员在发布命令之前，应详细了解现场情况，并听取有关人员意见。”

违反《技规》（普速）第231条第13表第17项之规定：“调度日（班）计划以外，临时加开或停运列车（单机除外），需向车站、司机发布调度命令。”

违反《调规》（普速）第6条第（二）款之规定：“严格执行各项规章制度、安全管理制度和安全卡控措施，遵守和维护调度纪律，及时处理影响行车安全的有关情况，保证调度指挥安全。”

违反《调规》（普速）第74条第（二）款之规定：“值班中应精力集中、坚守岗位、严格落实岗位安全责任、遵守安全生产规章制度和操作规程，及时正确处理问题。”

违反《调规》（普速）第75条第（一）款之规定：“调度命令发布前，应详细了解现场情况，听取有关人员的意见，命令内容、受令处所必须正确、完整、清晰。”

违反《调规》（普速）第80条第（二）款之规定：“列车调度员根据施工日计划与施工作业申请核对一致后，发布准许进行施工作业的调度命令。”

四、吸取教训

1. 调度命令发布前，应详细了解现场情况，听取有关人员的意见，命令内容、受令处所必须正确、完整、清晰。

2. 各调度台之间要加强联系沟通，对临时发生的问题要多加沟通联系，互相提示，防止发生问题。

五、解析评述

列车是按运行图和日（班）计划规定的车次开行的，各运输部门都是按照日（班）计划开展工作的，这样运输各个部门按照计划安排运行计划、车站股道、机车乘务、编组甩挂、列检商检等作业内容，使参与运输的各个部门履行各自职责，做好本职工作，做到运输的有序衔接。在调度日（班）计划以外临时加开列车时，需要增加上述作业内容，因此以调度命令的形式告知有关部门做好相应工作。列车调度员应按规定及时发布临时列车加开命令，并及时下达列车运行调整计划，明确车次、运行时分、方向等事项。

接触网停送电作业，如果操纵不当、卡控不严，易发生错误停送电或者电力机车进入无电区等事故，或易发生作业人员伤亡事故，所以必须严格执行有关规定及程序，从各个环节杜绝问题的发生。停电作业前，列车调度员应确认停电范围内无电力机车运行，发布准许停电的调度命令。车站要认真签收停送电命令，按规定在信号控制台或规定位置上揭挂表示牌，严防错误停送电及电力机车进入无电区事故的发生。

该事故案例中，列车调度员业务不精，未执行命令发布程序。在发布接触网停电检修命令前，未了解现场列车运行情况，没有发现 C 站与 B 站已办妥 45678 次列车闭塞。没有核对确认就臆测盲目发布停电命令，为事故的发生埋下隐患。同时，停电命令发布不规范，停电调度命令受令处所不全，需要其他部门监督卡控的“他控”机制失效，安全责任、工作职责、卡控制度全部流于形式。而仅仅受令的 C 站是见习生，签收后未核对确认命令内容，也未报告车站值班员；受令的 B 站由站调签收，同样站调和车站值班员均未核对确认命令内容。45678 次列车就在调度、C 站、B 站“三不管”的状态下开出，致使电力机车进入无电区构成铁路交通一般 C19 事故。

六、问题思考

1. 在什么情况下发布临时加开调度命令？加开命令应向哪些部门发布？

2. 如何做好施工维修前后的列车放行工作？

3. 电力机车带电进入停电区有什么严重危害？

4. 发布接触网停电命令前应确认哪些关键环节？

树牢安全发展理念

牢固树立安全第一的思想

从源头上防范化解重大安全风险

案例 11

未发布列车运行计划轨道车发生火灾一般 C 类事故

一、事故概述

××年4月27日23时38分，××局开行的56123次轨道车（编组4辆，接触网作业车担当本务，附挂两辆平板车、一辆接触网作业车）运行至A站时，因尾部接触网作业车着火停于A站站内Ⅰ道。28日1时25分，经车站组织当地消防部门将火扑灭。1时35分恢复行车，影响下行线行车1 h 57 min。事故未造成人员伤亡。构成铁路交通一般C类事故，××局调度所、供电处负主要责任，车务段负次要责任。

二、存在问题

1. 调度所对路外车辆上线运行把关不严。未按照规定程序组织路外自轮运转特种设备的开行，对路外单位人员自持“黑电报”提出的上线申请的违章行为没能产生警觉。值班主任对电报把关不严，在没有电报所正式受理日期、电报号、相关业务处室签认的情况下，片面考虑施工需求和完成进度，淡化了安全意识，没有起到源头把控作用，且未按《所细》[①] 规定在申请运行电报上签字后交值班调度执行。

2. 列车调度员违反基本规章。在轨道车上线运行未纳入日班计划的情况下，仅凭路外公司出具的“黑电报”，盲目允许轨道车上线，违规组织行车。列车调度员在安排轨道车上线运行时未落实运

① 《调度所管理工作细则》，下同。

行电报需经值班主任签认的规定，执行有关办法不到位，且未按有关规定发布临时加开轨道车的调度命令，盲目组织开车。

三、违章详情

违反《技规》（普速）第231条第13表第17项之规定："调度日（班）计划以外，临时加开或停运列车（单机除外）应向司机、车站值班员发布调度命令。"

违反《调规》（普速）第42条第（二）款第1项之规定："列车到、发及运行计划，包括列车车次、发站、到站、发到时分、编组内容、特定运行径路，始发列车车辆来源。"

违反《调规》（普速）第62条之规定："列车调度员应及时编制和下达3~4小时列车运行调整计划，并及时与相邻调度台交换。"

违反《调规》（普速）第74条第（一）款之规定："熟悉有关运输站段及列车的技术设备、作业过程、各项技术作业标准及各站接发列车的有关规定，正确组织指挥列车运行。"

违反《调规》（普速）第74条第（二）款之规定："值班中应精力集中、坚守岗位、严格落实岗位安全责任、遵守安全生产规章制度和操作规程，及时正确处理问题。"

违反该局调度所《所细》之规定："值班主任在申请运行电报上签字后交值班调度执行。"

四、吸取教训

调度所要严格落实作业标准，严格审核轨道车运行计划，并将轨道车运行纳入日（班）计划，临时加开时要严格审核运行手续并及时发布加开命令。

五、解析评述

自轮运转特种设备是自带动力无需机车牵引或附加牵引动力的移动设备，一般最高运行速度不超过160 km/h。种类为铁路轨道车、救援起重机及铁路施工、维修专用车辆等。铁路轨道车主要包括重型轨道车、起重轨道车、发电轨道车、轨道平车和收轨平车及轻型轨道车（含轻型轨道平车）等；施工、维修专用车辆包括架桥机、铺轨机、接触网作业车、接触网放线车、高空作业车、大型养路机械等。其中大型养路机械是用于铁路线路大修及维修养护的专用设备，按照其作用不同分为清筛车、捣固车、路基处理车、大修列车、钢轨探伤车、桥梁检查车、钢轨及道岔打磨车、动力稳定车、配砟整形车和焊轨车等。自轮运转特种设备须符合国家和铁道行业有关标准，轨道车等自轮运转特种设备按列车运行时，轨道车运行控制设备、列车无线调度通信设备应作用良好，运行状态下应满足机车车辆限界的规定。

从上述介绍中可知，自轮运转特种设备是一概称，包含各种作业用途的自带动力的移动设备，其运行条件根据用途不同有特殊的限制要求。自轮运转特种设备上线运行，由运用单位提报运行计划及限制要求，做好行车装备的检查维护、司机安排及行车安全措施、作业标准的培训指导等工作。自轮运转特种设备经有关专业部门审核后，确定接收到 GYK 基本数据版本信息和运行揭示调度命令及行车限制条件后，纳入调度日（班）计划，防止自轮运转特种设备未经审核便上线运行，容易引发行车事故，尤其是对路外自轮运转特种设备的运行更要严格按照程序审核，按照规定放行。同时，调度日（班）计划下达后，有关部门应对其运行进行专业监控，确保运行安全。

该事故案例中，路外公司轨道车上线运行未纳入日班计划，盲目允许轨道车上线，违规组织行车，轨道车缺乏有效的专业监督盯控，运行过程中作业车着火构成铁路交通一般 C 类事故，该局调度所负主要责任。

六、问题思考

1. 什么是自轮运转特种设备？

2. 自轮运转特种设备种类有哪些？

3. 自轮运转特种设备为什么要纳入调度日（班）计划？

4. 列车调度员对自轮运转特种设备运行安全应如何把控？

管理基础打得牢，
安全大厦层层高。

案例 12

客调错发双管供风调度命令耽误列车一般 D 类事故

一、事故概述

××年4月29日15时11分，××局客运计划调度员接到总公司2001号客调命令后，先后于16时03分、16时31分向有关单位发布了50001、52001号客调命令，要求5月3日A站始发的0Y12次、B站始发的Y12次均按双管供风办理。17时21分，总公司又发布了2002号客调命令，该命令将总公司2001号客调命令中“双管供风”字样取消。局客运计划调度员接到该命令后，因考虑到命令中要求使用的25G型AC380V空调车底为集便器、双管供风车体，且双管供风比单管供风安全可靠，还可满足旅客的舒适需求，没能及时与总公司客运调度核对2002号客调命令意图，便于4月30日16时21分向有关单位发布了50002号客调命令，仅对前发50001号客调命令中“双管供风”字样取消，但未对52001号客调命令中“双管供风”字样取消，以至于B站所辖车辆段以52001号“客机牵引、双管供风”命令内容对Y12次车底进行车辆整备。Y12次自B站始发时按照52001号命令按双管供风办理。Y12次运行途中停车进行双管改单管供风作业，耽误本列运行49 min，构成铁路交通一般D类事故，××局调度所负全部责任。

二、存在问题

1. 业务素质存在不足。当班客调计划调度员对客车车辆涉及的双管供风与单管供风设备性能掌握不足，对总公司调度命令没有深入理解，认真核对。工作中也是好心，但是对关键内容未能请示沟通理解清楚，未能准确下发调度命令。

2. 客调命令编制不严谨。一是客调计划调度员在根据总公司调度部下发的2002号调度命令编制50002号调度命令时，对取消“双管供风”内容理解不清，未按照总公司调度部2002号调度命令分别进行明确说明，而是合并在1条内容下发，给执行部门造成误解；二是在总公司下发2002号调度命令后，没有对前发的52001号调度命令进行修改。

3. 客调命令审核不认真。4月30日，客调计划调度员在下达50002号调度命令时，虽然执行了调度命令编制、审核程序，但审核人员不够认真，对下发50002号调度命令存在与总公司2002号调度命令不相符的问题没有发现并纠正。

三、违章详情

违反《调规》(普速)第6条第(二)款之规定:“严格执行各项规章制度、安全管理制度和安全卡控措施，遵守和维护调度纪律，及时处理影响行车安全的有关情况，保证调度指挥安全。”

违反《调规》(普速)第71条之规定:“国铁集团、铁路局集团公司调度应及时正确发布与运输有关的调度命令，下级调度以及有关人员必须坚决执行。”

违反《调规》(普速)第74条第(二)款之规定:“值班中应精力集中、坚守岗位、严格落实岗位安全责任、遵守安全生产规章制度和操作规程，及时正确处理问题。”

违反《调规》(普速)第75条第(一)款之规定:“调度命令发布前，应详细了解现场情况，听取有关人员的意见，命令内容、受令处所必须正确、完整、清晰。”

违反《调规》(普速)第82条第(二)款第1项之规定:“转发国铁集团调度命令，接收、转发、传递有关铁路局集团公司的调度命令。”

四、吸取教训

1. 加强业务知识培训。深刻认识客调调度命令对客车安全、旅客组织及调度所整体安全的重要性及必要性。相关调度要认真学习《技规》《调规》发布调度命令的相关规定，提高调度员业务技能。

2. 严格落实命令审核制度。客调命令拟写、审核、发布、签认、传递、跟踪检查督促等环节进行闭环管理，客调室（副）主任检查落实调度命令的掌握、落实情况，对上级发布的相关命令经核对有异议、发现与实际执行不相符情况时，应及时向命令签发部门提出，确保所有命令符合规章、文件、电报要求，维护客调命令的严肃性、准确性。

3. 严把客调命令下达签认。客调室（副）主任对日勤客调拟写的命令审核无误后，方可通知日勤客调下达。客调命令下达后，下令人必须认真检查站段命令签认及作业层命令执行情况，防范站段签收完命令后漏转达作业站、作业站接受命令后漏交接班或漏作业问题的发生。

4. 盯控重要调度命令执行。对于临客开行、径路变更、车体供风（电）方式变化、列车编组调整等以及非正常情况下调度命令，要严格落实岗位互控制度，确保调度命令准确无误。对长期命令、电报执行环节定期进行梳理，做好命令的交接和销号等台账管理，确保不遗漏、不出错。

五、解析评述

国铁集团、铁路局集团公司调度应及时正确发布与运输有关的调度命令，下级调度以及行车有关人员必须坚决执行，这是铁路运输调度的基本职责及运输原则。

所谓调度命令，系指各级调度在组织指挥日常运输工作中对下级调度或站段以及有关人员所发布的有关完成日常运输生产的具体部署和指挥行车工作的指令。是运输各部门具体办理行车工作的重要依据，是铁路运输调度组织指挥运输工作及安全生产的必要手段，体现了铁路运输调度工作集中领导、统一指挥、逐级负责的原则。

调度命令发布质量直接关系日常运输生产和安全，如果调度命令错误或疏漏，不可避免地造成现场作业的混乱，引发不安全因素，极大地引起事故。所以调度命令发布必须及时、准确、严谨，应遵循以下基本规定：

1. 调度命令发布前，应详细了解现场情况，听取有关人员的意见，命令内容、受令处所必须正确、完整、清晰。

2. 使用计算机、传真机、调度命令无线传送系统发布调度命令时，必须严格遵守“一拟写、二审核（按规定需监控人审核的）、三签发（按规定需领导、值班主任或值班副主任签发的）、四发布、五确认签收”的发布程序。命令接受人员确认无误后应及时反馈回执。

3. 使用电话发布调度命令时，必须严格遵守“一拟写、二审核（按规定需监控人审核的）、三签发（按规定需领导、值班主任或值班副主任签发的）、四发布、五复诵核对、六下达命令号码和时间”的发布程序。使用电话发收调度命令时，应填记“调度命令登记簿”（列车调度员使用调度命令系统记录时除外），指定受令人员中一人复诵，并记明发收人员姓名及时刻。

4. 已发布的调度命令遇有错、漏或变化时，尚未开始执行的，必须取消前发命令，重新发布调度命令；已开始执行的，应立即停止执行错误或变化内容，并及时发布调度命令进行修正。

5. 调度命令书写不正确时，应重新书写。

6. 发布有关线路、道岔限速的调度命令，必须注明具体地点、限速里程及限速值。铁路局集团公司可对特殊或紧急情况不注明限速里程的场景结合具体情况制定相关办法。

7. 发布救援调度命令，必须注明被救援列车或车列的救援端里程。

8. 使用常用行车调度命令模板 [《调规》(普速) 附件 2]、常用运行揭示调度命令模板 [《调规》(普速) 附件 3]、常用局间客调命令模板 [《调规》(普速) 附件 4]，拟写调度命令时，可根据需要对命令模板内容进行增加或删减。

该事故案例是典型的调度命令发布不严谨、不规范所致。该事故过程图示如图 1-7 所示。

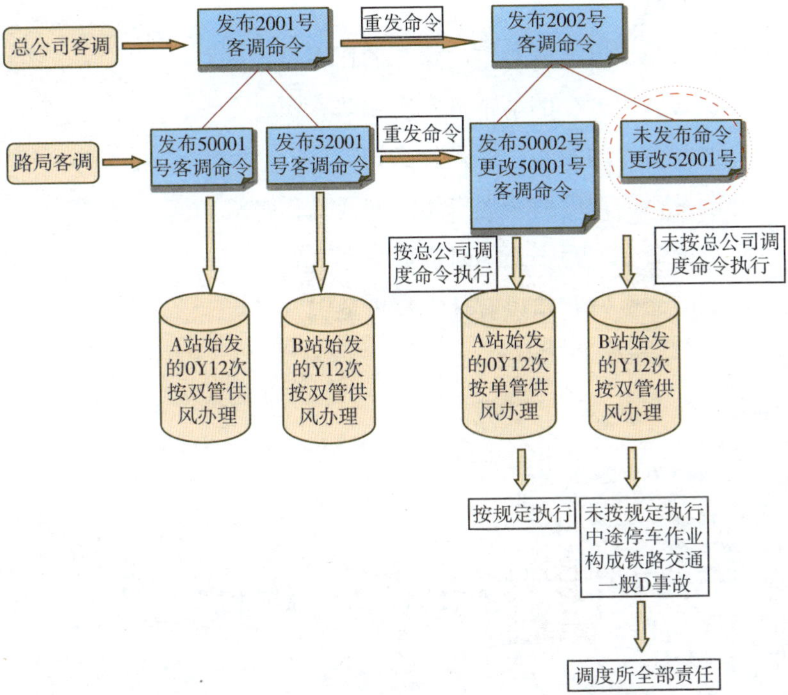

图 1-7　客调命令发布图示

总公司起先发布调度命令，确定 0Y12 次、Y12 次均按双管供风办理。后重新发布命令，将前发命令中“双管供风”字样取消。对于0Y12次单管供风可以运行，但是对于Y12次旅游列车，当班客调考虑到该列车使用的25G型AC380V空调车底为集便器、双管供风车体，从服务乘客角度出发，双管供风比单管供风安全可靠，还可满足旅客的舒适需求。

工作是好心，但是没有按章办事，没有按照程序标准执行，没能及时与总公司客运调度联系，提出意见和建议，而是擅自凭借自己主观臆断，未能及时准确下发调度命令，给执行部门造成误解，从而导致事故的发生。

六、问题思考

1. 什么是调度命令？调度命令的作用是什么？
2. 发布调度命令的基本规定有哪些？
3. 调度命令的发布程序是什么？
4. 已发布的调度命令遇有错、漏或变化时应如何办理？
5. 调度命令书写不正确时应如何办理？
6. 调度命令发布错误有什么严重危害？

人民至上、生命至上。

第二章　程序标准类

案例 13

安全隐患未整治电力机车进入无电区一般 C 类事故

一、事故概述

×× 年 4 月 17 日一班，×× 局由于运行图铺画错误，调度所及车站对运行图铺画错误问题未发现，未对运行图存在的安全隐患及时整治。在作业过程中列车调度员、车站值班员未落实规章制度，停电安全关键盯控不力，造成 K567 次、K135 次旅客列车相继横切穿越 A 站内的 4/2 号渡线道岔，进入 A 站上行正线天窗维修停电区，造成电力机车将下行线供电单元的电流带入停电区，构成铁路交通一般 C 类事故。车务段负主要责任、×× 局调度所负同等主要责任、运输处负重要责任。

二、事故过程

×× 局 A 站为多方向车站，下行列车经 A 站 4 号道岔定位去甲方向，下行列车经 A 站 4/2 号渡线道岔横切 A 站上行正线去乙方向。A 站示意图如图 2-1 所示。

该局公布的年底调整列车运行图的通知中，规定涉及 A 站上行正线的施工天窗时间为 5 时 10 分至 8 时 10 分共计 180 min，将供电的图定天窗由原来的 5 时 10 分至 6 时 40 分（90 min），调整为

5 时 10 分至 7 时 10 分（120 min）。同时，该局对 A 站涉及上行正线供电臂停电时的行车限制条件为“严禁电力机车通过 A 站 2/4 渡线道岔”。而运行图铺画的 K567 次 A 站 6 时 37 停 6 时 39 开（技术停点），运行图铺画 K135 次 A 站 6 时 53 分通过，穿越了“天窗点”。

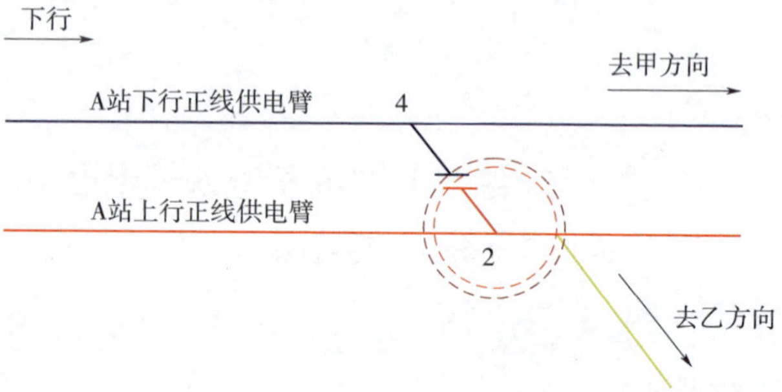

图 2-1　车站接触网分相示意

4 月 17 日 5 时 27 分，当班列车调度员根据 A 站车站值班员的接触网维修申请，下发了 64428 号调度命令：自 5 时 40 分起至 7 时 40 分止，涉及 A 站上行正线的供电臂接触网停电。天窗命令发布后，未认真核对停电单元，盲目下达 3~4 小时列车运行调整计划，将 K567 次、K135 次旅客列车安排为 A 站通过。

A 站车站值班员在供电单元停电后，在不了解封锁电力机车通过的渡线道岔及行车限制的情况下，根据列车调度员发布的阶段列车调整计划，擅自办理旅客列车横切天窗的进路。K567 次列车 A 站 6 时 40 分通过，K135 次列车 7 时 11 分通过。

K567 次列车 A 站通过时，6 时 39 分调度所供电调度员发现 A 站下行正线所在接触网供电臂发生跳闸，在得到现场回复未发现异常后，于 6 时 55 分将该供电臂恢复供电；K135 次列车 A 站通过时，7 时 10 分调度所供电调度员再次发现 A 站下行正线所在接触网供电臂发生跳闸，经处理于 7 时 26 分恢复供电。

在K567次列车进入停电作业区后，供电段现场接地线人员反应迟钝，未感觉到异常情况，也未能及时查看了解并反馈情况，以致整个作业组仍在作业，直到K135次列车带电再次进入停电作业区后，造成第二次跳闸后才察觉到异常。

三、存在问题

1. 技术规章制定不严谨，审核把关不严。一是在编制下发《路局关于公布年底调整列车运行图的通知》文件时，没有深入细致研究，没有充分征求现场意见，没有切实结合实际铺画列车运行图，以致制定的技术文件出现源头性安全隐患。二是没有对列车运行图的关键区段、关键作业项点进行重点监控检查，对铺画列车运行图存在的安全隐患，审核把关不严，未能及时发现和解决问题。

2. 相关部门技术职能作用发挥不力，没有及时掌握并协调解决存在的安全隐患。对新图实施后天窗作业变化以及可能引起的安全隐患，未及时研判，没有发现图定天窗点内有影响作业的客车运行的问题，安全隐患没有及时整治造成事故的发生。

3. 作业层人员业务生疏、安全意识淡薄。调度所列车调度员、A站车站值班员在落实列车运行图以及具体组织施工维修过程中，对显而易见的安全隐患未能及时发现并制止，失去了最后防止事故发生的机会。

4. 安全监督管理实效。A站监控管理人员对安全关键的落实不力，监控制度形同虚设，没有在实际作业中及时发现问题，进而防止事故的发生。

四、违章详情

违反《技规》（普速）第225条之规定："列车运行图是铁路行车组织工作的基础。所有与列车运行有关的铁路各部门，必须按列车运行图的要求，组织本部门的工作，以保证列车按运行图运行。"

违反《技规》(普速)第230条第3款之规定:“注意列车在车站到发及区间内的运行情况，正确、及时地处理临时发生的问题。”

违反《调规》(普速)第6条第(二)款之规定:“严格执行各项规章制度、安全管理制度和安全卡控措施，遵守和维护调度纪律，及时处理影响行车安全的有关情况，保证调度指挥安全。”

违反《调规》(普速)第6条第(十七)款之规定:“及时收取、上报铁路交通事故、设备故障、自然灾害等突发事件信息，按规定进行应急处置，通报信息、组织救援、调整运输。负责调动救援列车、救援队或向国铁集团调度申请跨局调动救援列车、救援队。”

违反《调规》(普速)第35条之规定:“调度日(班)计划是日常运输组织工作的基础，应按货物列车编组计划、列车运行图、月度运输生产经营计划、施工计划进行编制，保证均衡地完成运输生产和施工任务。”

违反《调规》(普速)第42条第(二)款第1项之规定:“铁路局调度日计划列车工作计划内容：列车到、发及运行计划，包括列车车次、发站、到站、发到时分、编组内容、特定运行径路，始发列车车辆来源。”

违反《调规》(普速)第72条之规定:“列车调度员应熟悉管辖区段内主要行车人员和机车车辆、线路桥隧、通信信号、牵引供电等设备基本情况，掌握天气变化对行车工作影响的规律，组织行车有关人员协调动作，实现按列车运行图行车。”

违反《调规》(普速)第74条第(一)款之规定:“熟悉有关运输站段及列车的技术设备、作业过程、各项技术作业标准及各站接发列车的有关规定，正确组织指挥列车运行。”

违反《调规》(普速)第74条第(二)款之规定:“值班中应精力集中、坚守岗位、严格落实岗位安全责任、遵守安全生产规章制度和操作规程，及时正确处理问题。”

违反《铁路营业线施工安全管理办法》（铁运〔2021〕160号）第10条之规定：“天窗是指列车运行图中不铺画列车运行线或调整、抽减列车运行线为施工和维修作业预留的时间，按用途分为施工天窗和维修天窗。”

违反该局《电气化区段劳动安全控制措施》第34条之规定：“接触网在进行V型停电作业时，禁止从有电区向无电区线路接发电力机车及其牵引的列车。”

五、吸取教训

1. 行车作业人员引以为戒，深刻吸取教训，在思想上树立“安全第一”的责任意识，在安全方面上有高度的“敬畏”意识，落实作业标准及安全卡控制度，全力确保行车安全。

2. 各部门要深入推进安全管理工作，从规章制度制定、行车主要工种管理、关键作业盯控等方面，研判存在的安全风险，及时对安全隐患进行整治，确保各类安全隐患整治到位。

3. 进一步落实标准化要求，加强安全管理工作，使相关管控措施得到有效执行。同时加大安全检查力度，及时发现和纠正作业人员违章作业的行为。

4. 调度所各专业工种要充分发挥职能作用，认真落实岗位职责要求，加强业务培训、技术教育、安全检查和分析考核工作，加大作业检查力度，落实督导管理职能。

5. 加强对技术隐患的整改。调度各工种要从中认真吸取教训，加强本专业技术隐患的排查及整治，及时发现影响安全的问题和隐患，及时反馈并认真整改。

六、解析评述

安全隐患是指可能导致事故发生的人的不安全行为、物和环境的危险状态以及管理上的缺陷，是已经存在的缺陷，风险管控失效就可能形成隐患，进而酿成事故。企业或个人违反安全生产法律法规、规章制度、管理要求，生产环境的不安全状态，规章制度、管理要求、生产组织等管理方面存在的缺陷等都是安全隐患。

行车各部门在日常安全生产中要实施常态化的安全隐患排查，特别是当技术标准、规章规程发生变化，生产组织发生调整以及作业条件、设备设施、工艺技术发生改变等情况时，要树立“变化就是风险”的意识，必须开展专项的安全隐患排查。对排查出的安全隐患要及时进行整治，未彻底治理完毕前要制定可靠的安全措施。行车各部门要积极治理安全隐患，确保全部安全隐患实现闭环管理，确保铁路运输安全。

该事故案例中，造成这起事故的原因主要有以下几个方面：

首先是基本技术资料存在安全隐患。A 站系多方向车站，下行去乙方向的列车须经 A 站 2/4 渡线道岔横切上行正线。在调图之前，A 站涉及上行正线供电图定天窗为 5 时 10 分至 6 时 40 分（90 min），K567 次 A 站图定 6 时 37 分停，6 时 49 分开（技术停点），K135 次 A 站图定 6 时 53 分通过。可见，在未调图之前，A 站上行供电天窗结束后，K567 次、K135 次安排 A 站通过。但是新的调图文件将供电的图定天窗调整为 5 时 10 分至 7 时 10 分（120 min），K567 次、K135 次 A 站图定时刻仍然为原时刻。在停电时间段内下行去乙方向列车须经 A 站 2/4 渡线道岔，必然会横切上行正线，在上行正线所在的接触网停电的条件下，必然会发生电力机车带电进入无电区。在公布运行图时没有考虑到 A 站的设备特点，也没有考虑到变化带来的安全隐患，基本技术资料不准确给安全埋下隐患。

其次是行车专业人员职能缺失。运行图变化后，运输处、调度所、车务段、供电段等行车专业人员前期审查均未认真落实，没有提前对运行图变化后存在的安全风险预想预防。各层级审批、把关人员职能缺失，没有对变化后的关键内容审查监督，致使该问题没有及时暴露，被掩藏在日常作业中，成为一颗隐藏“炸弹”。作为一个区段指挥者的列车调度员，应熟悉掌握管辖区段行车设备及行车组织特点，对运行图调整后存在的变化风险应有警觉。但是列车调度员没有及时发现，对“变化就是风险”认识不到位，未能从调度指挥层面发现并解决问题，仍然按照以往惯例组织供电天窗和客车运行，并发布了在供电天窗期间 K567 次、K135 次列车 A 站通过错误的 3~4 小时阶段计划，给车站后续错误作业又埋下安全隐患。

最后是行车作业人员责任不强。参与行车直接作业的车站人员本应该对本岗位行车作业关键点熟悉并严格卡控，特别是车站值班员应当是业务最熟、责任最强的人员，是防止发生事故，确保行车安全的“最后屏障”。但是在该起事故中，车站值班员岗位作用没有充分发挥出来，甚至可以说是“形同虚设”。这里又有以下教训应以吸取，一是参与作业的车站值班员岗位还不具备岗位作业资格，系学习值班员低职代高职顶岗。没有进行转岗培训，必然对岗位作业关键内容有掌握不到位的地方。很显然，此次行车作业过程中，车站值班员不清楚供电单元停电后的行车限制条件，盲目办理了旅客列车横切天窗进入无电区的进路，车站值班员自始至终都不认为自己的作业过程有问题，正因为“不知”，所以“无畏”，事故自此开始；二是车站值班员对关键作业环节不知道，参与盯岗的车站值班干部又恰巧不在岗，最后防止事故的环节缺失，事故就此发生；三是客车 K567 次进入停电区，造成下行线供电单元跳闸停电，车站值班员、供电段作业人员都没有意识到是电力机车进入无电区所致，对故障产生原因没有查明，采取弥补措施不力，以致供电整个作业组仍在作业。车站又于 7 时 11 分再次办理了 K135 次客车进入停电区的进路，造成下行线供电单元再次停电，错误的作业又重复一次！电力机车带电侵入无电区造成第二次跳闸后，作业人员才察觉到异常。事故发生已经很严重了，最严重的是同类事故竟然重复发生。

电力机车进入无电区，会造成机车、接触网设备的损坏。如果供电作业人员防护措施不到位，极易发生作业人员伤亡事故，这是人命关天的事情，其教训深刻又悲痛。所以对于接触网停送电作业，必须要慎之又慎，必须要严格落实各项卡控措施，加强对作业全过程的盯控，确保作业及人身安全。

七、问题思考

1. 什么是安全隐患？安全隐患对安全的危害有哪些？
2. 调度部门应如何对基本技术资料进行安全隐患排查？
3. 当列车运行图等技术基础资料存在安全隐患后应如何消除？
4. 接触网停电安全关键有哪些？应如何卡控？
5. 3~4 小时列车运行调整计划应如何发布？
6. 3~4 小时列车运行调整计划发布内容有哪些？
7. 列车调度员应如何发挥自身工作职能，确保行车安全？
8. 对于行车岗位，应如何落实转岗程序？
9. 如何认识“低职代高职”的危害性？
10. 在行车关键作业中，盯岗干部应如何发挥工作职责？

案例 14

未准备好进路盲目交付调度命令造成轨道车脱轨一般 B 类事故

一、事故概述

×× 年 6 月 26 日 ×× 局施工维修计划：A 站至 D 站间下行线区间及各站内下行线 6 月 27 日 22 时 14 分至 28 口 4 时 00 分进行供电检修作业，C 站开行检修作业轨道车进入 C 站至 B 站间下行线线路进行检修作业。27 日 22 时 28 分检修作业车 57002 次司机接到列车调度员封锁 C 站至 B 站间下行线区间及站内下行线进行检修作业的调度命令后，进入封锁范围作业。因调度所列车调度员在未准备好进路（C 站 1 号道岔处于反位）的情况下，盲目交付调度命令，造成作业轨道车挤岔脱轨，构成铁路交通一般 B 类事故，×× 局调度所负全部责任。

二、事故过程

×× 局 C 站（不含）至 B 站至 A 站间上行线自 4 月 6 日 0 时 00 分起至 9 月 20 日 24 时 00 分止封锁，改下行线按单线行车。

6 月 26 日施工维修计划：A 站至 D 站间下行线区间及各站内下行线 6 月 27 日 22 时 14 分至 28 日 4 时 00 分进行供电检修作业。

6 月 27 日 20 时 42 分，上行列车 D1234 次经 C 站 1/3 号道岔反位出站后未按规定恢复其定位，其后至事发前未排列使用该道岔的进路。

6 月 27 日 20 时 30 分，供电段驻调度所联络员根据维修日计划在“行车设备施工登记簿”中登记，请求于 6 月 27 日 22 时 30 分至 6 月 28 日 04 时 00 分供电在 B（含）至 C（含）间下行线轨道车巡检。

根据施工单位登记，列车调度员于22时14分发布调度命令，命令内容：因供电段在B站（含）至C站（含）间下行线进行设备整治作业，自接令时起，B站（不含）至C站（含）间下行线区间及站内下行线封锁，限04时00分施工完毕。准许C站开57002次列车，进入封锁区间K51+900防护点处停车，按维修负责人的指示进行作业，返回开57001次列车，限04时00分前到达C站。

22时10分助理调度员告诉列车调度员自己去间休，提前5分钟离岗。列车调度员臆测认为C站1/3号道岔在定位位置，在未准备好57002次列车进路的情况下，发布了作为进入封锁区间行车凭证的调度命令，并在轨道车22时20分由C站开车后，也离岗，在轨道车脱轨后呼叫调度时，才返回调度台。未准备好进路交付调度命令示意如图2-2所示。

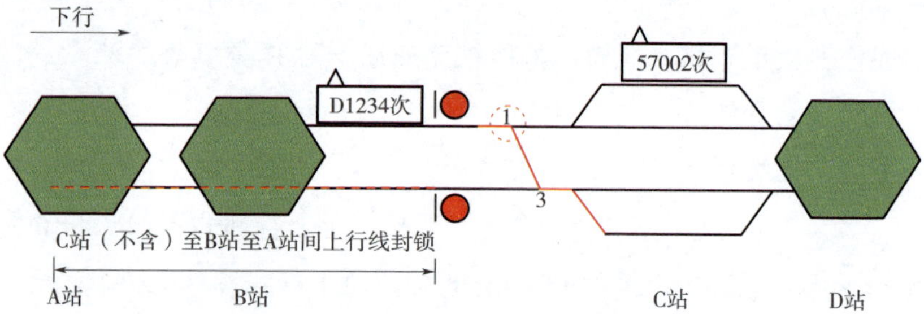

图2-2　未准备好进路交付调度命令图示

三、存在问题

1. 列车调度员工作责任心不强，作业中严重违章。一是违章交付行车凭证，列车调度员安全知识、意识差，没有树立“进路”意识，不清楚“进路、凭证（信号）”先后顺序的重要关系，在准备进路时仅凭记忆主观臆测进路正确，未对C站Ⅰ道进路上的1/3号道岔进行单操单锁，也未检查确认道岔开通位置是否正确，在C站发车进路未准备好、1/3 号道岔处于反位的情况下，向 57002 次司机发布了准许施工并作为行车凭证的调度命令。二是未按照铁道部《铁路客运专线技术管理办法》(铁科技〔2009〕116 号)第 155 条“对需要人工排列的进路，与助理调度员执行二人确认制度”以及调度所助理调度员间休制度中“CTC 台人工排列进路等必须两人在岗情况时，由列车调度员通知助理调度员上岗”之规定，未通知助理调度员上台对人工排列的 57002 次进路进行确认。三是离台时未通知相关人员到场盯控。在 57002 次进入 B 站至 C 站间下行线区间后，擅自离台，未按规定通知已去间休的助理调度员返回盯台。四是发布调度命令未按维修作业登记内容发布，维修作业登记为“B(含)至 C(含)间下行线轨道车巡检”，命令发布为“B 站(不含)至 C 站(含)间下行线进行设备整治作业”。

2. 助理调度员履行职责不到位，且提前离岗间休。助理调度员在维修封锁前 5 分钟离台间休，违反调度所助理调度员间休制度中关于助理调度员间休时间为:“夜间施工维修封锁起，至封锁施工维修结束后首列动车组开行前”之规定。

3. 铁路局规章管理方面有待加强。一是基本规章多次修改，未能及时整理并重新发布，不利于学习执行。该铁路局《行车组织细则(试行)》自颁布实施以来连续进行了三次修改，修改内容多，部分内容甚至是对修改内容的再次修改，不利于学习执行。二是部分内容制定不符合实际，制定的 CTC 区段调度员接发列车作业程序不符合调度员作业实际。三是部分内容用语不严谨。四是无施工路用列车开行有关规定。五是维修作业日计划的编制、下达程序不符合《高速铁路调度暂行规则》第 30 条规定。

4. 调度所日常安全管理不到位。一是调度所没有建立日常检查巡视制度，对管理干部和值班主任、值班副主任日常巡视的方式未做规定。二是施工维修期间，路用列车进路排列等有关行车组织工作，由列车调度员一人担当，违反进路排列“二人确认制度”规定的现象时有发生，却未能得到及时发现并整改，反映出日常调度指挥工作存在重效率轻安全的倾向，日常安全检查监督弱化。三是调度所各级管理人员对该调度台调度员日常存在的提前离岗间休，以及班中监视列车运行不认真等问题未引起足够重视并予以严肃处理，放任自流，致使个别调度员逐渐养成不良的作业习惯。

5. 调度所专业技术管理存在差距。一是调度所技术管理人员日常抓技术工作作风不实，对一次封锁多个区间作业以及CTC台调度员人工准备进路等方面未进行深入研究和做出明确的规定。二是调度所没有针对CTC区段调度人员直接办理接发列车作业的实际情况，制定并实施车站接发列车相关知识的补强培训。三是调度所规定该CTC调度台列车调度员、助理调度员三班制，且助理调度员可以间休的规定，以及列车调度员、助理调度员部分岗位职责均违反了《高速铁路调度暂行规则》。

6. 调度所施工组织存在不足。一是调度所施工准备会由值班副主任组织，不利于充分了解施工维修作业的有关事项，容易出现疏漏，不利于施工安全。二是从施工准备会记录看，施工准备会召开存在流于形式的现象，大部分是对施工计划内容的再次摘录，无有关施工单位、配合单位施工维修作业有关准备工作情况及是否已准备到位的内容，没有进行安全预想和提出安全控制措施。三是施工维修期间只有列车调度员一人负责有关登销记和作业组织工作，助理调度员间休，也无盯控人员把关，不利于施工期间行车安全控制。

7. CTC调度员没有真正树立起“高铁无小事”的安全责任意识。因管辖里程短、车站少、列车密度小，且是纯客车运行的CTC区段，时间一长调度员就产生了松懈的思想，高铁安全极端重要性意识有所淡化，技术业务能力有所弱化。部分调度员责任心不强，没有履行应尽的职责，对违反作业标准和劳动纪律的问题当成自然，是诱发此次事故的思想根源。

8. CTC 台调度员没有建立或淡化了“进路”的意识。在既有线调度台长期依赖车站值班员办理行车的思想还未及时转变，CTC 调度员对接发列车的关键环节没有足够的重视。

四、违章详情

违反《技规》（高速）第 270 条第 1 款之规定：“调度命令发布前，应详细了解现场情况，听取有关人员的意见，命令内容、受令处所必须正确、完整、清晰。”

违反《技规》（高速）第 271 条第 2 款之规定：“作为行车凭证的调度命令，在接发列车进路准备妥当后，方可向司机发布（转达）。”

违反《技规》（高速）第 283 条之规定：“车站应不间断地接发列车，严格按列车运行图行车。车站值班员办理接发列车（列车调度员人工办理接发列车）时，应亲自办理闭塞、布置进路（包括听取进路准备妥当的报告）、开闭信号、交接凭证。”

违反《技规》（高速）第 284 条之规定：“人工办理进路接车前，必须亲自或通过有关人员确认接车线路空闲、影响进路的调车作业已经停止后，方可准备进路、开放进站信号机，准备接车；人工办理进路发车前，确认影响进路的调车作业已经停止后，方可准备进路、开放出站信号机，交付行车凭证。下达准备接发车进路命令时，必须简明清楚，正确及时，讲清车次和占用线路（一端有两个及以上列车运行方向或双线反方向行车时，应讲清方向、线别），并要受令人复诵，核对无误。”

违反《调规》（高速）第 6 条第（二）款之规定：“严格执行各项规章制度、安全管理制度和安全卡控措施，遵守和维护调度纪律，及时处理影响行车安全的有关情况，保证调度指挥安全。”

违反《调规》（高速）第43条第（二）款之规定：“值班中应精力集中、坚守岗位、严格落实岗位安全责任、遵守安全生产规章制度和操作规程，及时正确处理问题。”

违反《铁路客运专线技术管理办法》（铁科技〔2009〕116号）第155条之规定：“对需要人工排列的进路，与助理调度员执行二人确认制度。”

违反该局调度所助理调度员间休制度之规定：“CTC台人工排列进路等必须两人在岗情况时，由列车调度员通知助理调度员上岗。”

五、吸取教训

1. CTC区段列车调度员要严格卡控命令发布程序及标准，特别是用作行车凭证的调度命令，必须在进路准备妥当之后方可发布。

2. CTC区段列车调度员、助理调度员要牢固树立“进路”意识，落实“二人互控”制度，清楚“进路、凭证（信号）”先后顺序，确保径路正确、准备妥当后方准交递凭证。

3. 对没有车站值班员经历或长期不从事车站值班员工作的调度员，日常培训要加入车站相关行车组织知识，并定期组织调度员下现场熟悉车站行车工作，要严把CTC调度员准入关，以提高CTC调度人员站段行车知识的技能。

4. CTC调度台遇施工维修、非正常情况等关键作业环节时，高铁值班副主任要加强作业盯控，确保安全。

六、解析评述

1. 进路、凭证及进路和凭证之间的关系

所谓进路，系指在站内列车、调车机车或车列由一个地点到另一个地点所运行的经路叫作进路；所谓行车凭证，系指列车进入区间（闭塞分区）的凭据称为行车凭证；交付行车凭证，系指向列车

（或出站调车）司机交付占用区间的行车凭据，称为交付行车凭证。需要交付的行车凭证包括：路票、绿色许可证、红色许可证、出站（跟踪）调车通知书、进入封锁区间的调度命令等。进路和凭证之间的关系是“先进路，后凭证”，准备好进路是交付行车凭证的充分条件，是交付行车凭证的前提，只有进路全部准备妥当好后才能交付行车凭证，这是一条基本的行车组织原则，无论在日常运输、施工组织、调车作业、非正常行车等情况下都必须要遵循并严格执行。

当路用列车运行在非封锁区间时，按该区段基本行车闭塞法行车。当向封锁区间开行施工路用列车时，列车进入封锁区间的行车凭证为调度命令。路用列车进入施工封锁区间时，不办理行车闭塞手续，以调度命令作为进入施工封锁区间的许可。向封锁区间开行施工路用列车时，作为列车进入封锁区间行车凭证的调度命令，该命令中应包括列车车次、停车地点、到达车站的时刻等有关事项，需限速运行时在命令中一并注明。这样的目的是区别于正常列车的运行情况，突出适用于施工封锁区间的列车运行，使施工组织中各个部门人员引起注意，做好工作衔接和各项防护，确保施工顺利安全进行。作为行车凭证的调度命令，在接发列车进路准备妥当后，方可向司机发布（转达）。

2. 调度集中系统（CTC）

调度集中系统 CTC（Centralized Traffic Control），是实现调度中心对某一区段内的信号设备进行远程集中控制、对列车运行直接指挥、管理的技术装备。调度集中系统（CTC）是铁路现代化的重要技术装备，是现代铁路综合信息化建设的重要内容，是一种新型的行车指挥和信号控制设备，同时也是一种新的高效的运输组织管理模式。CTC 将列车运行调整计划下传到各个车站自律机中自主自动执行。车站自律机依据调度中心下达的列车运行调整计划自动生成列车进路指令，转变为命令，适时下传给车站联锁设备执行。调度中心具备向车站、机务段调度、乘务室等部门发布调度命令以及经调度命令无线传送系统向司机下达调度命令、许可证、调车作业通知单、以文字方式向司机提供接车进路预告信息等功能。

3. 调度集中系统（CTC）对调度员的要求

随着调度集中系统（CTC）设备的全面投入使用，调度工作职能发生了较大的变化，调度部门在原有的计划编制、组织指挥职能的基础上，又增加了操纵行车设备、办理进路等直接参与行车作业的职能，调度指挥职能范畴增大、作业内容扩充，相应的也给调度部门带来了新的安全风险。调度集中区段有关闭塞、进路、凭证、命令、股道、方向、行车限制条件等作业是列车调度员在指挥行车时关键作业。这些作业内容由原先车站值班员操纵把关直接由列车调度员亲自办理，与传统的调度指挥模式截然不同，极易在思想上存在松懈麻痹的现象，造成作业内容项点缺漏、安全卡控不到位等问题。唯有严格执行作业标准，才能有效防范化解安全风险。

该事故案例中，首要存在的问题就是调度员没有认真履行自身职责。在调度集中区段向施工封锁区间开行路用列车时，列车调度员在未准备好进路的情况下，向57002次司机发布了准许施工并作为行车凭证的调度命令。作为CTC台参与作业的列车调度员没有执行“先进路，后凭证”的程序，或者说根本没有这种意识，调度集中环境下的作业程序及作业内容不清楚，盲目下达调度命令，造成事故的发生；其次是确认卡控制度失效，调度集中CTC调度台人工办理进路，需执行“二人确认”制度，这是为了防止列车调度员未办、错办列车（调车）进路采取的防范措施。该事故中助理调度员对该作业内容没有进行确认，没有确认就不会发现问题所在，失去最后一道保安全关卡，构成铁路交通一般B类事故，该局调度所负全部责任。认真吸取教训，可见严格落实作业标准，工作中形成自控、互控、他控的良好氛围，既是确保运输安全稳定的良好机制，也是列车调度员最好的“保护伞”。列车调度员只有做到严格落实各项规章制度及作业标准，才能实现调度指挥持续稳定的态势。

从该事故案例中，还有值得吸取的教训，就是调度所人员配备必须按规定配齐配到位。CTC 调度台设置列车调度员、助理调度员岗位，负责编制和下达列车运行调整计划，组织并监控列车运行，进行列控限速设置及设备操作等工作任务，进行人工办理进路，确认进路正确等作业事项，还要完成施工维修、调车作业等作业内容，作业内容项点多，需确认的关键环节也多，尤其是发生事故、自然灾害、设备故障等非正常情况，作业内容项点更多。这些并不是一个人所能完全并准确做到的，所以设置两个岗位各负其职、相互配合、互相卡控，才能确保运输安全。

七、问题思考

1. 什么是进路？什么是凭证？进路和凭证之间的关系是什么？

2. 什么是调度集中系统（CTC）？其主要特点是什么？对列车调度员有什么作业要求？

3. CTC 区段调度员工作职责有哪些？应如何贯彻落实？

4. CTC 区段调度员接发列车作业程序有哪些？

5. 如何深刻理解“先进路，后凭证”行车组织原则？

6. 作为行车凭证的调度命令应在何种时机发布？

7. 如何理解“二人确认”制度？都有哪些内容？

8. CTC 区段关键作业都有哪些项点？应如何盯控？

案例 15

盲目指挥行车致使列车越过断轨处一般 C 类事故

一、事故概述

××年10月5日20时11分，34567次列车运行至××局A站至B站间下行线因11111号通过信号机红灯停车。司机向A站车站值班员汇报停车情况，车站值班员向列车调度员汇报。列车调度员询问车站值班员“有没有红光带”，车站值班员在没有确认设备显示状态的情况下就向列车调度员汇报“没有红光带”，列车调度员也没有通过调监设备进行确认，盲目指挥列车以不超过20 km/h速度越过显示红灯的信号机开车，致使列车越过断轨线路，构成铁路交通一般C类事故，××局调度所负主要责任。

二、存在问题

列车调度员未能严格落实标准化作业程序，未认真监视列车运行，接到车站列车遇通过信号机红灯停车的报告后，没有通过TDCS系统查看设备显示状态，仅凭车站值班员汇报没有红光带，就盲目指挥放行列车。

三、违章详情

违反《技规》（普速）第230条第3款之规定：“注意列车在车站到发及区间内的运行情况，正确、及时地处理临时发生的问题。”

违反《技规》（普速）第316条之规定：“自动闭塞区间通过信号机显示停车信号（包括显示不明或灯光熄灭）时，列车必须在该信号机前停车，……。”

违反《调规》（普速）第6条第（二）款之规定：“严格执行各

项规章制度、安全管理制度和安全卡控措施，遵守和维护调度纪律，及时处理影响行车安全的有关情况，保证调度指挥安全。”

违反《调规》(普速)第73条之规定：“发生非正常情况时，现场行车有关人员应立即按规定采取安全措施，并及时向列车调度员报告，列车调度员向行车有关人员了解情况时，有关人员应如实汇报。”

违反《调规》(普速)第74条第(二)款之规定：“值班中应精力集中、坚守岗位、严格落实岗位安全责任、遵守安全生产规章制度和操作规程，及时正确处理问题。”

四、吸取教训

调度所要加强培训教育，不断提高列车调度员业务素质。列车调度员也要加强自身业务建设，强化应急处置能力，当班作业中增强责任心，加强设备监控，正确判别设备故障类型并采取相应措施。

五、解析评述

铁路运输调度部门是铁路日常运输组织的指挥中枢，分别代表各级领导组织指挥日常运输工作。铁路运输调度担负着保障运输安全、组织客货运输、保证国家重点运输、提高客货服务质量的重要责任，对完成铁路运输生产经营任务，提高铁路运输企业效益起着重要作用。

列车调度员是一个调度区段日常运输工作的具体组织者、指挥者，负责组织、指挥本区段车务、机务、工务、电务、车辆、供电、货运等部门有关人员，实现列车运行图、编组计划和运输方案，完成日(班)计划规定的任务和要求，完成铁路运输企业效益。

为了达到上述工作要求，《技规》(普速)第230条规定有关行车人员必须执行列车调度员命令，服从调度指挥。同时，也对列车调度员工作职责进行要求：

1. 检查各站执行列车运行图和编组计划的情况，及时发布有关行车命令和口头指示。

2. 严格按列车运行图指挥行车，遇列车发生晚点时，应积极采取措施，组织有关人员恢复正点。

3. 注意列车在车站到发及区间内的运行情况，正确、及时地处理临时发生的问题。

其中第 3 项规定，列车调度员应“注意列车在车站到发及区间内的运行情况，正确、及时地处理临时发生的问题。”如发生机车、车辆、线路、桥隧、供电、通信、信号、联锁、闭塞等设备故障或天气不良、发生自然灾害及铁路交通事故等非正常情况时，应根据有关规定和实际情况，及时通知有关部门和人员，采取有效措施，按规定进行应急处置及运输调整，确保应急时行车安全。而做到按规定处理临时发生的问题，就需要列车调度员必须具备丰富的业务素质，熟知应急处置各项规定，及时准确运用，才能确保行车安全。

该事故案例中，列车调度员接到关于通过信号机红灯的报告后，基本知识掌握不细、故障原因未判明清楚，没有通过 TDCS 系统查看设备显示状态，没有判明通过信号机显示红灯是区间线路出现红光带还是通过信号机故障所致。仅凭车站值班员“没有红光带”的汇报，直接就按照通过信号机故障条款组织行车，更没有依据设备管理部门登记行车限制条件组织行车，存在盲目冒险放行行车行为。最后事实证明就是因为该通过信号机所防护的区间线路断轨，造成该通过信号机显示红灯。由于没有牢固树立“宁可错停、不可错放”的原则，在设备故障没有判明清楚的情况下，盲目指挥放行列车，构成铁路交通一般 C 类事故，该局调度所负主要责任。

自动闭塞区间出现红光带以及区间通过信号机显示停车信号是

两种不同的设备故障情况，需要调度员在处置这类情况时仔细判断，按不同情况分别进行处置。

1. 基本介绍

（1）轨道电路。轨道电路是利用钢轨作为导体，由钢轨绝缘等使电流在轨道的一定范围内流通而构成的电路。轨道电路用来监督线路上是否有车占用，以及线路是否完整。借助轨道电路可以监督线路占用情况以及将列车运行与信号显示联系起来。当区间线路出现断轨等异常情况，其防护的通过信号机即显示停车信号。

（2）通过信号机。通过信号机分为自动闭塞区段的通过信号机和非自动闭塞区段线路所的通过信号机。自动闭塞区段的通过信号机用来防护闭塞分区，指示列车能否进入运行前方的闭塞分区。自动闭塞区间内的通过信号机显示停车信号及显示不明或灯光熄灭的原因主要有以下几项：

信号机显示红色灯光时——可能是前方闭塞分区内有列车或机车、车辆占用；也可能是由于线路上有障碍物引起轨道电路短路或钢轨折断；还可能是轨道电路故障所致；还可能是通过信号机的灯泡断丝而引起的灯光转移等。

信号显示不明——可能是因天气关系，如灯光被飘雪、扬沙所遮盖等，也可能是自动闭塞系统发生故障。

信号机灯光熄灭——可能是灯泡断丝或灯泡松动，也可能是临时断电。

（3）计轴式设备。计轴设备是另外一种区间检查设备，是通过设置在区间两端的计轴点，对驶入区间和驶离区间的列车轴数进行记录，并经过传输线路将各自的轴数传递到对方站进行校核。当两端所记录的轴数一致时，就认为列车完整到达，区间空闲。否则则表示占用。

2. 知识拓展

（1）通过信号机显示红色灯光及显示不明或灯光熄灭时均视为停车信号。从以上可以看出，区间线路出现红光带，其所防护的通过信号机显示停车信号；而通过信号机显示停车信号未必就是信号机故障所致。当现场汇报“某某信号机红灯”后，不能凭表面现象臆测行车，盲目按《技规》规定办理就错了，需要进一步判别和核实。我们常说的信号机故障仅仅指信号机灯泡断丝、灯泡松动、临时断电以及自动闭塞系统引发的故障，在排除线路故障的情况下，可按“信号机故障”条款组织列车运行，这个区别调度员要注意掌握。

（2）当某区间全段红光带或双线区间上下行线多个闭塞分区同时出现红光带，可初步判断为电务设备故障原因，可能是电缆挖断所致。知道这一点，在出现这一情况后，可以将重点集中在指派电务人员的检查和处理方面，可以有目的地组织会让列车。

（3）当计轴式设备区间发生红光带，为确保列车运行安全，列车调度员应通知工务、电务、公安人员检查处理。待工务人员检查确认线路正常可以行车后，待区间内运行的列车全部到达车站并对最后一趟列车确认完整后，电务维修人员通过车站值班员向列车调度员请求使用复零按钮。列车调度员接到请求，查明区间空闲后，向车站发布准许使用复零按钮的调度命令，开通区间。

（4）自动闭塞区间机车乘务员遇通过信号机显示停车信号（包括显示不明或灯光熄灭）时，停车后应按规定报告车站值班员，未接到车站值班员的通知不准启动列车。装有连续式机车信号的列车，遇通过信号机灯光熄灭，而机车信号显示进行的信号时，应按机车信号的显示运行。

（5）车站值班员接到机车乘务员的报告，确认闭塞分区非列车占用显示红光带时，应报告列车调度员并在“行车设备检查登记簿”登记，通知电务、工务部门检查。待工务部门确认具备放行列车条件并签认后，方可通知列车起动运行。

（6）当区间出现红光带迫使列车停车，由于设备原因造成机车信号不上码，按照规定，列车司机必须在出现停车信号的通过信号机前停车等候 2 min，以最高不超过 20 km/h 的速度继续运行到次一架通过信号机，按其显示的要求运行。

六、问题思考

1. 什么是通过信号机？其作用是什么？

2. 通过信号机显示红灯是由什么引起的？

3. 当接到通过信号机显示红灯的报告后，列车调度员应如何处置？

4. 列车调度员应如何提高自身业务水平，确保行车安全？

5. 发生设备故障后，为什么要按照设备管理部门登记的行车限制条件组织行车？

宁可错停、不可错放；
精心组织、科学调度。

案例 16

未确认分路不良区段空闲造成调车脱轨一般 D 类事故

一、事故概述

×× 年 4 月 1 日 12 时 00 分，×× 局调度所助理调度员 A 站执行调车计划，一批 5 钩：“7+22，5-21，7-1，5+4，7-4”（A 站 7 道停留车列共 22 辆，换长 29.7 计 326.7 m，A 站 5 道有效长 291 m，无轨道电路，A 站 21 号道岔侧向 21DG 分路不良）。当执行到第 2 钩计划 5-21 时，由于 5 道线路有效长为 291 m，容不下该车列，便开通了东 3 道调车进路，调车列尾部车辆压上 3 道 3GB 段；由于 5 道无轨道电路且 21DG（21 号道岔侧向）分路不良，调监显示与实际不符，助理调度员错误认为调车列全部进入 3 道 3GB 段（东 3 道），在没有现场确认空闲的情况下，于是排列了东 3 道至西 3 道的调车进路，将 21 号道岔定位并加锁。后发现错误后重新排列 5 道至西 3 道的调车进路，但 21 号道岔仍在定位，当执行第 4 钩计划整列往前带车时，调车列尾部最后一辆车辆第四轴在 21 号道岔处脱轨，构成铁路交通一般 D 类事故，×× 局调度所负全部责任。

二、存在问题

1. 助理调度员违章作业。助理调度员对管辖区段站场设备不熟，尤其是未掌握管辖区段分路不良区段。调车作业前没有对调车作业计划认真分析，未结合站场实际提出注意事项，更没有对分路不良带来的安全隐患预想预防。调车作业过程中未确认分路不良区段调车列停留的实际位置，盲目错误排列调车进路，调车作业标准未严格落实，造成 21 号道岔（分路不良区段）在有车辆占用的情况下错误转换，直接导致事故发生。分路不良调车脱轨示意如图 2-3 所示。

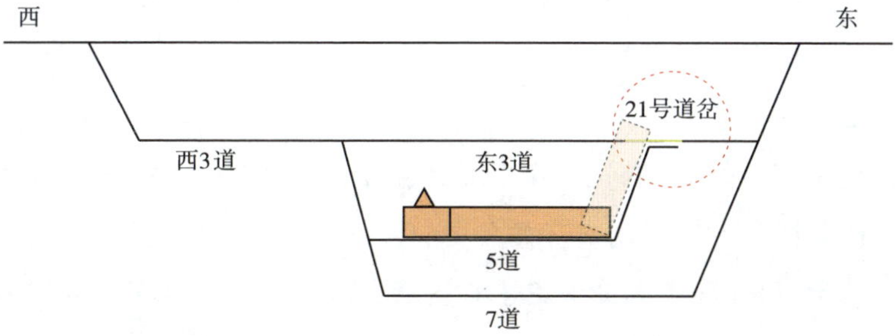

图 2-3　分路不良调车脱轨图示

2. 关键作业互控缺失。调度所规定“办理经由轨道电路分路不良区段的作业时，列车、助理调度员须二人确认”，但作业中没有严格履行“二人确认”的岗位职责，互控把关作用缺失；同时值班副主任对 CTC 调度台经由分路不良区段的调车作业重视程度不够，巡台检查不到位，对关键作业、重点环节没能起到应有的监督联防作用；值班主任接班会未针对性地组织安全预想，提出一日工作重点，班中也未及时巡台检查，对关键作业、关键岗位缺乏重点提醒和盯控。

3. 安全监督管理存在漏洞。一是制度上要求不严。CTC 区段经由分路不良区段的调车作业卡控办法不完善，仅要求由列车调度员进行互控把关，没有要求干部进行盯控。二是调度所安全管理不到位。日常检查工作不扎实，安全管理松懈，巡台检查不彻底，对现场一些关键项点的检查指导帮教不够，特别是没有从更深层次研究 CTC 指挥中存在的问题和薄弱环节，并针对性地采取有效措施进行防范。三是对岗位人员选派不力。此次事故的直接责任人业务素质不高，在从事 CTC 区段助理调度员前没有独立担当信号员①和值班

① 本书中，信号员是指助理值班员岗位中负责执行《铁路接发列车作业》(TB/T 3001-2020) 信号员技术作业的人员。

员的实际工作经历，缺乏基本的业务知识和技能，在上岗前也未进行充分的信号专业培训，导致业务技能严重滞后，调度所对岗位用人源头管理把关不严。

三、违章详情

违反《技规》(高速)第314条第1款第(3)项之规定:“认真执行作业标准，保证调车有关人员的人身安全及行车安全。”

违反《技规》(高速)第376条第1款之规定:“列车调度员(车站控制时为车站值班员)办理经由分路不良区段的进路时，执行以下规定：办理进路前，列车调度员(车站值班员)必须亲自或指派其他人员(集控站为车务应急值守人员组织电务、工务人员)确认与进路有关的所有分路不良区段空闲后，方可准备进路，并将分路不良区段的道岔单独锁闭；列车(机车车辆)未全部出清轨道电路分路不良区段前，严禁操纵有关道岔及其防护道岔，不得解除分路不良区段道岔单独锁闭。”

违反《技规》(高速)第376条第2款之规定:“调车作业时，询问并得到调车人员或司机汇报机车车辆出清道岔轨道电路分路不良区段后，方可扳动道岔，开放信号。”

违反《调规》(高速)第6条第(二)款之规定:“严格执行各项规章制度、安全管理制度和安全卡控措施，遵守和维护调度纪律，及时处理影响行车安全的有关情况，保证调度指挥安全。”

违反《调规》(高速)第41条之规定:“列车调度员应熟悉管辖区段内主要行车人员和机车车辆、线路桥隧、通信信号、牵引供电等设备基本情况，掌握天气变化对行车工作影响的规律，组织行车有关人员协调动作，实现按列车运行图行车。”

违反《调规》(高速)第43条第(一)款之规定:“熟悉有关运输站段及列车的技术设备、作业过程、各项技术作业标准及各站接发列车的有关规定，正确组织指挥列车运行。”

违反《调规》(高速)第43条第(二)款之规定:“值班中应精力集中、坚守岗位、严格落实岗位安全责任、遵守安全生产规章制度和操作规程，及时正确处理问题。”

四、吸取教训

1. 提高业务水平。CTC调度台调度员要增强自身业务水平，熟知管辖区段站场设备情况及各项标准程序，特别是对特殊站场设备的行车作业方式要熟知掌握。在进行调车作业时，要紧盯调车作业通知单编制、进路排列及确认、调车联控以及分路不良区段安全等关键，严格落实作业标准，切实消除CTC区段调车作业隐患，确保调车作业安全。

2. 加强基础管理。针对CTC调车作业中存在的问题，及时制定防范卡控措施，明确经由分路不良区段作业时的卡控制度，确保作业安全。值班(副)主任应加强对CTC调度台的检查巡视，对关键作业要及时上台，盯控关键，帮助指导调度员工作，确保作业合乎规范。

3. 加强源头把关。对选派调度员的源头进行严格把关，将基本业务知识和技能、基层工作经历纳入硬性条件。对没有车站信号员、车站值班员岗位经历的调度员要加强日常培训，作业中加强盯控，确保调度作业安全。

五、解析评述

1. 轨道电路

以线路上两股钢轨作为导线，在一定长度的钢轨两端用绝缘物隔断与邻接钢轨的电器联结，在一端接上电源等送电装置，在另一端接上继电器等受电装置，这样组成的电器回路叫轨道电路。轨道电路的作用是监督列车占用情况和传递行车信息。

2. 轨道电路分路不良

轨道电路分路状态。在钢轨线路间由车轮或其他导体连接，使轨道电路接收设备能够反映轨道区段占用状态的轨道电路状态，叫轨道电路分路状态。由于钢轨轨面生锈、钢轨或机车车辆轮对上粘有异物等情况，使机车车辆压上轨道电路后可能会没有占用表示，导致轨道电路不能正确反映轨道区段占用状态的现象，叫轨道电路分路不良。

3. 轨道电路分路不良的危害

轨道电路分路不良，有机车车辆占用的轨道电路联锁失效，从控制台判断光带已经消失或者不存在光带，进路已经解锁，造成TDCS/CTC设备显示与实际列车、车列位置不一致。如果没有进行确认核实，盲目扳动道岔、排列进路或操纵设备，极易造成道岔途中转换等异常情形，导致向占用线路接车、挤道岔、机车车辆脱轨、列车冲突等事故。

所以，确需经轨道电路分路不良区段接发列车及调车作业时，车站值班员（列车调度员）排列进路前须指派车站胜任人员现场确认轨道电路分路不良区段空闲。在接发列车及调车进路建立后，车站值班员（列车调度员）必须将进路上分路不良区段的道岔在控制台单锁，并严格执行调车联控制度。对于CTC调度台，要准确进行设备操作CTC的“分路不良”标注功能，是保证轨道电路分路不良区段行车安全的重要手段。在CTC终端上对轨道电路分路不良区段进行“分路不良”标注后，CTC操作界面上可以清晰、直观地显示，只有经作业人员确认分路不良区段空闲并在CTC终端设置为空闲后，CTC才能触发进路、开放信号。使用“分路不良”标注功能，能充分发挥设备保安全的作用，有效地提醒作业人员，防止作业人员进行不安全的操作。

该事故案例中，A站线路设备特殊，A站5道无轨道电路且21DG（21号道岔侧向）分路不良。调车列在5道进行作业时，实际调车列尾部经21号道岔侧向位置压过A站21号道岔。而因21号道岔侧向线路分路不良，未能在调监显示实际调车列位置（显示红光带）。当班调度员未确认现场实际情况，也没有意识到分路不良带来的危害，臆测现场调车列位置，盲目操纵行车设备，将21号道岔在有调车列占用且在道岔反位位置的情况下，错误操纵为定位。在进行后续调车作业往前带车时，调车列尾部最后一辆在21号道岔处脱轨，一般D2类事故由此发生。

在接发列车及调车作业中，因轨道电路分路不良导致事故的发生案例很多。因此，一是CTC作业人员要具备基本的行车业务素质，熟悉掌握接发列车及调车作业标准，不能因“无知”而“无畏”到事故发生。二是在进行关键作业时，认真落实自控、互控、他控制度。尤其是CTC调度台，列车调度员、助理调度员“二人确认”制度要严格落实，这也是防止工作疏漏的最有效的办法。三是加强设备保安全的开发，研究CTC系统安全卡控功能，提升安全保障能力。

六、问题思考

1. 什么是轨道电路分路不良？其有什么危害性？

2. CTC调度台调度员应如何卡控分路不良带来的安全风险？

3. 轨道电路分路不良区段空闲应如何确认？

4. CTC调度台调度员在进行调车作业时应对哪些关键作业进行盯控？

5. 列车调度员应具备的基本业务知识都有哪些？

案例 17

列车调度员漏发阶段计划耽误列车一般 D 类事故

一、事故概述

×× 年 5 月 28 日，×× 局当日施工维修计划：7 时 55 分至 8 时 45 分 A 站至 C 站间进行供电设备维修作业。7 时 20 分调度所 ×× 台一班列车调度员接到 A 站申请开行 A 站到 C 站的维修作业供电轨道车，同时申请当日 7 时 55 分至 8 时 45 分的供电维修作业。列车调度员当时考虑到夜班多趟客车及重点列车晚点，决定将维修作业调整至 9 时 10 分左右进行。5648 次列车 A 站计划 9 时 12 分开车。

8 时 50 分二班列车调度员接班后，于 8 时 55 分左右重新铺画 3~4 小时阶段计划，将 5648 次列车开车点调至 9 时 50 分开车。列车运行图如图 2-4 所示。但因忙于调整列车运行和发布施工命令，未及时将调整的运行计划下达至车站。9 时 09 分列车调度员根据施工日计划及供电段调度员的电话请求，口头同意 A 站（不含）至 B 站至 C 站（不含）接触网供电臂自即时起至 9 时 50 分停电检修。

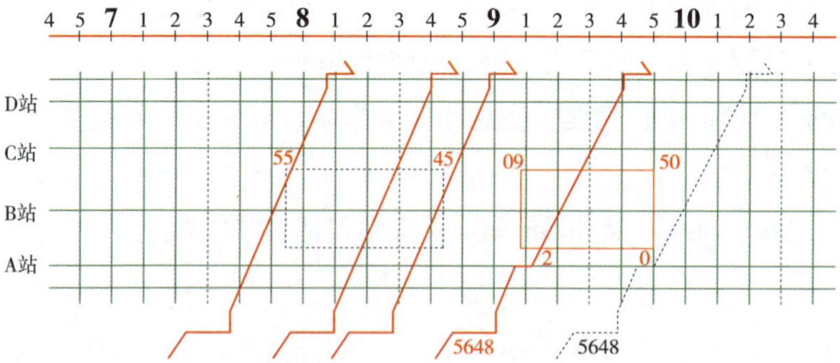

图 2-4　列车运行图图示

A 站按照列车调度员下达的 5648 次 A 站 9 时 12 分开车计划，于 9 时 12 分开放了 5648 次列车出站信号。当班列车调度员通过 TDCS 调监系统设备发现 A 站开放了 5648 次列车出站信号，立即通知车站不开车，车站答复列车已启动即将压出股道。因 A 站（不含）至 B 站至 C 站（不含）接触网供电臂已停电，布置车站通知 5648 次司机停于 A 站总出发信号机内方等待。9 时 15 分 5648 次停于 A 站 K2249+888 处（未出站，距出站信号机 2262m）。通知供电部门取消供电作业并组织供电。9 时 21 分 A 站（不含）至 B 站至 C 站（不含）接触网供电臂恢复供电，5648 次 9 时 27 分动车。构成铁路交通一般 D 类事故，×× 局调度所负全部责任。

二、存在问题

1. 列车调度员业务欠缺。一班列车调度员经验不足，未给二班工作打好交班基础是造成此次事件的主要原因。一是在因夜间客车及重点列车晚点影响供电检修天窗时，未按规定程序办理，只是口头同意供电维修延后至 9 时 10 分进行，没有根据维修作业延后进行列车调整。二是未提前拟写施工、维修调度命令，造成接班列车调度员接班后忙于拟写调度命令，造成调整列车运行出现差错。三是对维修计划时间发生变化这一情况在交接班过程中未认真交接，只说维修作业未进行，未说明具体的安排情况。四是相关信息汇报不及时。一班列车调度员在发现维修计划因重点列车晚点未及时兑现、推后施工又与客车开车有冲突时，只是告诉车站和施工负责人推迟作业，没有向值班主任和施工调度员报告。

2. 列车调度员未执行作业标准化。二班列车调度员工作时未按标准化作业是造成此次事件的重要原因。一是班前了解情况不详细，只了解站存车、天气、班计划、分界口交接情况，未了解施工维修方面的信息，也未了解列车运行计划，造成接班后忙中出错、指挥失误。二是于8时50分接班后，重新调整了3~4小时阶段计划，将5648次调整至9时50分开，但在运行图调整后未向车站下达阶段计划，造成车站未收到调整后的运行计划。三是在临时变更旅客列车晚点开车时未按调度所制定的卡控办法执行，只把运行计划进行修改未向车站下达，造成车站不知道开车计划已进行了修改。四是未严格执行接触网停电作业程序，未及时发布接触网停电作业命令，仅仅口头向供电段调度同意接触网供电臂停电时间，而未及时告知车站接触网停电时间，车站不知供电作业具体时间，因而未能防止事故的发生。

3. 班组管理不到位。一是值班主任对新职列车调度员未进行重点盯控、帮促。二是值班主任在巡台时未发现未按施工维修计划点给的情况，也未主动询问列车调度员作业、施工兑现情况，未及时发现安全隐患并及时处置。

三、违章详情

违反《技规》（普速）第225条之规定："列车运行图是铁路行车组织工作的基础。所有与列车运行有关的铁路各部门，必须按列车运行图的要求，组织本部门的工作，以保证列车按运行图运行。"

违反《技规》（普速）第230条第1款之规定："检查各站执行列车运行图和编组计划的情况，及时发布有关行车命令和口头指示。"

违反《技规》（普速）第230条第2款之规定："严格按列车运行图指挥行车，遇列车发生晚点时，应积极采取措施，组织有关人员恢复正点。"

违反《技规》（普速）第230条第3款之规定："注意列车在车站到发及区间内的运行情况，正确、及时地处理临时发生的问题。"

违反《调规》（普速）第6条第（二）款之规定："严格执行各项规章制度、安全管理制度和安全卡控措施，遵守和维护调度纪律，及时处理影响行车安全的有关情况，保证调度指挥安全。”

违反《调规》（普速）第62条之规定：“列车调度员应及时编制和下达3~4小时列车运行调整计划，并及时与相邻调度台交换。”

违反《调规》（普速）第72条之规定：“列车调度员应熟悉管辖区段内主要行车人员和机车车辆、线路桥隧、通信信号、牵引供电等设备基本情况，掌握天气变化对行车工作影响的规律，组织行车有关人员协调动作，实现按列车运行图行车。”

违反《调规》（普速）第74条第（一）款之规定：“熟悉有关运输站段及列车的技术设备、作业过程、各项技术作业标准及各站接发列车的有关规定，正确组织指挥列车运行。”

违反《调规》（普速）第74条第（二）款之规定：“值班中应精力集中、坚守岗位、严格落实岗位安全责任、遵守安全生产规章制度和操作规程，及时正确处理问题。”

四、吸取教训

1. 列车调度员要增强自身业务水平，特别要增强对铺画列车运行计划线的基本功，强化列车调度员日常操作水平及行为规范。

2. 查找安全隐患防范措施。针对此次事件发生的原因，明确TDMS铺画运行线及停送电命令发布有关规定，再次对列车调度员的相关操作程序进行强调和规范。

3. 严格落实交接班制度，按规定进行对口交接，防止出现因情况了解不细、工作交接不清而出现安全隐患。

4. 加强作业标准化的落实。以案例事例教育列车调度员必须严格执行标准化作业，杜绝类似事件的再次发生。

五、解析评述

铁路运输调度的主要职责之一，就是在国铁集团调度指挥中心的集中统一指挥下，负责路局集团公司管内运输组织和调度指挥工作。负责编制和下达路局集团公司调度日（班）计划，督促、组织各站段按调度日（班）计划均衡地完成运输任务。调度日（班）计划是日常运输组织工作的基础，是一日（班）内的运输工作计划，包括货运工作计划、列车工作计划、机车车辆工作计划和施工日计划。

列车运行调整，是为确保列车安全正点和良好的运行秩序，根据列车实际运行情况和列车等级采取各种措施，对各次列车的运行程序进行具体的计划与安排的过程，统称为列车运行调整。列车运行调整是列车调度员基本的工作内容，是确保运输生产有序顺畅的有效方法。

调度日（班）计划是基于预见性的轮廓计划，在实际运输组织工作中，多种因素的影响往往会产生一些变化，因此要根据实际情况的变化及时采取调整措施，这就要编制 3~4 小时阶段计划，保证班计划的实现。3~4 小时列车运行调整计划，也称 3~4 小时阶段计划，是列车调度员进行列车运行调整的常用方式，是为实现列车工作计划，列车调度员根据列车运行及车站作业等实际情况，采取相应措施有预见地进行列车运行调整，在列车运行图上铺画的下一阶段的列车运行计划线和有关作业安排。

列车调度员须及时编制和下达 3~4 小时列车运行调整计划，并及时与相邻调度台交换。其主要内容为：（1）车站列车到、发时分和列车会让计划（采用计算机下达的为实时调整计划）。（2）列车在中间站作业计划。（3）列车在区间、站内装卸车计划。（4）施工、维修计划及天窗时间安排。（5）重点注意事项。

列车调度员进行列车运行调整时，一般可采取如下方法：（1）组织列车按允许速度运行。（2）选择合理的会让站。（3）组织列车在车站进行平行作业。（4）组织列车反方向行车。（5）组织列车合并运行。

阶段计划是日常运输指挥工作中最直接、最具体的工作计划，阶段计划编制的准确与否对安全生产起着极其重要的作用。列车调度员的调度指挥意图通过阶段计划来体现，一个高质量的阶段计划，能够有序地组织运输生产工作，可以避免由于工作考虑不周、衔接不紧密造成的工作失误。列车调度员对下一阶段的列车会让计划，编组站、区段站的列车到发时间、中间站甩挂作业计划、装卸车安排、施工维修时间计划、天窗时间安排及上级的命令、指示、重点要求等应布置清楚。编制阶段计划应内容准确、合乎实际、下达及时，不要遗漏，使参与运输工作的各个部门及人员对下一阶段的工作心中有数，提前做好工作谋划和安排。

该事故案例中，造成事故的最根本的原因，就是列车调度没有执行最基本的作业程序。列车调度员虽然进行了列车运行线的铺画，对列车到开以及天窗进行了调整，但是在最后的执行落实时没有将阶段计划向车站等部门下达，造成列车调度员指挥内容与车站执行内容相互脱节。车站仍然按照“过期”的计划执行，列车调度员按照“自己”的计划指挥，这样就造成供电天窗只有列车调度员和供电人员知道，车站人员不知道的现象。车站不知道接触网检修，自然会正常开出列车。幸而接触网分相在区间，A 站股道发车进路信号机至总出发信号机之间有一段距离（约 2 km），5648 次停于 A 站下行总出发信号机内方未出站。如果没有这种特殊线路设备，A 站开出列车出站进入区间，如果越过接触网分相则造成电力机车带电进入停电区，还可能引发人身伤亡事故，后果极其严重。

六、问题思考

1. 什么是 3~4 小时列车运行调整计划？其内容有哪些？

2. 列车调度员发布 3~4 小时列车运行调整计划有哪些程序？

3. 如何认识 3~4 小时列车运行调整计划的重要性？

4. 列车调度员在列车运行调整时，一般可采取哪些方法？

5. 接触网停电作业有哪些关键项点？其作业程序有哪些？

6. 列车调度员应如何发挥自身工作职能，确保运输安全？

绳索常在细处断，
事故多自粗心来。

案例 18

回送机车无计划挂运
一般 D 类事故

一、事故概述

×× 年 4 月 9 日，×× 局 ×× 台二班列车调度员与管辖区段编组车站联系，确定 23456 次计划 19 时 20 分开，列车调度员按此铺画列车运行图。19 时 20 分车站报告 23456 次商检要求甩车。20 点 00 分一班列车调度员根据现场甩车情况，重新发布列车运行调整计划该列车预计 21 时 24 分开，同时通知机务段值班员。21 时 00 分 23456 次机车附挂 1 台回送机车出库。21 时 20 分车站发现本务机车附挂 1 台回送机车后询问计划调度员，计划调度员与机车调度员联系后，指示 23456 次机次附挂 1 台机车回送。车站站调索要回送机车附挂电报，机车调度员误将机车动态调整命令告知车站。车站 21 时 40 分重新编制完 23456 次列车编组。因运行线占用 22 时 09 分开车，23456 次列车晚开 2 h 49 min。构成铁路交通一般 D 类事故，×× 局调度所负次要责任。

二、存在问题

1. 日（班）计划、阶段计划编制存在漏洞。日（班）计划调度员编制的计划中，没有制定 23456 次挂运无动力机车回送的计划，列车调度员发布的 3~4 小时阶段计划中也没有 23456 次列车附挂回送机车的相关内容，计划调度员和列车调度员均未将需回送机车的注意事项纳入日（班）计划和阶段计划内，计划的编制和安排存在漏项。

2. 机车调度规章制度执行不到位。对新造、调拨、跨段（跨牵引区段）的定检机车及路外机车，制定附挂回送计划前必须核对电报，回送机车必须纳入日（班）计划，对该要求机车调度员掌握不细、落实不到位。机车调度员（日计划）在机车车辆工作计划编制完后，未将机车出（入）厂、大、中、辅（小）、临修、回送计划及重点要求及时通知班机车调度员。计划调度员（日计划）对车站申请的附挂回送机车具体编入哪一列列车没有纳入日（班）计划，未明确具体车次并留轴，编制列车工作计划不详细、不全面。计划调度员（日计划）和机车调度员（日计划）对机车回送情况掌握不清，重点事项没有进行交接班，造成计划调度员（班计划）和机车调度员（班计划）不知道机车回送事宜。

3. 列车调度员业务薄弱，对附挂回送机车安排随意。一是列车调度员对《统规》《调规》等基础规章的学习理解不透彻，对开行货物列车车次的统计依据和列车开行时分的确定心中无数，对临时开行的货物列车定点随意。且重点事项、列车时刻等发生变化进行临时调整后，没有及时向相关站段和其他工种调度及时进行通报。二是列车调度员对附挂回送机车车次安排随意，在与机务段值班员联系确认出库机车附挂的是回送机车后，没有及时与计划调度员联系确认，也未通知车站留轴。当附挂回送机车出库后，临时通知车站挂 23456 次，对附挂回送机车安排随意。同时，由于 23456 次按规定编组，附挂回送机车后造成列车超长，重新做编组并递交超长命令，耽误了列车出发时间。

4. 机车调度员履职尽责不力。一班机车调度员在接到计划调度员询问附挂回送机车的回送电报时，主观地考虑机车已出库、并已连挂到列车上，为保证尽快开车，在没有挂运电报的情况下随意给了命令号码，由计划调度员指示车站挂运，岗位履行职责不到位，责任心欠缺。

三、违章详情

违反《技规》（普速）第 225 条之规定：“列车运行图是铁路行车组织工作的基础。所有与列车运行有关的铁路各部门，必须按列车运行图的要求，组织本部门的工作，以保证列车按运行图运行。”

违反《技规》（普速）第 230 条第 1 款之规定：“检查各站执行列车运行图和编组计划的情况，及时发布有关行车命令和口头指示。”

违反《调规》（普速）第 6 条第（二）款之规定：“严格执行各项规章制度、安全管理制度和安全卡控措施，遵守和维护调度纪律，及时处理影响行车安全的有关情况，保证调度指挥安全。”

违反《调规》（普速）第 6 条第（四）款之规定：“负责编制和下达铁路局集团公司调度日（班）计划，并组织各运输站段落实，提高计划兑现率。对运输站段落实日（班）计划情况，提出评价考核建议。”

违反《调规》（普速）第 6 条第（五）款之规定：“负责组织铁路局集团公司管内各运输生产单位按货物列车编组计划编车、按列车运行图行车、按运输生产经营计划组织运输，督促、组织各运输站段按调度日（班）计划均衡地完成运输任务，及时协调处理铁路局集团公司运输工作中出现的问题。”

违反《调规》（普速）第 13 条之规定：“各工种调度交接班时，交班内容和待办事项必须清楚、完整，不得遗漏。交接班会应充分利用信息化手段，提高交接班质量。”

违反《调规》（普速）第 42 条第（三）款第 3 项之规定：“机车出（入）厂、检修、回送计划及重点要求。”

违反《调规》（普速）第 43 条第（五）款之规定：“机车调度员——预计当日 18:00 运用机车和机车回送计划，机车检修、试运行情况，机车机班分布动态情况。”

违反《调规》(普速)第45条第(十二)款之规定:“班计划一经确定，必须维护计划的严肃性，在执行中原则上不准变更列车车次和整列方向别的编组内容;跨局列车遇有特殊情况必须变更日(班)计划确定的列车车次和整列方向别的编组内容时，应预先征得邻局的同意。”

违反《中国铁路总公司关于印发〈铁路机车回送管理办法〉的通知》(铁总机辆〔2018〕148号)第17条之规定:“发报单位于机车计划挂运前24小时，向所在铁路局集团公司机车调度提出申请，铁路局集团公司机车调度报计划调度确认后，纳入日(班)计划。”

四、吸取教训

1. 强化调度交接班基础工作。落实交接班制度，接班调度员要仔细了解掌握有关命令、指示和重点事项。交班调度员要重点交接本班有关的重点列车、重点事项及本班未完成正在实施中的调度命令、施工等重点工作。各工种调度的交班内容和待办事项必须清楚、完整，不得遗漏，并在交接班记录簿上逐项填记清楚。

2. 强化调度员业务素质培训。加强调度员基础规章的学习，各工种调度员要熟悉本区段行车设备情况，掌握所辖区段列车技术设备、作业过程、各项技术作业标准的有关规定，提高调度员业务能力。重点对《统规》[①]《调规》中涉及日班计划和货物列车正晚点统计部分进行补强，使调度员明确货物列车车次的统计依据和列车开行时分的确定。进一步增强日(班)计划编制质量，维护日(班)计划的严肃性。

3. 增强调度员岗位责任心。通过加强日常培训，提高调度员岗位责任意识，培养调度员自觉遵守调度纪律的意识，端正调度员对

① 《铁路货车统计规则》，下同。

工作认真负责的态度，严格履行自己的岗位责任。

4. 加强日（班）计划管理。强化调度日（班）计划的编制，相关调度工种要严格按照《调规》规定，在编制列车工作计划时，重点掌握列车车次、发到站、发到时分、编组内容、特定运行径路，始发列车车辆来源，小运转列车运行计划，机车交路、机车型号及机车号等项点；机车调度员在编制机车车辆工作计划时要认真勾画包括机车交路、机车型号及机车号的各区段机车周转图，针对机车出（入）厂、大、中、辅（小）、临修、回送计划等重点要求要在机车车辆工作计划中重点标示、标注。

5. 强化回送机车管理工作。严格执行机车回送有关规章制度，严格执行，确保运输安全。

五、解析评述

新造机车出厂投入运营，检修机车出入机车造修企业（单位）检修，以及机车调拨、日常运输调整及特殊任务使机车运行到指定地点的过程，称为机车回送。加强机车回送管理，保证机车回送进度，加强机车回送安全控制，才能确保运输生产机车动力供应。

铁路机车回送按编组方式分为：单机、专列、附挂、托运；按用途分为：新造机车出厂回送、检修机车出入机车造修企业（单位）回送、机车调拨回送、日常运输调整回送及特殊任务回送等；按回送状态分为：有动力回送和无动力回送。

铁路机车回送时，内燃机车原则上采用有动力回送；电力机车跨交路区段回送时，原则上采用无动力回送。回送机车在交路区段外单机运行时，应派带道人员。

日常调度运输组织中发生的运用机车回送时，原则上应按单机或附挂方式，无动力附挂时不得跨牵引区段。出入机车造修企业（单位）及跨局调拨铁路机车集中回送时，应优先组织专列回送。专列回送每列不超过5台（不含本务机车，双节机车按一台计），在受桥梁限制的区段按规定进行隔离。在线路坡度超过20‰及以上区段，禁止办理机车专列回送。回送机车专列按货运机车交路接运，计入分界口交接列数。

铁路机车附挂回送时，应编挂于直通（直达）货物列车本务机车次位，挂有重联机车时为重联机车次位，每列不超过2台（含重联机车）。12 h内无直通（直达）货物列车开行时，可附挂区段货物列车回送。旅客列车不应附挂回送机车，但走行部和制动装置良好的客运机车（出入机车造修企业（单位）的修程机车除外），需要附挂旅客列车跨局回送时，按国铁集团调度命令办理。

日常调度运输组织中发生的运用机车回送时，原则上由调度在日（班）计划安排。铁路机车出机车造修企业（单位）前，所属机务段或所在机车造修企业（单位）要提前3天向经由铁路局集团公司调度所拍发电报。发报单位于机车计划挂运前24小时，向所在铁路局集团公司机车调度提出申请，铁路局集团公司机车调度报计划调度确认后，纳入日（班）计划。有关车站要按日（班）计划及时安排取送、编挂回送机车，确保日（班）计划兑现。

机车回送时，其运行有一定的限制条件和要求，相关人员要随时掌握机车回送状态，以便按期完成生产任务。同时，回送机车因为与正常情况下的操作不同，这使一些机车乘务员放松警惕，未严格落实作业标准，可能会引起回送机车抱闸、脱轨、侵限等事故，这就必须要对回送机车重点掌握、强化管理，严格落实机车回送方式及编挂要求，确保运输生产顺畅。

该事故案例中，相关工种调度对机车回送工作十分随意，整个过程都没有按照有关规定办理，对机车回送工作不操心、随意挂，扰乱了正常运输生产秩序，耽误本列晚开2 h 49 min构成事故，定调度责任无话可说。

六、问题思考

1. 为什么要机车回送？

2. 机车回送按编组方式、用途、回送状态分为哪几种？

3. 机车回送为什么要重点掌握？为什么要加强机车回送的管理？

4. 调度日（班）计划对机车回送有什么要求？

5. 回送机车为什么要纳入调度日（班）计划？

6. 计划调度员、列车调度员、机车调度员应如何相互协作，做好运输调度指挥工作？

事故不难防，
重在守规章。

案例 19

未确认接收计划错办动车组接车股道一般 C 类事故

一、事故概述

××年11月1日14时18分，乙局调度所因列车调度员未确认接收计划准确性，未核对动车组接车进路，致使自律机自动下达G4567次进入A站3道非图定接车股道，构成铁路交通一般C类事故，乙局调度所主要责任。甲局调度所因列车调度员安全敏感性不强、工作责任缺失，甲局调度所负次要责任。

二、事故过程

A站为甲局、乙局分界站，归属乙局管理。根据乙局《关于实行××年“7.1”调整列车运行图的通知》规定G4567基本运行图运行区段为：A站8道终到后，在8道始发G4568次。

××年8月22日，总公司发布5560号命令：自××年9月1日起至10月31日止，G4567次由原来的A站终到改为C站终到，G4568次调整为C站始发。自11月1日起G4567/8次恢复基本图定运行区段。

10月31日19点30分左右，乙局调度所会同电务部门按照8月22日总公司发布的命令5560号，将G4567/8次恢复为基本图定运行线，A站到开股道为8道。

11月1日5时10分左右，乙局调度所第一班列车调度员在铺画运行图时，确认G4567次A站接发列车股道无误。

11月1日8时13分左右，乙局调度所第二班列车调度员再次确认，G4567次列车A站接车股道为8道无误。

11 月 1 日 14 时 14 分，甲局调度所助理调度员接到 G4567 次司机电话联系："A 站进 3 道停车确认一下对不对？"助理调度员通过调监查看 A 站 G4567 次已触发好的 3 道接车进路后，以为司机是在没收到进路信息的情况下进行核对，便回答"对的"。

11 月 1 日 14 时 18 分，乙局 A 站车站值班员发现 G4567 次列车 A 站接车进路错误进入 3 道后，并向乙局列车调度员汇报。乙局列车调度员立即用 FAS 电话呼叫 G4567 次司机，但电话占线未呼叫到司机。随即指示 A 站继续呼叫 G4567 次司机，A 站多次呼叫后仍然呼叫不到。G4567 次列车于 14 时 22 分到达 A 站 3 道。

因 A 站站场条件限制 3 道无法折返始发 G4568 次。组织 G4567 次列车 A 站旅客下车后，列车调度员于 14 时 56 分安排 G4567 次车底运行至 B 站，再返回 A 站 8 道始发 G4568 次。经过组织 G4568 次 A 站正点开出。错办动车组接车股道站示意如图 2-5 所示。

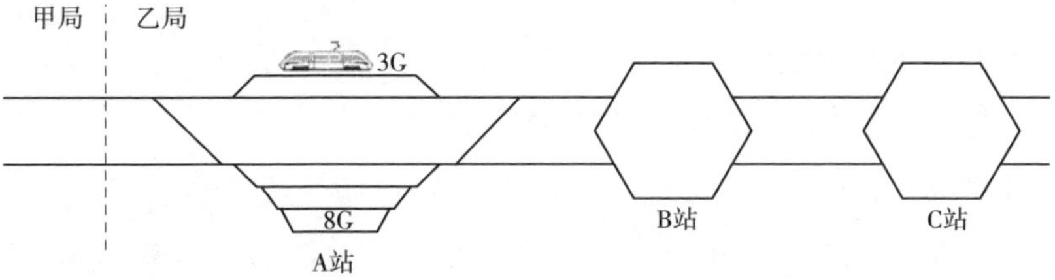

图 2-5 错办动车组接车股道站场图示

三、存在问题

1. 专业管理不到位。乙局调度所列车调度员接发列车作业标准和作业指导书尚未完善，在高铁安全上存在较大风险。

2. 业务培训不到位。乙局调度所列车调度员在接收邻局列车运行计划时，对存在问题的运行计划未认真研判，对出现的问题不明其意，加之对自律机工作原理和特性不熟悉，失去了防止事故的最佳时机。

3. 过程控制不到位。该事故值班的乙局列车调度员接收邻台列车运行计划时存在盲目签收问题。进路排列后也没有认真核对，导致 G4567 次列车进错股道。在日常隐患排查上不深不细，设备风险未能及时发现和消除，过程控制出现较大漏洞。

4. 集中统一指挥观念较差。甲局列车调度员通过调监确认了 G4567 次 A 站已触发 3 道接车股道，A 站隶属乙局管辖。当 G4567 次司机提出“A 站进 3 道确认对不对”的询问时，无论正确与否都应告知司机与乙局联系确认，作为甲局列车调度员不应代为答复。列车调度员缺乏调度集中统一指挥的观念，缺乏对调度单一指挥重要性的认识。

5. 安全敏感性不强。在 G4567 次司机确认 A 站进 3 道对不对的疑问时，虽然司机没有明确提出进 3 道不对的疑问，但列车调度员盲目认为司机是在核对进路预告信息，而没有意识到司机的真实意图，说明在对安全问题敏感性方面存在较大差距。

四、违章详情

违反《技规》(高速)第 203 条之规定:“铁路行车组织工作，必须贯彻安全生产的方针，坚持高度集中、统一领导的原则。运输、机务、车辆、工务、电务、供电、信息、房建等部门要发扬协作精神，主动配合，紧密联系，协同动作，不断提高效率，挖掘运输潜力，完成和超额完成运输任务。”

违反《技规》(高速)第 204 条之规定:“列车运行图是铁路行车组织工作的基础。所有与列车运行有关的铁路各部门，必须按列车运行图的要求，组织本部门的工作，以保证列车按运行图运行。”

违反《技规》(高速)第 209 条之规定:“行车工作必须坚持集中领导、统一指挥、逐级负责的原则。局与局间由铁路总公司，局管内各区段间由铁路局，一个调度区段内由本区段列车调度员统一指挥。”

违反《技规》（高速）第266条第1款之规定：“列车调度员负责组织实现列车运行图、调度日计划，应做到：检查列车运行图和调度日计划的执行情况，及时发布有关调度命令和口头指示。”

违反《技规》（高速）第266条第2款之规定：“严格按列车运行图指挥行车，遇列车发生晚点时，应积极采取措施，组织有关人员恢复正点。”

违反《技规》（高速）第266条第3款之规定：“注意列车运行情况，正确、及时地处理临时发生的问题。”

违反《技规》（高速）第288条第1款之规定：“旅客列车应接入规定线路。”

违反《技规》（高速）第288条第2款之规定：“动车组列车在车站办理客运业务时，须固定股道、固定站台、固定停车位置。动车组列车遇特殊情况需变更办理客运业务的固定股道时，须经调度所值班主任（值班副主任）准许。”

违反《调规》（高速）第6条第（二）款之规定：“严格执行各项规章制度、安全管理制度和安全卡控措施，遵守和维护调度纪律，及时处理影响行车安全的有关情况，保证调度指挥安全。”

违反《调规》（高速）第6条第（五）款之规定：“负责组织铁路局集团公司管内各运输站段按列车运行图行车，及时协调处理铁路局集团公司管内高铁运输工作中出现的问题。遇晚点时，积极采取措施，组织有关单位（人员）恢复运行秩序，做好正晚点分析并上报国铁集团。”

五、吸取教训

1. 高铁CTC调度员要严格执行操作规程及流程标准，接发动车组列车时，必须确认车站列车到发时分、股道使用、会让计划等。

接发办理客运业务的动车组列车须执行“三固定”的规定，需要变更接发列车的股道时，执行相关规章规定。

2. 列车调度员在调整计划之后要及时下达，特别是CTC区段，按规定时机下达阶段计划，确保动车组列车运行安全。助理调度员要认真核对动车组进路、股道及时分等信息，发现问题及时处理。

3. 加强结合部工作，严格按管辖范围发布调度命令和办理有关行车事项。

4. 遇司机联系、询问结合部有关事项时，根据管辖范围明确告知司机应该联系的处所。

5. 对检查发现结合部违反作业规章、作业程序的现象时，应树立安全责任意识，主动积极采取措施立即制止纠正。

六、解析评述

列车运行图是列车运行时刻的图解，是协调铁路各部门和各单位按一定程序进行生产活动的重要工具，是铁路运输工作的综合计划和行车组织工作的重要基础。列车运行图规定了列车在车站的到开、通过时刻和技术设备运用的基本规定，所有与列车运行的有关铁路各部门人员必须要按照列车运行图的要求，组织本部门按要求完成具体工作，保证运输组织过程的顺利实施。

铁路行车工作是由多部门、多工种联合进行的，并且是连续不间断的。一列列车往往要经过几个区段，甚至几个铁路局集团公司才能到达目的地。如分散领导、多头指挥、各行其是，必然造成行车工作上的混乱和错误，不仅会影响正常工作、降低效率，甚至可能引发铁路交通事故，造成重大损失。为使行车各部门、各工种能够步调一致、协调动作、统一规范，保证安全、迅速、准确、及时地完成运输任务，所以规定行车组织工作必须坚持集中领导、统一指挥、逐级负责的原则。

每个调度区段内，即各调度台管辖范围内由本区段列车调度员统一指挥。列车调度员是一个调度区段日常运输组织工作的具体组织者、指挥者，具体负责组织按图行车、应急处置，以及完成运输工作的各项生产任务。本区段有关行车人员均应严格执行列车调度员的命令和口头指示。同时参与运输组织工作的各个行车人员也要熟悉调度台的管辖范围，明确有关行车事项汇报的主体，做到集中领导、统一指挥。

CTC 调度台调度员负责编制和下达列车运行调整计划，确认车站列车到发时分、股道使用、会让计划等，并监控列车运行。这就要求 CTC 调度台调度员值班中要精力集中，密切监控列车运行及进路情况，及时正确地处理出现的问题，确保运输安全持续。

铁路行车工作具有点多、线长、面广且多工种协同动作的特点，只有各个部门、各个单位树立全局观念，密切联系、精诚协作，使各项工作环环相扣、紧密衔接，保证运输生产安全、迅速、准确、顺畅、协调地进行。为此《技规》（高速）规定：铁路行车组织工作，必须贯彻安全生产的方针，坚持高度集中、统一领导的原则。运输、机务、车辆、工务、电务、供电、信息、房建等部门要发扬协作精神，主动配合，紧密联系，协同动作，不断提高效率，挖掘运输潜力，完成和超额完成运输任务。

参与运输生产的各个部门作业人员应严格遵守规章制度，按照列车运行图开展各项工作。在运输组织过程中，遇有违反规定、情况不明或危及行车和人身安全时，应立即采取有效措施，待查明原因及时处理后方准继续作业。

该事故案例中，事故发生的原因是多方面的。一是基础系统数据不准确。G4567 次列车 A 站接车股道规定为 8 道系调图后第一天。11 月 1 日 5 时 10 分及 8 时 13 分，乙局列车调度员连续两次确认 G4567 次列车 A 站接车股道均为 8 道。但最后自律机执行的接车股道却是 A 站 3 道。可以看出，有可能是系统设备存在不匹配问题，也有可能是调度员确认接车进路方式方法错误，亦有可能是列车调度员后续再次进行调整产生错误。但不论如何，最终接车股道与规定股道不一致，第一道关卡失效，错误就此发生。

二是调度员未确认进路正确。虽然错误发生了，但如果及时发现并立即采取措施也会避免事故的发生。但是在错误的进路触发后，当班列车调度员、助理调度员均没有发现此错误。直至 14 时 18 分车站值班员发现，此时 G4567 次列车已错误进入 A 站 3 道。车站值班员、列车调度员多次呼叫 G4567 次列车司机已为时已晚，第二道关卡失效。

三是动车组司机请示汇报主体错误。G4567 次列车接收到 A 站进路信息与列车运行图规定股道不符后，14 时 14 分 G4567 次司机与甲局调度所调度员通话，确认 A 站停车股道事宜。A 站属于乙局管理，A 站接车股道确认应该与乙局调度台联系确认。但动车组司机主体不清，虽然发现了错误，但没有汇报正确的调度台，造成这一错误没有及时补救，第三道关卡又失效。

四是缺乏调度集中统一指挥原则。当 G4567 次司机向甲局提出“A 站进 3 道确认对不对”的询问时，甲局列车调度员通过调监确认了 G4567 次 A 站已触发 3 道接车股道，A 站隶属乙局管辖，作为甲局列车调度员不应代为答复。同时，甲局调度员对于 G4567 次司机提出“A 站进 3 道确认对不对”的真正语义有误解。动车组司机实际是想确认 G4567 次 A 站进 3 道是否正确的疑问，而甲局调度员误认为司机是在核对进路预告信息，没有意识到司机的真实意图，盲目回答“对的”，这个“对的”两个字造成防止事故的第四道关卡实效。

五是动车组“三固定”规定失效。因为是调整列车运行图的第一天，在过渡期间必然存在新旧列车运行图衔接问题。对于动车组接车径路、股道及时刻，需要调度、电务、信息等部门对照列车运行图仔细核对。同时，调度所有关专业部门应加强对变更列车径路、股道、方向的列车重点监控和盯控。显然，当时有关人员对该动车组列车接车股道没有盯控，从基础数据到进路生成都没有被发现。同时，G4567 次司机发现接车股道与运行图规定不符后，敏感意识不强，没有立即向有关部门汇报反馈，而是简单向甲局调度询问确认。询问的主体错误，语义又不准确，没有问到关键问题上，就稀里糊涂进错股道，最后第五道关卡失效，事故就此发生。

纵观此次事故，其根本原因就是基本规定没有落实。有许多调度员抱怨工作规章、程序标准、安全措施等等条条框框太多，认为根本不需要也没那个必要；也有的调度员认为各项规章制度与己无关，所以不掌握、不了解。但是，正是由于方方面面、事无巨细的安全制度的建立和完善，才确保了调度指挥的安全、顺利进行。只有对工作程序、工作标准进行科学的界定，并制定行之有效的卡控措施，才能消除安全隐患，使我们的各项工作都在卡控范围、都在可监督范围、都在可解决范围内，那么铁路运输工作就会越来越规范、越来越稳固，真正实现运输生产长治久安的目标，才能切实保障职工的利益。

七、问题思考

1. 什么是列车运行图？列车运行图的重要作用有哪些？

2. 行车组织工作必须坚持哪些原则？

3. CTC 台列车调度员、助理调度员工作职责有哪些？

4. 列车调度员负责组织实现列车运行图、调度日计划应做到哪些工作？

5. 动车组列车执行“三固定”规定的内容是什么？

6. 局间分界站动车组接发有哪些规定？

7. 列车调度员、助理调度员与现场单位人员联系应遵循哪些规定？

8. 如何深刻理解集中统一指挥的运输组织原则？

9. 列车运行图调整过渡时有哪些安全隐患？应如何卡控？

10. 对于新图调整变化易产生哪些安全风险？应如何卡控落实？

坚守高铁和客车安全万无一失的政治红线和职业底线。

案例 20

列车占用丢失未拦停后续列车一般 C 类事故

一、事故概述

××年 7 月 8 日 12 时 31 分，50008 次单机从甲局与乙局间分界站 A 站开车，12 时 43 分、12 时 45 分、12 时 47 分，运行至 A 站至 B 站间上行线 4128BG、4110G、4070G 处，发生列车占用丢失。12 时 43 分，23456 次货物列车从 A 站开车后未拦停，跟踪 50008 次运行至前方 B 站。构成铁路交通一般 C 类事故，乙局调度所负主要责任。

二、存在问题

1. 安全措施不落实。为确保列车占用丢失后行车安全，铁路总公司运输局制订下发了《普速铁路列车占用丢失行车处置措施》，同时铁路总公司安监局对列车占用丢失进一步提出明确要求。铁路局要求各部门、各单位要认真组织学习，加强风险研判和管控，不折不扣落实好铁路总公司各项要求。但没有引起调度所的重视，只是简单地对各班进行传达后便算完事，对该项工作是否落实到位，既不检查更不掌握，致使上级的要求没有得到落实。

2. 跨局分界口行车指挥基本制度不落实。《技规》明确规定：一个调度区段内由本区段列车调度员统一指挥。列车占用丢失站场如图 2-6 所示。甲局与乙局分界口运输协议中规定：分界口上行列车运输调度指挥由乙局负责。而乙局调度所碍于 A 站属甲局管辖，在行车指挥上不能像指挥本局的车站一样，做到同安排、同部署。50008 次运行至 A 至 B 间第一次发生列车占用丢失时，后续的

23456次刚刚从A站发车，列车调度员没有指挥A站拦停列车，而是通知B站车站值班员，没有按照分界口运输协议履行指挥职责，造成指挥不当。

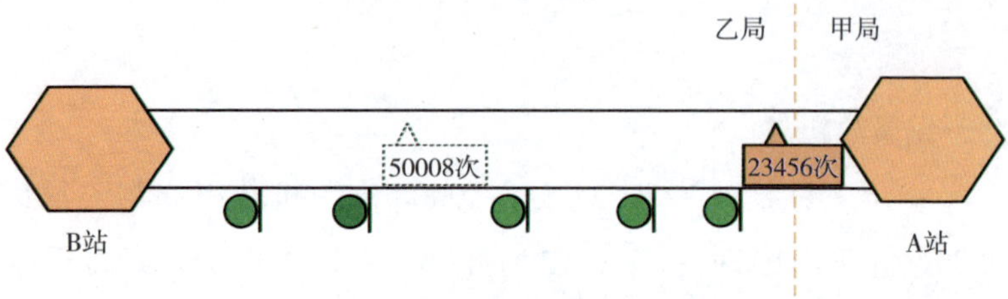

图2-6　列车占用丢失站场图示

3. *列车占用表示丢失基本规定不执行*。铁路总公司和铁路局关于列车占用丢失行车处置措施明确规定：发生列车占用丢失，立即拦停后续列车。而列车调度员发现50008次列车第一次占用丢失后，没有按照措施办法立即指示A站拦停后续列车，没有严格遵守措施办法。同时，铁路总公司和铁路局关于列车占用丢失行车处置措施明确规定：列车占用丢失暂时无法恢复时，按照电务登记的行车限制条件放行列车。电务部门于13时40分检查试验完后销记，而列车调度员12时50分左右，就通知A站和B站，待50008次到达B站后，A站至B站间按站间行车，均与规定不符。

4. *调度所应急处置措施与总公司规定不符*。调度所制订的《调度员应急处置指导书》中“列车占用丢失处置流程”规定：发生列车占用丢失报警后，立即布置车站呼叫已进入区间的后续列车停车，再通知占用丢失的列车停车”与铁路总公司制定的列车占用丢失“先拦停后续列车，再联系占用丢失的列车司机，询问列车位置及现场情况”的规定不符，存在安全隐患，一旦后续列车没有拦停，易造成后续列车与占用丢失列车进入同一闭塞分区发生相撞。

5. 重效率轻安全。调度所重运输效率、轻行车安全的问题比较突出，日常在设备故障处置上考虑运输效率方面多，思考运输安全方面少。事故当日，A站至B站间上行线多个闭塞分区多次发生列车占用丢失，列车调度员担心影响运输效率，只是要求车站通知设备管理单位进行检查，自己通过TDCS设备监视列车运行。没有按照铁路总公司规定执行。

6. 干部履职不到位。发生列车占用丢失后，调度所当班安全值班副主任、行车室人员均上台进行盯控，但对列车调度员指挥不当的一系列问题均未发现并纠正，反映出干部业务素质还不满足岗位需求。

三、违章详情

违反《技规》（普速）第403条之规定："设备管理单位应在'行车设备检查登记簿'内签认，尽快组织修复。对暂时不能修复的，应登记停用内容和影响范围，并注明行车限制条件。"

违反《调规》（普速）第74条第（一）款之规定："熟悉有关运输站段及列车的技术设备、作业过程、各项技术作业标准及各站接发列车的有关规定，正确组织指挥列车运行。"

违反《调规》（普速）第74条第（二）款之规定："值班中应精力集中、坚守岗位、严格落实岗位安全责任、遵守安全生产规章制度和操作规程，及时正确处理问题。"

违反《调规》（普速）第74条第（五）款之规定："当得到现场危及行车安全的报告时，应及时指示有关人员立即采取停车等安全措施，查明情况，妥善处理。"

违反《普速铁路列车占用丢失行车处置措施》（铁总运〔2016〕194号）第3条第（一）款之规定："自动闭塞区段，CTC/TDCS区间列车占用丢失报警或车站值班员（列车调度员）发现及得到区间列车占用丢失信息时，车站值班员（列车调度员）应做到：立即通知已进入区间的后续列车司机立即停车，不再向该区间放行列车。”

违反《普速铁路列车占用丢失行车处置措施》（铁总运〔2016〕194号）第3条第（三）款之规定：“及时通知电务部门进行处理。”

四、吸取教训

1. 提高应急处置能力。车务系统要认真研判非正常行车组织中存在的安全风险，修订完善应急处置预案及流程，加强行车设备故障时的应急处置，严格按照各项措施办法执行，提高车务人员的应急处置能力。

2. 加强安全风险研判。针对季节性以及行车设备特点，开展对规对标式的隐患排查，全方位进行风险研判，有针对性地完善控制措施，严格防范控制，消除风险隐患。

3. 严格执行行车调度集中统一指挥。列车调度员对隶属本调度区段的跨局分界口车站，必须严格执行统一指挥的规定，严格遵守调度纪律，及时处理影响行车安全的情况，确保行车安全。

4. 严格落实规章制度。车站值班员、列车调度员在雨中雨后，要密切关注辖区列车运行情况，特别是单机、轨道车的运行情况，发现占用丢失或CTC/TDCS列车占用丢失报警等异常情况，要严格按照国铁集团规定，正确果断地处理，及时拦停后续列车，确保行车安全。

五、解析评述

闭塞分区状态包含空闲、正常占用、故障占用、占用丢失四种状态。空闲状态：表示列车未占用该闭塞分区且该闭塞分区轨道电路所反映的线路状态为空闲；正常占用状态：表示列车占用该闭塞分区且该闭塞分区轨道电路所反映的线路状态为占用；故障占用状态：表示列车未占用该闭塞分区，但该闭塞分区轨道电路所反映的线路状态为占用；占用丢失状态：表示列车占用该闭塞分区、但该闭塞分区轨道电路所反映的线路状态为空闲。

列车占用丢失，俗称“飞车”，是列车实际占用轨道电路区段时，相应的控制或监测设备却显示列车未占用，该闭塞分区轨道电路所反映的线路状态为空闲。列车占用丢失的原因有设备方面、季节性雨雪侵蚀以及车列、机车较轻、机车撒沙等多种情况。但当发生列车占用丢失情况时，因占用丢失列车不“压红”轨道电路，造成该闭塞分区所防护的通过信号机显示许可信号，其后续列车的运行许可范围可能会扩大，造成信号显示升级。如果不及时采取措施，存在列车追尾的安全隐患。因此，列车占用丢失问题已经成为和轨道电路分路不良等影响铁路行车安全的一个重要风险源。为此，国铁集团制定了严格的《列车占用丢失行车处置措施》，即首先要“立即通知已进入区间的后续列车司机立即停车，不再向该区间放行列车；”然后“联系占用丢失的列车司机，询问列车位置及现场情况（占用丢失的列车无异常时仍按信号显示运行，不得无故停车）；”最后要“及时通知电务部门进行处理。”其中以“立即通知后续列车立即停车”最为重要，目的就是以最快的时间拦停后续列车，防止后续追踪列车因信号升级失去防护与前行列车追尾。

《普速铁路列车占用丢失行车处置措施》（铁总运〔2016〕194号）规定：

第一条　为规范普速铁路列车占用丢失后的行车处置，制定本措施。

第二条　本措施适用于普速铁路自动闭塞区段，具备列控中心区间占用逻辑检查功能、继电式逻辑检查功能的区段除外。

第三条　自动闭塞区段，CTC/TDCS区间列车占用丢失报警或车站值班员（列车调度员）发现及得到区间列车占用丢失信息时，车站值班员（列车调度员）应做到：

1. 立即通知已进入区间的后续列车司机立即停车，不再向该区间放行列车；

2. 联系占用丢失的列车司机，询问列车位置及现场情况（占用丢失的列车无异常时仍按信号显示运行，不得无故停车）；

3. 及时通知电务部门进行处理。

电务部门对故障进行检查处理。故障恢复时，列车调度员根据电务部门登记，亲自或通过车站值班员通知后续列车司机恢复正常行车。

列车占用丢失故障暂时无法恢复，具备放行列车条件时，列车调度员（车站值班员）按照电务部门登记的行车限制条件放行列车。对已进入区间的后续列车，列车调度员确认列车至前方站间区间空闲后，亲自或通过车站值班员组织列车逐列恢复运行，指示后列恢复运行前必须确认前列已完整到达前方站。司机按信号显示运行，逐列运行至前方站。区间空闲后，列车调度员（车站值班员）根据电务部门登记组织行车。

第四条 遇站内股道列车占用丢失报警、车站值班员（列车调度员）发现或得到站内列车占用丢失信息时，应立即停止使用该故障区段，联系司机询问列车位置和现场情况，通知电务部门处理。经电务部门检查处理后，按照电务部门登记的行车限制条件组织行车。

第五条 车站值班员（列车调度员）接到列车司机在区间或站内非正常停车的报告后，应立即在车站控制台、CTC/TDCS 上确认列车位置，确认该列车是否发生列车占用丢失。

该事故案例中，列车调度员对列车占用丢失产生的危害性认识不足，没有严格按照国铁集团规定程序处置，有章不循、有规不依，处置不果断、不准确，给行车带来安全隐患。

六、问题思考

1. 闭塞分区状态包含哪几种状态？

2. 什么是列车占用丢失？列车占用丢失的危害性有哪些？

3. 当发生列车占用丢失后，应执行何种处置流程？

4. 当发生列车占用丢失，最关键的处置是什么？

5. 分界站的列车指挥应如何界定并执行？

安全生产你管我管，大家管才平安；
事故隐患你查我查，人人查方安全。

案例 21

机车故障未确认条件附挂运行导致机车抱闸一般 D 类事故

一、事故概述

×× 年 10 月 13 日 23 时 52 分，K6789 次运行至 ×× 局 A 站下行正线停车并请求救援，利用在途货运机车担任救援任务组织救援。在救援期间列车调度员询问故障机车能否正常附挂运行以及走行部和制动机状态。车站答复“可以正常附挂”。K6789 次列车机车前部加挂货运机车后，10 月 14 日 1 时 37 分 A 站开车。1 时 41 分 A 站值班干部向值班主任汇报“K6789 次本务机车制动装置可能存在问题”，接到汇报后值班主任未果断采取措施拦停列车。1 时 53 分 K6789 次列车 B 站通过时，助理值班员接车发现 K6789 次附挂机车抱闸，1 时 55 分将 K6789 次列车拦停于 B 站至 C 站间下行线。经检查发现 K6789 次故障机车第一轴、第三轴抱闸。2 时 47 分司机汇报处理完毕，并要求限速 45 km/h 运行到前方站。K6789 次列车区间 2 时 55 分开车，3 时 10 分到达前方站甩下。构成铁路交通一般 D 类事故，因列车调度员在没有得到车站明确答复的情况下，组织 K6789 次本务机车附挂运行，×× 局调度所负重要责任。

二、存在问题

1. 机车乘务员程序标准缺项。按照机车弹停装置作用原理、模拟实验和回放乘务员录音笔无火回送作业记录，确认机车乘务员操作无火回送过程中，漏缺了《机车无动力回送作业流程》中“手动缓解停放制动单元，并确认夹钳已缓解”作业程序，造成机车附挂运行中弹停装置制动。

2. 列车调度员作业程序执行不彻底。K6789 次列车机故救援后，列车调度员虽然向车站落实了故障机车能否正常附挂运行以及走行部和制动装置状态，但车站仅仅回复了故障机车“可以附挂”，但未回复走行部和制动装置是否良好。列车调度员接到车站“可以附挂”的报告后，在没有得到车站准确答复故障机车走行部和制动装置状态是否良好的情况下，即组织 K6789 次客运列车本务机车附挂运行。处置信息掌握不全、不准确，作业程序执行不彻底，存在急于求成、落实不力的现象。

3. 当班调度应急处置不果断。K6789 次列车在 A 站附挂机车后于 1 时 37 分开车。1 时 41 分调度所值班主任得到 A 站车站人员反馈 K6789 次列车附挂机车制动装置可能存在问题的信息。得到报告后思想不敏感、处置不果断，没有立即将列车拦停检查处理，而是存在侥幸心理，盲目放行列车，造成故障机车抱闸运行，给列车运行带来安全隐患。

三、违章详情

违反《技规》(普速)第 170 条之规定:“牵引列车的机车在出段前，必须达到运用状态，主要部件和设备必须作用良好，符合铁路总公司有关机车运用、维修的规定。”

违反《技规》(普速)第 223 条之规定:“铁路行车组织工作，必须贯彻安全生产的方针，坚持高度集中、统一领导的原则。运输、机务、车辆、工务、电务、供电、信息、房建等部门要发扬协作精神，主动配合，紧密联系，协同动作，组织均衡生产，不断提高效率，挖掘运输潜力，完成和超额完成铁路运输任务。”

违反《技规》(普速)第 230 条第 3 款之规定:“注意列车在车站到发及区间内的运行情况，正确、及时地处理临时发生的问题。”

违反《调规》(普速)第 6 条第(二)款之规定:“严格执行各

项规章制度、安全管理制度和安全卡控措施，遵守和维护调度纪律，及时处理影响行车安全的有关情况，保证调度指挥安全。”

违反《调规》（普速）第73条之规定：“发生非正常情况时，现场行车有关人员应立即按规定采取安全措施，并及时向列车调度员报告，列车调度员向行车有关人员了解情况时，有关人员应如实汇报。”

违反《调规》（普速）第74条第（一）款之规定：“熟悉有关运输站段及列车的技术设备、作业过程、各项技术作业标准及各站接发列车的有关规定，正确组织指挥列车运行。”

违反《调规》（普速）第74条第（二）款之规定：“值班中应精力集中、坚守岗位、严格落实岗位安全责任、遵守安全生产规章制度和操作规程，及时正确处理问题。”

四、吸取教训

1. 列车调度员要认真学习基本规章和制度办法，在应急处置中要牢固树立“导向安全”意识，严格落实应急处置标准和程序，时刻保持冷静的头脑，坚决从源头上防范安全风险，确保应急处置的准确性。

2. 各工种调度工作中要有敏感意识及责任意识，要牢固树立“宁可错停、不可错放”的意识。接到现场危及行车安全的报告后，要果断立即拦停列车，通知有关人员检查处理，防范安全隐患扩大或升级。

3. 提高调度员应急处置能力。列车调度员、机车调度员要进行有针对性学习，强化调度员应急处置水平的提高，补齐应急处置短板，全面提升调度所安全控制能力。

五、解析评述

牵引列车机车故障是运输过程中最常见的设备故障之一。列车运行过程中牵引机车故障被迫停车，会造成区段封锁、列车滞留、运输阻断，导致车流及机车不均衡，调度（日）班计划不能兑现，严重影响正常的运输秩序。同时，在组织救援过程中，要制定救援方案，发布调度命令，随时口头指示，安排列车会让及机车、机班调整等等工作任务，这也是考验列车调度员综合业务素质的一种故障形式。

机车故障有多种，对于运行过程中的故障机车，应确认其走行部及制动装置是否良好。车体走行部包括车架、车体、转向架等基础部件，而列车的制动性能很大程度决定了列车的安全性能。如果上述设备发生故障，极易发生机车燃轴、脱轨、颠覆，乃至列车冲突、追尾等事故。虽然这种现象很少发生，但仍然是客观存在的安全隐患，不能因为不常见而轻视。

当列车调度员接到机车故障请求救援的报告后，应立即拦停后续列车，合理调整在途车流，根据实际情况制定最优救援方案，及时发布有关救援调度命令，督促现场车站等部门积极组织救援，尽快恢复列车运行，努力恢复运输秩序，这也是铁路运输调度的工作职责。

该事故案例中，K6789次因机车故障停车并请求救援，列车调度员利用在途货运机车担任救援任务组织救援，这个过程本身没有问题。但是列车调度员在具体执行过程中却存在两个明显错误。一个是未准确确认故障机车运行条件，执行作业程序不彻底，存在“应付、赶工”的现象。在救援期间列车调度员询问故障机车能否正常附挂运行以及走行部和制动机状态。车站答复“可以正常附挂”，但是没有确认故障机车走行部及制动装置状态，就组织故障机车附挂运行。该故障机车走行部良好，但是机车乘务员在进行无火回送操作过程中，漏缺了手动缓解停放制动单元作业程序，造成机车附挂运行中弹停装置制动。机车乘务员作业漏项造成作业程序未执行，列车调度员落实机车制动装置状态也提醒了机车乘务员，但没有得到机车乘务员明确答复。列车调度员也是存在“走程序”思想，也存在惯性思维，总以为机故救援是常见故障现象，各部门都轻车熟路，不会发生问题，就贸然组织故障机车附挂运行。一千次作业过程，就要执行一千次的作业程序和标准，只要有一次未执行，就会存在作业疏漏，造成安全隐患的发生。所以，对于“做惯了、看惯了”的现象，时间长了就会出现松劲、麻痹思想，这种状态要不得。另一个问题，就是得到现场危及行车安全的报告后未及时拦停列车。K6789 次列车机车前部加挂货运机车 1 时 37 分开车之后，车站值班干部向值班主任汇报“K6789 次本务机车制动装置可能存在问题”，接到汇报后值班主任未果断采取措施拦停列车，B 站通过后又运行至 B 站至 C 站间下行线才被拦停，区间检查后要求限速 45 km/h 运行。机车车辆抱闸运行如果没有及时处置，易发生燃轴、切轴造成机车脱轨、列车颠覆等事故，而 K6789 次又是旅客列车，其造成的后果不堪设想！所以，铁路运输调度要牢固树立“宁错停、勿错放”的思想，接到报告后果断拦停列车，通知有关人员检查处理，及时消除故障隐患。就如同发现火苗要立即采取措施扑灭，如果未及时采取有效措施或者错过了扑灭时机，小火苗会引发熊熊大火，必然对人民生产生活造成极大的危害。

六、问题思考

1. 列车调度员在组织机故救援时，应向现场了解掌握哪些信息？

2. 机车、车辆抱闸如果不及时处理会有哪些危害？

3. 铁路运输调度应如何与车务人员、机务人员密切协作，共同做好非正常应急处置工作？

4. 列车调度员接到现场危及行车安全的报告后，应如何办理？

5. 值班（副）主任应如何发挥岗位职责，盯控应急处置安全关键？

6. 铁路运输调度确保铁路运输安全具体“落脚点”在哪些方面？

预防早、纰漏少；
防范多，事故消。

案例 22

动车组因故停车调度应急处置不力一般 D 类事故

一、事故概述

×× 年 11 月 14 日 9 时 11 分，×× 局运行的 G4998 次（CRH380AL 型）因铁路数字移动通信系统（GSM-R）两基站切换时发生应用数据传输误帧，导致无线闭塞中心（RBC）向列车车载列车超速自动保护系统（ATP）输出“无条件紧急停车”信息，造成 G4998 次运行至 A 站至 B 线路所间上行线 K587+538 处停车，10 时 42 分恢复行车。耽误本列 1 h 31 min，影响动车组列车 5 列，构成铁路交通一般 D 类事故。×× 局调度所负重要责任。

二、事故过程

11 月 14 日 9 时 11 分，G4998 次（CRH380AL 型）运行至 A 站至 B 线路所间 K587+538 处因收到 RBC 发送的紧急停车信息停车，动车组故障停车如图 2-7 所示。列车调度员接到 G4998 次列车司机汇报后，立即通知调度所值班主任、供电调度、RBC 工区、电务调度、邻台调度员，及时了解停车位置、接触网供电及列车车载情况，并迅速启动应急处置预案。供电调度根据 G4998 次汇报停车里程，立即核对分相公里标位置，确认 G4998 次动车组前弓在有电区段，并通知列车调度员要求司机换弓运行。

9 时 18 分列车调度员向 G4998 次列车司机询问：“换弓能否运行？”司机回答：“（停车位置）距离合电标有 200 m，后弓升起够不着。”

9 时 22 分经高铁值班主任同意，采取向分相区供电方案进行救

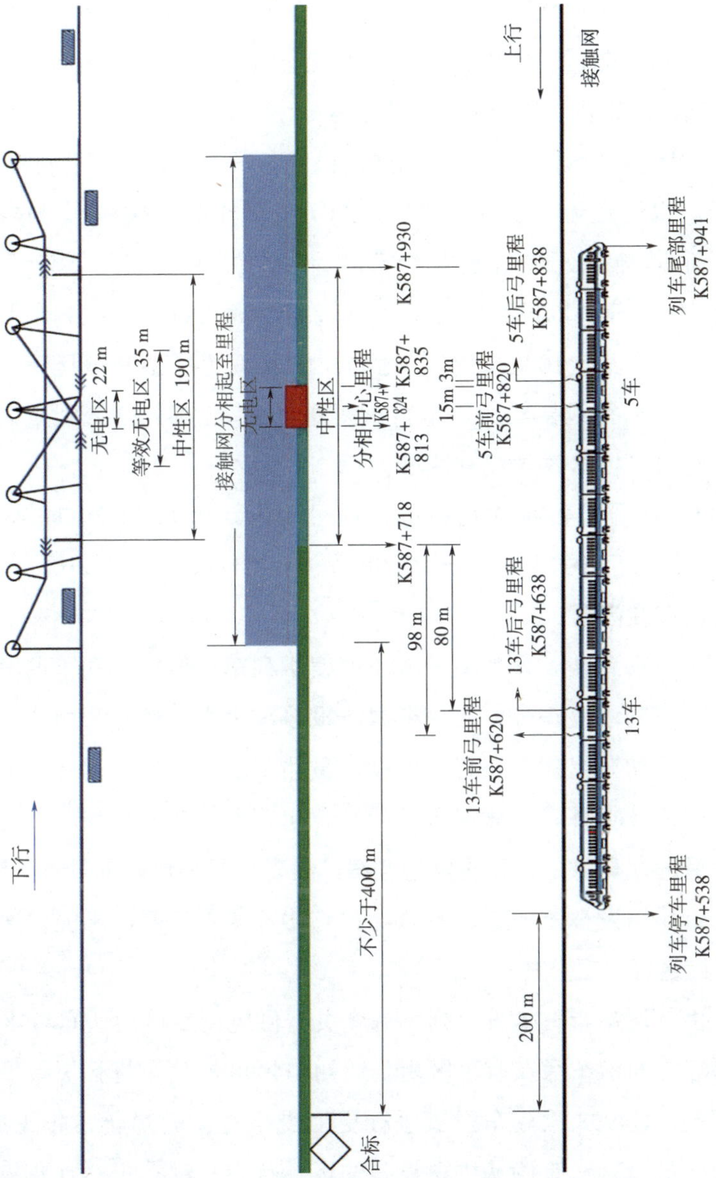

图 2-7　动车组故障停车图示

援，并通知供电调度执行向分相区供电的应急救援方案。

9时25分供电调度进行远动操作A变电所至B分区所上行停电开关。9时38分远动操作开关出现不定态表示，无法实施向无电区送电，随即通知供电工区确认开关状态。

9时45分列车调度员再次询问司机停车里程及是否位于分相内，司机仍汇报停在无电区内。随后，经司机多次进行换弓升弓试验、闭合主断后，网压表均显示为“0”。

10时20分供电段工区人员到达现场，确认G4998次列车前弓在中性区外方后，10时23分将远动操作A变电所至B分区所上行送电开关，上行线接触网供电臂恢复送电后，10时24分列车调度员再次通知G4998次司机升前弓。

10时31分G4998次司机确认前弓有电。10时33分G4998次撤除防溜措施后10时42分开车，停车1 h 31 min。

三、存在问题

1. 落实应急处置方案不果断。调度所列车、供电、动车调度员接到动车组列车停在分相后，根据汇报停车里程，核对分相公里标位置，确认动车组前弓在有电区段，虽然要求司机换弓运行，但是不能集中统一指挥，仅凭司机“后弓升起够不着”的汇报，未能坚持动车组进行升前弓行驶的自救方案，缺乏对行车设备的基本判断，调度职责作用发挥不明显，应急处置方案落实不果断，未能快速恢复动车组运行。

2. 供电调度指挥不当。列车调度员与供电调度员确认G4998次列车运行方向前车弓在有电区内，通知G4998次列车进行更换受电弓的试验。G4998次列车司机进行更换受电弓试验后仍汇报无电，供电调度员没有认真确认供电设备的运行状态，没有正确判断故障原因，造成后续应急处置延时。同时，动车组停在接触网分相无电区后，供电调度没有首先采用换弓方式和向中性区远动送电方式进行救援，而是采取越区供电方案进行救援。开合开关过程中分区所又出现开关不定态情况，指派供电工区现场确认延误了送电时间。

3. 供电调度缺乏应对突发状况的能力。实施越区供电时，当分相隔离开关发生“不定态”无法判定其实际状态时，供电调度员仅是立即通知供电人员赶赴现场，没有及时采取迂回供电等应急措施，一直等供电人员到达现场确认后才通知进行升弓自救，这也是延长处置时间的重要原因。

4. 列车调度员与供电调度员工作衔接不到位。列车调度员与供电调度员确认 G4998 次列车运行方向前弓在有电区内，通知 G4998 次列车进行更换受电弓的试验。列车调度员指示 G4998 次列车进行的换弓试验时，表述不明确，没有明确指示 G4998 次司机升前弓还是升后弓。同时，确定采取越区供电方案后，供电调度员先行远动操作 A 变电所至 B 分区所上行停电开关，但对越区供电操作的关键信息未及时告知列车调度员。致使供电调度员在远动操作期间，列车调度员在不知道接触网已停电的情况下，盲目指示司机进行换弓验电操作。

5. 高铁值班副主任未发挥职责作用。在确认 G4998 次列车更换受电弓试验失败后，采取向中性区供电的方式进行救援时，高铁值班主任未认真盯控，检查落实供电调度接触网分相位置，停电范围、送电方向等情况，没有向列车、供电调度提出正确的处置方案，失去了统筹、协调的作用。

四、违章详情

违反《技规》（高速）第 266 条第 1 款之规定：“检查列车运行图和调度日计划的执行情况，及时发布有关调度命令和口头指示。”

违反《技规》（高速）第 266 条第 2 款之规定：“严格按列车运

行图指挥行车，遇列车发生晚点时，应积极采取措施，组织有关人员恢复正点。”

违反《技规》(高速)第266条第3款之规定:“注意列车运行情况，正确、及时地处理临时发生的问题。”

违反《技规》(高速)第426条之规定:“具备采用换弓、退行闯分相等方式自救时，司机应准确报告电力机车(动车组)停车位置，由列车调度员、供电调度员、机车调度员(动车司机调度员)共同根据电力机车(动车组)类型、停车位置、牵引供电设备状况等确定自救方案，组织自救。”

违反《技规》(高速)第427条第1款之规定:“不具备自救条件时，按以下规定处理：具备向中性区远动送电时，可在该分相后方接触网供电臂办理停电后，由列车调度员向供电调度员办理向中性区远动送电手续，通知停在该分相的列车升弓，待该列车驶出分相区后，再通知供电调度员恢复原供电方式并向后方接触网供电臂送电，恢复后续列车正常运行。”

违反《技规》(高速)第427条第2款之规定:“不具备向中性区远动送电时，列车调度员发布邻线限速160 km/h及以下的调度命令，司机组织相关人员按规定对列车进行防护，并确认列车前、后方接触网无电区长度，向列车调度员报告。列车调度员根据司机有关前、后方接触网无电区长度的报告，确定救援方案，组织救援。”

违反《调规》(高速)第6条第(二)款之规定:“严格执行各项规章制度、安全管理制度和安全卡控措施，遵守和维护调度纪律，及时处理影响行车安全的有关情况，保证调度指挥安全。”

违反《调规》(高速)第43条第(二)款之规定:“值班中应精力集中、坚守岗位、严格落实岗位安全责任、遵守安全生产规章制度和操作规程，及时正确处理问题。”

五、吸取教训

1. 列车调度员、供电调度员、动车组调度员要认真学习规章制度，并理解到位。在日常工作中严格按照《技规》《调规》等基本规章相关条款进行应急处置，确保动车组运行安全。

2. 加强动车组进入分相无电区场景的模拟演练，熟悉行车设备状态和应急处置方案，不断提高调度值班员的业务素质。

3. 列车、供电、动车调度员间要紧密联系，协调配合，果断判明现场情况，按规定进行应急处置，迅速、合理地指挥行车，确保行车安全。

4. 规范调度管理，严肃作业纪律。供电调度要严格执行“一人操作、一人监控”等安全卡控制度，提高供电调度指挥协调能力，充分调动、激活各种应急处置资源和力量，努力压缩供电设备故障时间。

六、解析评述

1. 接触网电分相

接触网电分相是将接触网上不同相位的电源隔离开，以免发生相间短路，并起到机械连接的作用，使接触网成为一个整体。在列车运行过程中，因司机操纵不当或其他原因会造成列车停于电分相无电区内，列车无法从接触网受电而不能继续运行。

2. 分相设置要求

为了避免列车过分相时停泊在关节式电分相的无电区内，故分相装置应避免设在进出站和变坡点区段。无法避免时，应根据列车长度、列车紧急停车的制动距离、列车基本阻力、加速性能以及坡度等进行行车检算确定电分相距最近信号机的距离。高速铁路分相断合标如图 2-8 所示。

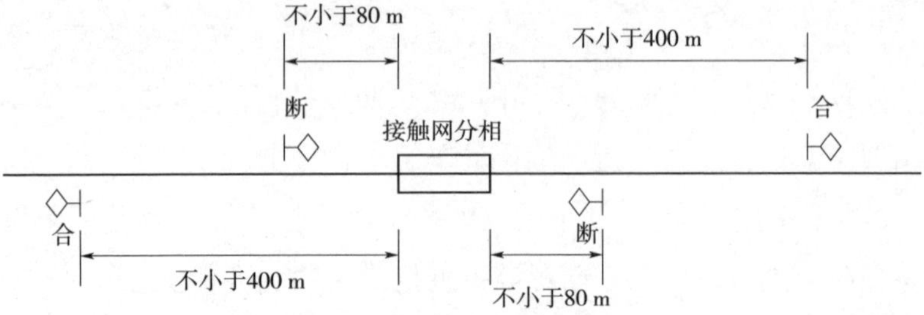

图 2-8　高速铁路分相断合标

3. 为防止电力机车、动车组及检测车辆重联运行通过接触网关节式分相时造成接触网相间短路，根据电气化区段接触网运营实际，对多架受电弓通过接触网分相的运行技术条件作了明确规定。

（1）电力机车、动车组重联采用多架受电弓同时升弓运行时，若多架受电弓有高压母线联接，任意两架升起的受电弓距离必须小于关节式分相无电区的长度 D1 及器件式分相长度（30 m）。若多架受电弓无高压母线联接，任意两架升起的受电弓距离必须小于关节式分相无电区的长度 D1 或大于关节式分相中性段的长度 D2。

（2）电力机车、接触网检测车编组采用多架受电弓同时升弓运行时，任意两架升起的受电弓距离必须小于分相无电区的长度 D1 或大于分相中性段的长度 D2。D1、D2、L 之间的关系如图 2-9、图 2-10 所示。

D1——无电区长度，指靠近中性段中心的两绝缘转换柱绝缘子外侧间的距离。

D2——中性段长度，指远离中性段中心的两绝缘转换柱绝缘子内侧间的距离。

L ——任意两受电弓间的距离。

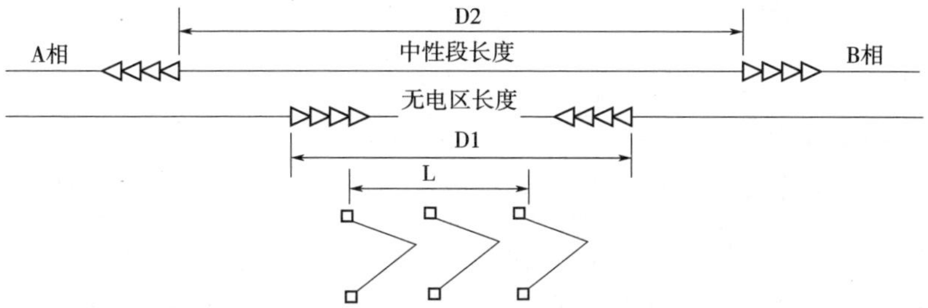

图 2-9　任意两受电弓间的距离小于无电区长度

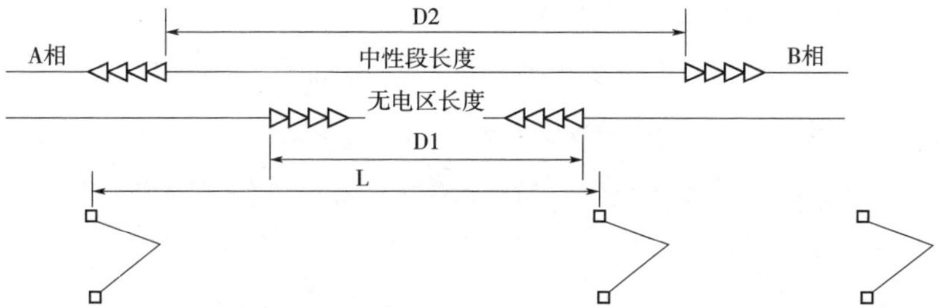

图 2-10　任意两受电弓间的距离大于中性段长度

4. 电力机车、动车组进入分相后的应急处置

（1）禁止向接触网停电区和无网区放行电力机车、动车组。

（2）电力机车、动车组禁止在分相中性区、分段绝缘器下方、电力机车禁停标区域停车。

（3）电力机车、动车组在接触网终点附近作业时，应与接触网终点标保持不少于 10 m 的安全距离。遇特殊情况，必须近于 10 m 时，须一度停车，并严格控制速度。

（4）由于电力机车、动车组列车有两个或多个受电弓，当停在分相无电区时，可以根据具体的停车位置、受电弓条件、牵引供电设备状况等，确定是否可以采用换弓、退行闯分相等方式自救。当具备自救条件时，需要司机准确报告电力机车（动车组）停车位置，再由列车调度员、供电调度员、机车调度员（动车司机调度员）共同根据电力机车（动车组）类型、停车位置、牵引供电设备状况等确定自救方案，组织自救。

5. CRH380AL 型动车组

CRH380AL 型动车组为 16 辆编组动力分散型，其中 02、03、04、05、06、07、08、09、10、11、12、13、14、15 车为动车，01、16 车为拖车，05、13 车为受电弓车，每个车均有 2 个受电弓共计 4 个受电弓，列车总长 403.0 m。

该事故案例中，动车组列车因故停车后，列车调度员、供电调度员、机车乘务员业务水平薄弱、工作标准不高、应急处置不当，造成动车组列车耽误本列较长时间。

首先是动车组机车乘务员业务薄弱。动车组列车因收到 RBC 发送的紧急停车信息于 9 时 11 分停车，实际动车组前弓在有电区，但是机车乘务员误认为停在接触网分相内。机车乘务员业务水平薄弱，基本判断失误，后续应急处置均围绕这个出发点进行处置，故障源头错误，造成后续处置不当。

其次是供电调度员对应急信息的识别和判断能力不足。接到机车乘务员反映接触网无电、停于分相的错误汇报后，供电调度起初根据动车组所处位置判断接触网有电、动车组前弓在有电区，动车组可以组织自救。但仅凭机车乘务员“后弓升起够不着”的汇报，未能坚持动车组升前弓进行自救的正确方案。既缺乏对供电设备的基本判断，又缺乏调度的指挥作用，最终被误导，致使后续一系列没有意义的应急处置行为，这也是处理时间过长的主要原因。而列车调度员指示动车组列车进行换弓试验时，表述不明确、掌握不清楚，没有准确要求机车乘务员升前弓试验，未与机车乘务员进行认真核对，调度指示与司机操作脱节，没有及时找准故障原因，造成进入下一项没有意义的处置环节。

再次是列车调度员与供电调度员联系不彻底。确定采取越区供电方案后，供电调度员先行远动操作 A 变电所至 B 分区所上行停电开关，但对越区供电操作的关键信息未及时告知列车调度员。而在此期间，列车调度员在不知晓接触网已停电的情况下，盲目指示机车乘务员进行换弓验电操作。接触网已经断电，再如何验电也不会得到准确信息。

最后是供电调度员缺乏应急处置能力。采取向分相区实施越区供电时，当分相隔离开关发生“不定态”无法判定其实际状态时，供电调度员仅是通知供电人员赶赴现场处理，而没有及时采取迂回、越区供电等措施，一直等供电人员到达现场确认后才通知进行升弓自救，进一步延长了送电时间。最终供电段工区人员到达现场，确认动车组列车前弓在中性区外方，A 变电所至 B 分区所上行线接触网供电臂恢复送电后，10 时 31 分司机确认前弓有电，撤除防溜措施后 10 时 42 分开车，停车 1 h 31 min，构成铁路交通一般 D21 事故，追究局调度所重要责任。

动车组列车 9 时 11 分因故停车至 10 时 31 分确认有电升弓，在长达 80 min 的时间内，调度人员看似虽然做了很多工作，但所做工作可以说是全都是“无用功”。调度工作职责没有充分发挥，组织指挥作用没有良好体现，工作效率、工作质量不高，白白浪费这 80 min 的时间。在当前广大旅客对铁路服务有更高期盼和要求的大环境下，特别是我国高铁里程的不断延长，动车组列车大量开行的新时代，作为铁路运输指挥“中枢”，确保高铁客车安全、正点，必将成为今后调度指挥工作义不容辞的职责和使命。因此，如何适应社会总体要求，如何改进工作思路和理念，如何更好地履行工作职责，让广大旅客的出行有更好的保障，这些都是需要我们深思的课题。

七、问题思考

1. 当接到列车停于接触网分相的汇报后，列车调度员、供电调度员、动车调度员等调度工种应向现场了解掌握哪些信息？

2. 当动车组列车因故停于分相后，应采取何种方式进行自救？

3. 当动车组列车因故停于分相后，应根据哪些情况确定救援方案？

4. 当动车组列车因故停于分相不具备自救条件时，应按哪些规定处理？

5. 供电调度员远动操作有哪些规定？远动操作有哪些条件？

规章制度记心中，
处理故障不盲动。

案例 23

列车调度员错误安排机车牵引任务耽误列车一般 D 类事故

一、事故概述

××年6月4日，××局列车调度员违规使用列车运行图技术资料未规定牵引定数的 DF8B 型机车，在××线 A 站至 B 站间上行线连续上坡道区段，比照 SS4 型电力机车牵引定数，牵引总重 3 742 t 的 47 辆车流开行 49998 次。49998 次 A 站 2 时 53 分开车，3 时 10 分运行至 A 站至 B 站间上行线 K546+320 处因牵引力不足途停，构成作业人员违反劳动纪律、作业纪律耽误列车铁路交通一般 D 类事故，××局调度所负主要责任。

二、存在问题

1. 运行调整计划变更随意。列车调度员对天气不良的信息没有引起足够重视，调整计划前也没有进行认真考虑，错误安排内燃机车挂超轴列车，随意变更 3~4 小时列车运行调整计划给后续埋下隐患。

2. 牵引定数掌握不清。列车运行图技术资料公布 A 站至 B 站间牵引机型为 SS4 型电力机车，上行牵引定数为 4 000 t、超轴 4 500 t；该区段运行的 2 台 DF8B 型机车，主要担当摘挂列车牵引和无接触网专用线调车任务，铁路局技术文件曾公布上行牵引定数为 2 500 t。列车调度员对本区段各机型牵引定数掌握不清，一直错误认为 DF8B 型内燃机车可比照 SS4 型机车使用。列车调度员机车使用不当，没有考虑到机车牵引力不足安排牵引列车是导致事故发生的最直接原因。

3. 列车调度员对现场设备不熟悉。A 站 5、7、9 道上行发车进路中经过的 29、31 号道岔均为 9 号道岔侧向，上行发车限速 30 km/h，列车调度员不清楚 A 站 29、31、19、21 号道岔均为 9 号道岔，错误地认为只有 9 道发车才限速 30 km/h。没有意识到天气不良、机车牵引力不足、出站因道岔限速运行速度低和出站后连续上坡道 4 种不良条件极易造成途停的安全风险，是造成事故的又一主要原因。

4. 规章制度不执行。铁路局列车运行图技术资料文件规定：牵引普超列车时，上行 A 站通过。列车调度员没有执行铁路局规定，错误安排内燃机车牵引 49998 次超轴列车 A 站始发。列车调度员没有执行《技规》（普速）247 条和铁路局《行规》"编组超轴列车时，在中间站应得到司机同意"的规定，没有征得司机同意便盲目指挥列车开车，是造成事故的又一主要原因。

三、违章详情

违反《技规》（普速）第 225 条之规定："列车运行图是铁路行车组织工作的基础。所有与列车运行有关的铁路各部门，必须按列车运行图的要求，组织本部门的工作，以保证列车按运行图运行。"

违反《技规》（普速）第 230 条第 2 款之规定："严格按列车运行图指挥行车，遇列车发生晚点时，应积极采取措施，组织有关人员恢复正点。"

违反《技规》（普速）第 247 条之规定："编组超重列车时，编组站、区段站应商得机务段调度员同意，在中间站应得到司机的同意，并均须经列车调度员准许。"

违反《调规》（普速）第 62 条之规定："列车调度员应及时编制和下达 3~4 小时列车运行调整计划，并及时与相邻调度台交换。"

违反《调规》（普速）第 72 条之规定："列车调度员应熟悉管辖区段内主要行车人员和机车车辆、线路桥隧、通信信号、牵引供电等设备基本情况，掌握天气变化对行车工作影响的规律，组织行车有关人员协调动作，实现按列车运行图行车。”

违反该局列车运行图技术资料文件之规定：牵引普超列车时，上行A站通过。

违反该局《行规》之规定：“编组超轴列车时，在中间站应得到司机同意。”

四、吸取教训

1. 要举一反三，深入查找本调度台存在的类似问题并加以明确解决。列车调度员要严格执行作业纪律和劳动纪律，特别是天气不良情况下，要把安全放在第一位，杜绝冒险放行列车。在发出指示或命令之前，要与现场人员多联系多沟通，根据实际情况发出正确指令。

2. 列车调度员要严格执行运行图技术文件的有关规定，严格按照技术资料规定机型机车安排机车牵引。

3. 列车调度员要根据“人、车、天、地、图”因素，合理铺画列车运行图，科学调度指挥，确保行车安全。

五、解析评述

1. 列车运行图

列车运行图是用以表示列车在铁路区间运行及在车站到发或通过时刻的技术文件，它规定各次列车占用区间的程序，列车在每个车站的到达和出发（或通过）时刻，列车在区间的运行时间，列车在车站的停站时间以及机车交路、列车重量和长度等，是铁路运输工作的综合计划，是行车组织工作的基础。对保证铁路行车安全、适应市场需求、提高运输能力以及效率和效益具有重要意义。所有与列车运行的有关铁路各部门，必须按照列车运行图的要求，组织本部门按规定完成具体工作，保证列车按运行图运行。

列车运行图分为基本列车运行图（简称基本图）和分号列车运行图（简称分号图）。基本图是指经过重新编制或调整，正在实施并持续到下次重新编制或调整为止的列车运行图。调整后的基本图又称调整列车运行图（简称调整图）。分号图是指为适应短期运输、应对突发事件或施工等需要，短时间实行，实行完毕又恢复到基本图的临时性列车运行图。

2. 列车牵引重量标准、超重列车

列车牵引重量标准，又称列车牵引定数，是指在一定类型机车车辆及线路条件下，按照牵引计算和牵引试验所确定的列车重量，称为列车牵引重量标准。

超重列车是指实际牵引重量超过运行图规定的该区段货物列车牵引重量标准（考虑规定的波动尾数）的货物列车。

3. 列车调度员应负责组织实现列车运行图

列车运行图是铁路行车组织工作的重要基础，所有与行车有关的各个部门，都必须落实有关运行图技术标准，做到按图行车。列车调度员是一个调度区段日常运输工作的具体组织者、指挥者，负责组织实现按图行车、安全正点，以及完成运输工作的数量指标和质量指标。铁路运输调度作为日常运输组织工作的指挥中枢，必须要带头遵守列车运行图有关规定，执行相关运行图技术标准，严格按列车运行图指挥行车。并检查各部门、各站段执行列车运行图的情况，根据本区段设备特点和列车运行具体情况，有预见性地采取措施进行列车运行调整，保证列车行车安全。

编组超重列车提高列车重量，并积极组织超重列车运行，对节约机车运用台数，提高区段通过能力，缓解区段堵塞，降低运输成本有积极效果。但是，在组织超重列车运行时，由于受机车性能、设备限制、天气影响以及司机操纵水平等各种因素，可能会造成超重列车区间运缓而影响后续列车，也可能造成超重列车运行途停，甚至发生超重列车起动不力请求救援而严重影响正常的运输秩序的情况。超重列车因故停于区间上坡道，如果采取措施不力易造成列车溜逸，造成设备损坏、列车冲突、脱轨等事故的发生。因此，编组超重列车时，编组站、区段站应商得机务段调度员同意，在中间站应得到司机的同意，并均须经列车调度员准许，以便在行车指挥时心中有数，采取便利措施规避超重列车带来的安全风险及隐患，保证列车运行安全。

组织超重列车运输本身是好事，也是规章允许的。从运输生产大局来看，能够多运用一台机车、多装一辆车、多走一条运行线、多通过一列车，是提高区段通过能力、防止编区站堵塞、实现均衡运输、提高运输生产效率与效益的有效措施。作为调度指挥者，这样组织能够“以点带面”“四两拨千斤”，极大地消除运输困境，实现运输生产的良性循环，这是要提倡的。但是在实际调度指挥过程中，要严格按照规章制度来办事。如果不遵循制度措施，可能会使“好心”却变成“坏事”。比如该事故案例中，列车调度员也是想尽办法，充分利用各种行车设备资源投入到运输生产中，实现当日运输任务。但是，列车调度员在调度指挥方面欠缺考虑，对本区段列车运行图规定的各机型牵引定数掌握不清，安排内燃机车牵引超重列车运输时，没有按规定征得值乘司机的同意，一厢情愿地组织列车开行。也没有充分考虑天气状况、站内限速及线路坡度等实际情况，凭经验就组织超重列车运行，造成列车途停，构成作业人员违反作业纪律耽误列车一般 D10 类事故。

运输调度人员要正确认识安全与效益的关系，即：安全是效益的前提，效益是安全的保障，没有安全就没有效益，效益是安全的具体体现。我们在调度指挥过程中，遵守规章可以确保运输生产持续长久的安全稳定。但是“1”次的违章作业，就可以破坏我们“100”次的工作成果。这一点，作为铁路运输指挥中枢的调度员，一定要有深刻的认识，才能更好地进行运输调度指挥。

六、问题思考

1. 列车运行图的基本要素有哪些？都规定了哪方面的内容？

2. 所有参与行车工作的人员为什么都要遵守列车运行图的规定？

3. 如何理解“按图行车”？

4. 列车调度员在组织实现列车运行图中应采取哪些措施？

5. 如何深刻认识安全与效益的关系？

6. 如何安全合理地组织超重列车运输？

生产秩序乱，
事故到处钻。

案例 24

擅自修改车次号导致列车占用丢失报警一般 D 类事故

一、事故概述

×× 年 6 月 14 日 23 时 20 分，×× 局调度所列车调度员指示分界口 A 站车站值班员 T3456 次列车正点通过。T3456 次图定 23 时 33 分 A 站通过，实际 T3456 次晚点。23 时 35 分 A 站 Ⅱ 道通过时，A 站车站值班员人工将 TDCS 车务终端 T3456 次车次号删除，将 TDCS 系统“行车日志”T3456 次通过时间修改为 23 时 33 分。23 时 35 分列车进入 A 站上行 S1LQG 区段后，车站值班员重新在 TDCS 车务终端添加 T3456 次车次号。23 时 36 分 T3456 次列车进入区间 2438G 区段 TDCS 车务终端显示列车占用丢失报警，车站值班员立即停发后续列车，登记“行车设备检查簿”(运-46)并通知电务部门处理。23 时 49 分 T3456 次到达前方站，区间空闲。6 月 15 日 0 时 01 分，电务销记恢复设备正常使用，故障延时 25 min，造成 K318 次 0 时 07 分 A 站 4 道开车，较图定晚开 11 min。构成铁路交通一般 D 类事故，×× 局调度所负主要责任，车务段负重要责任。

二、存在问题

1. 列车调度员在明知 T3456 次列车不能自分界口站正点交出的情况下，暗示授意车站值班员修改 TDCS 系统“行车日志”中该列车通过时间，将晚点列车修改为正点通过，违反《调规》第 6 条“严格执行各项规章、安全管理制度和安全卡控措施，遵守和维护调度纪律”的规定。

2. 列车调度员片面为完成班组生产任务，完成日班计划确定的分界口交车计划，以及规避日常客车正晚点分析考核，对部分晚点列车采取指示车站改点的举动，谋小局利益，扰大局运输秩序。

3. A 站车站值班员为将晚点 T3456 次从本站（分界口站）正点交出到邻局，在接到列车调度员要求正点通过指示后，在 TDCS 系统正常情况下，擅自通过 TDCS 车务终端对 T3456 次车次号进行删除，采取人工报点方式将 TDCS 系统“行车日志”中 T3456 次通过时间修改为正点。当该列车以假车次号运行至 2438G 且同时占用 S1LQG 时，车站值班员又在 S1LQG 处添加车次号，添加车次号位置不正确，T3456 次出清 S1LQG 后 32 秒后，TDCS 车务终端、行调台复示终端显示列车占用丢失报警，人为造成设备故障耽误列车。

三、违章详情

违反《技规》（普速）第 225 条之规定：“列车运行图是铁路行车组织工作的基础。所有与列车运行有关的铁路各部门，必须按列车运行图的要求，组织本部门的工作，以保证列车按运行图运行。”

违反《技规》（普速）第 230 条第 2 款之规定：“严格按列车运行图指挥行车，遇列车发生晚点时，应积极采取措施，组织有关人员恢复正点。”

违反《调规》（普速）第 6 条第（二）款之规定：“严格执行各项规章制度、安全管理制度和安全卡控措施，遵守和维护调度纪律，及时处理影响行车安全的有关情况，保证调度指挥安全。”

违反《调规》（普速）第 6 条第（九）款之规定：“组织旅客列车按列车运行图正点运行，遇列车发生晚点时，应积极采取措施，组织有关单位（人员）恢复运行秩序，做好正晚点分析并上报国铁集团。”

违反《调规》（普速）第 72 条之规定：“列车调度员应熟悉管辖

区段内主要行车人员和机车车辆、线路桥隧、通信信号、牵引供电等设备基本情况，掌握天气变化对行车工作影响的规律，组织行车有关人员协调动作，实现按列车运行图行车。”

违反《调规》（普速）第74条第（一）款之规定：“熟悉有关运输站段及列车的技术设备、作业过程、各项技术作业标准及各站接发列车的有关规定，正确组织指挥列车运行。”

四、吸取教训

1. 列车调度员要严格执行作业纪律和劳动纪律，维护列车运行图的权威性，不得利用任何手段擅自修改运行图数据。同时要有大局意识，不得谋小利而置大局于不顾。

2. 列车调度员应熟知管辖区段内列车运行图基本资料，了解掌握列车在区间图定运行时分及在站时分，准确及时铺画和下达3~4小时列车运行调整计划，确保行车部门按图行车，运输组织秩序正常。列车调度员要严格按列车运行图指挥行车，遇客车发生晚点时，应积极采取措施，组织有关人员恢复正点。

3. 列车调度员要带头遵章守纪，严格执行各项规章制度，遵守运输组织纪律，坚决不授意、不指示行车人员做违章违纪的事情，保证运输安全。各级监督检查人员应加强对各列车调度台的巡视检查力度，加强对列车调度员的业务指导，协助列车调度员优化列车调整方案，确保旅客列车按图行车以及各区段运输畅通。

五、解析评述

1. 列车车次号

列车车次号是CTC系统自动排路、列车内部追踪的重要逻辑判断条件，也是TDCS/CTC系统采点、CTC自动排路的关键依据。车次号错误时，影响TDCS/CTC系统采点和自动排路，甚至会造成行车设备逻辑混乱，发生次生设备故障报警。

CTC 系统最大支持输入 9 位数车次号，一般车次号箭头朝左为上行，朝右为下行，红色车次号为客车，蓝色为非客车。早晚点信息在车次号尾部表示，早点时分为红色，晚点时分为蓝色。若车次号以 E 开头表示“假车次”，CTC 系统不会为“假车次”自动排路。

在 CTC 区段，当列车自动追踪、列车运行调整计划、无线车次号校核三方面的列车车次号完全一致才满足技术要求，CTC 自动排路。不一致时，CTC 系统会立即报警，由调度员或车站值班员进行人工校正。

发现列车车次号丢失时，应及时输入车次号，为 TDCS/ 调度集中系统设备实现列车运行时分自动采点、接发车进路自动触发提供依据。

2. 调度集中车次号优先级

调度集中车次号优先级由高到低依次为：调度员输入或修改的、值班员输入或修改的、自律机内部自动跟踪的、应用服务器自动传递的、相邻站自律机自动传递的、CTC 中心的 CTC/TDCS 接口服务器自动传递的、CTC 中心的 GSM-R 接口服务器自动传递的、车站自律机自动传递的车次号。

3. 车次号跟踪与校核

车次号的位置随着列车占用和出清或进路的开通、占用和出清，直至列车驶离所辖区段，来改变车次号位置。车次号在闭塞分区和车站间传递的过程，叫车次号跟踪。受轨道电路故障影响，车次跟踪不能做到完全正确。为克服该缺陷，需要与无线车次号校核。做到“三一致”，即列车通过轨道电路自动跟踪产生的车次号、GSM-R 系统产生的无线车次号和列车运行调整计划（车次预告窗中位于最前的车次号）满足“三一致”时 CTC 系统自动排路。不满足时，系统及时向调度员或车站值班员发出报警。列车每经过一架信号机，就会产生一次车次号校核过程，当 CTC 系统接收到的无线车次号与系统中人工添加的车次号不一时，并不替换原有车次号。

4. 列车调度指挥系统（TDCS）

铁路运输指挥应采用列车调度指挥系统（TDCS）或调度集中系统（CTC）。TDCS 由国铁集团、铁路局集团公司、车站三级构成，能实时自动采集列车运行及现场信号设备状态信息，并传送到国铁集团调度指挥中心和各铁路局集团公司调度所，完成列车运行实时追踪、无线车次号校核、自动报点、正晚点统计分析、交接车自动统计、列车实际运行图自动绘制、阶段计划人工和自动调整、调度命令及行车计划下达、站间透明、行车日志自动生成等功能，实现各级运输调度的集中管理、统一指挥和实时监督。

该事故案例中，列车调度员无视行车设备管理的规定，违规指示车站更改列车车次号，利用系统设备漏洞规避日常客车正晚点分析考核，以完成日（班）计划确定的分界口交车计划，以及班组生产任务指标。具体操作是车站值班员，但根源在列车调度员。没有列车调度员的违规要求，车站值班员就不会更改车次号，就不会发生行车设备显示报警信息而耽误列车。因此，该事故是典型的列车调度员违规指挥造成的，为了班组“小”利益，忽视全局“大”运输，授意车站值班员违规操作，耽误列车构成事故。

铁路运输调度部门是铁路日常运输组织的指挥中枢，分别代表各级领导组织指挥日常运输工作，应在国铁集团调度指挥中心的集中统一指挥下，负责铁路局集团公司管内运输组织和调度指挥工作。作为调度人员，必须自觉执行各项规章制度，遵守调度纪律。积极组织管内各运输生产单位密切配合、协同动作，采取有效措施完成运输生产经营任务，实现均衡运输，达到“事半功倍”的效果。而不是采取非常手段，从“表象”上完成运输过程，看似是任务指标完成了，但潜在的风险及隐患仍然存在，如此操作只能是“事倍功半”，对于以均衡、稳定为目标的调度指挥宗旨完全背道而驰，完全不可取。

六、问题思考

1. 什么是列车车次号？列车车次号的作用有哪些？

2. 为什么要保证列车车次号的准确性？

3. 列车调度员在组织实现列车运行图时应执行哪些规定？

4. 如何组织晚点旅客列车恢复正点？

5. 如何理解安全与效益、安全与效率的关系？

6. 列车调度员在日常调度指挥中，应如何做到遵守规章规定，确保运输安全？

7. 列车调度员应如何做到均衡安全运输？

安全思想一日放松一日患，
侥幸心态一时存在一时忧。

案例 25

客车机车故障调度处置不当一般 D 类事故

一、事故概述

×× 年 5 月 29 日 4 时 21 分，T××× 次运行至 ×× 局 A 站至 B 站间上行线时，因机车高压隔离开关连接电缆压接头炸损造成接触网跳闸停车，本列和前行 10002、10004 次在区间停车。同时，A 站和区间中继 3 机械室内多个断路器断开，区间上行线 4 处、下行线 1 处非列车占用轨道电路区段红光带。5 时 46 分 T××× 次司机向 A 站请求救援。列车调度员利用到达 A 站的 10001 次本务机车开行 58101/2 次担当救援任务，6 时 42 分 58101 次 A 站开车，7 时 28 分区间连挂妥当，58102 次 8 时 17 分区间开车，8 时 50 分到达 A 站。列车经"双改单"后 9 时 50 分开车，中断上行线行车 4h 29 min，耽误 T××× 次本列 5 h 29 min。构成铁路交通一般 D 类事故，电力机车有限公司负主要责任、机务段负同等主要责任、×× 局调度所负同等主要责任、车务段负次要责任。特快旅客列车机故救援站场示意如图 2-11 所示。

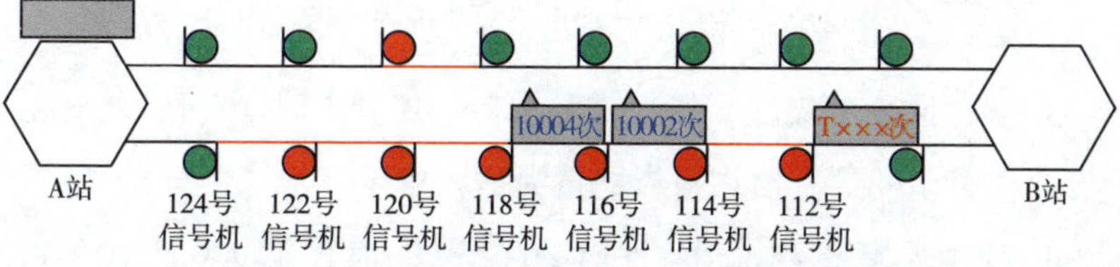

图 2-11　特快旅客列车机故救援站场示意

二、存在问题

1. 应急响应标准未落实。T××× 次列车 4 时 21 分本务机车发生故障停车后，调度所以三级响应标准组织开展应急响应工作。随后在影响时间不断延长的情况下，值班主任没有根据后续延时不断增长的情况逐级启动二级及一级应急响应工作。

2. 救援工作组织不及时。旅客列车本务机车故障发生后，没有立即查明故障原因，没有按照稳妥高效的原则，以尽快恢复畅通、恢复行车的目的组织救援工作。5 时 01 分 A 站接到 10001 次停运命令和做好救援准备的通知后，车站未及时转告 10001 次司机做好救援准备工作，没有提前安排人员进行列车防溜及通知司机停运担当救援任务，直至 6 时 05 分接到 10001 次本务机车担当 T××× 次救援任务后，方才安排人员进行机车摘解、车列防溜等相关工作。车站等相关作业人员救援组织行动迟缓，造成应急处置延时。特快旅客列车机故救援列车运行图如图 2-12 所示。

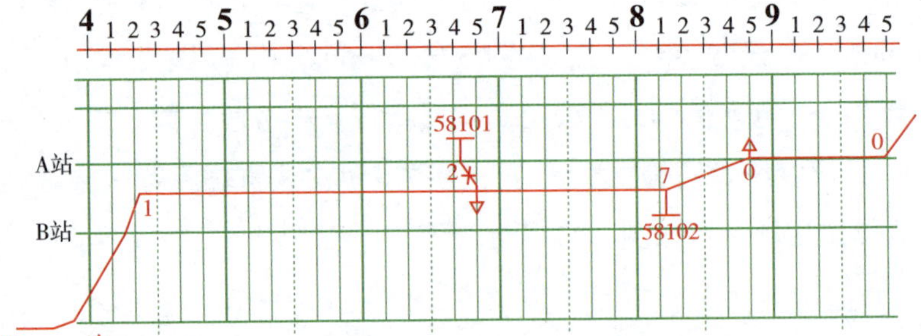

图 2-12　特快旅客列车机故救援列车运行图

3. 信息报告不及时。红光带发生后，直到 5 时 40 分才将该信息报告给列车调度员，信息报告严重滞后。

4. 未按规定程序处置。5 时 26 分发生前行 10006 次列车占用丢失报警，按照《普速铁路列车占用丢失行车处置措施》(铁总运

〔2016〕194 号）规定，仅需通知电务部门处理，但 A 站车站值班员又错误通知工务部门处理；发生列车占用丢失后，在运行前方区间空闲的情况下，调度所及车站未按《普速铁路列车占用丢失行车处置措施》（铁总运〔2016〕194 号）及《技规》第 316 条规定组织上行区间 10006 次、下行区间客车及时恢复运行。特快旅客列车机故救援时间轴如图 2-13 所示。

5. 调度命令发布不准确。列车调度员发布调度命令不熟练，在整个应急救援处置过程中错发调度命令 4 份，其中“双改单”命令内容终点站错误 1 份，漏发受令人 1 份，救援命令本务机车号错误 1 份。后续发现后发布取消了前发 3 份错误的调度命令，又重新发布了相应的 3 份调度命令，但仍然存在错误。其最终发布的“双改单”调度命令没有按规定抄送 T××× 次车辆乘务员。

三、违章详情

违反《技规》（普速）第 230 条第 1 款之规定：“检查各站执行列车运行图和编组计划的情况，及时发布有关行车命令和口头指示。”

违反《技规》（普速）第 230 条第 3 款之规定：“注意列车在车站到发及区间内的运行情况，正确、及时地处理临时发生的问题。”

违反《技规》（普速）第 316 条之规定：“自动闭塞区间通过信号机显示停车信号（包括显示不明或灯光熄灭）时，列车必须在该信号机前停车，司机应使用列车无线调度通信设备通知车辆乘务员（随车机械师）。停车等候 2 min，该信号机仍未显示允许运行的信号时，即以遇到阻碍能随时停车的速度继续运行，最高不超过 20 km/h，运行到次一通过信号机（进站信号机），按其显示的要求运行。在停车等候同时，必须与车站值班员、列车调度员联系，如确认前方闭塞分区内有列车时，不得进入。”

违反《技规》（普速）第 316 条之规定：“司机发现通过信号机

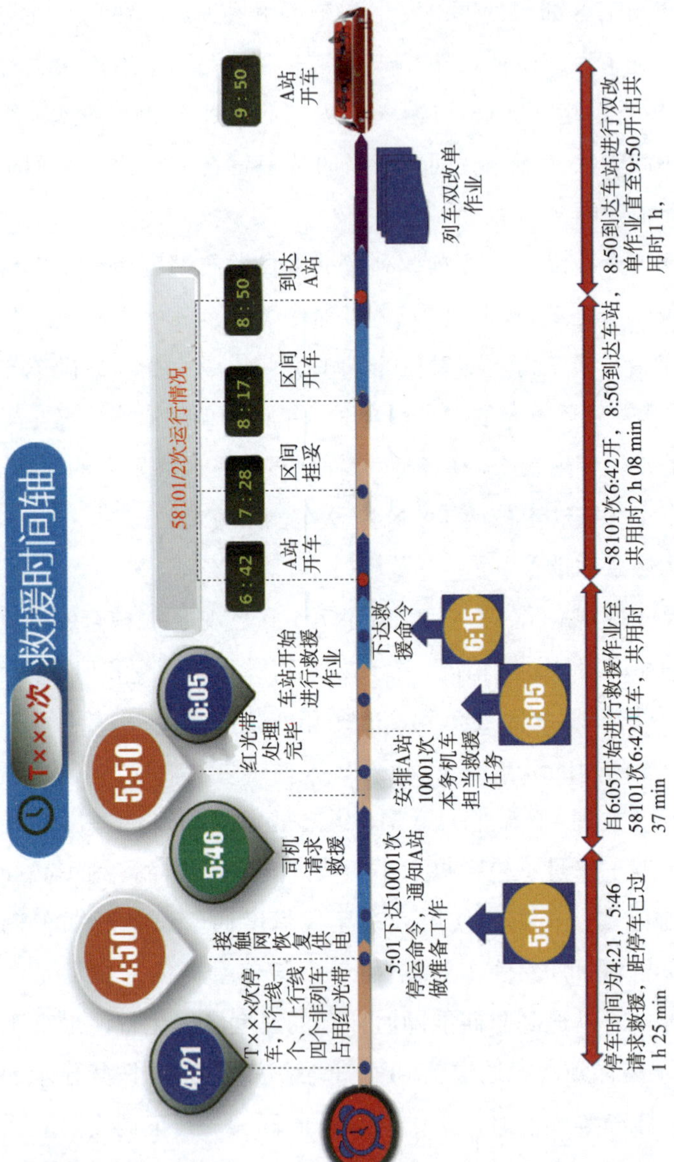

图 2-13　特快旅客列车机故救援时间轴

故障时，应将故障信号机的号码通知前方站（列车调度员）。车站值班员（列车调度员）发现或得到区间通过信号机故障的报告后，在故障修复前，对尚未进入区间的后续列车，改按站间组织行车。”

违反《调规》（普速）第 73 条之规定：“发生非正常情况时，现场行车有关人员应立即按规定采取安全措施，并及时向列车调度员报告，列车调度员向行车有关人员了解情况时，有关人员应如实汇报。”

违反《调规》（普速）第 74 条第（五）款之规定：“当得到现场危及行车安全的报告时，应及时指示有关人员立即采取停车等安全措施，查明情况，妥善处理。”

违反《调规》（普速）第 75 条第（一）款之规定：“调度命令发布前，应详细了解现场情况，听取有关人员的意见，命令内容、受令处所必须正确、完整、清晰。”

违反《调规》（普速）第 75 条第（四）款之规定：“已发布的调度命令遇有错、漏或变化时，尚未开始执行的，必须取消前发命令，重新发布调度命令；已开始执行的，应立即停止执行错误或变化内容，并及时发布调度命令进行修正。”

违反《调规》（普速）第 75 条第（五）款之规定：“调度命令书写不正确时，应重新书写。”

违反《普速铁路列车占用丢失行车处置措施》（铁总运〔2016〕194 号）第 3 条之规定：“自动闭塞区段，CTC/TDCS 区间列车占用丢失报警或车站值班员（列车调度员）发现及得到区间列车占用丢失信息时，车站值班员（列车调度员）应做到：立即通知已进入区间的后续列车司机立即停车，不再向该区间放行后续列车，联系占用丢失的列车司机，询问列车位置及现场情况，并通知电务部门进行处理。”

违反《普速铁路列车占用丢失行车处置措施》(铁总运〔2016〕194号)第3条第(三)款之规定:“及时通知电务部门进行处理。”

四、吸取教训

1. 列车调度员要加强责任心，不间断盯控列车运行及行车设备状况。发生设备故障后，提高思想站位，按照导向安全、稳妥高效的原则，加强应急处置过程卡控，积极协调、组织有关部门高效、稳妥处置，以保障安全、尽快保畅通为目的，努力恢复行车。

2. 严格落实国铁集团关于加强铁路运输应急处置领导组织工作的要求，强化应急处置的管理。遇有非正常行车情况，必须按规定动态、及时启动相应等级应急响应工作。

3. 加强调度命令的培训学习，运用各种方式方法，提高列车调度员对调度命令的熟练掌握程度，特别是强化对应急处置期间所需发布的调度命令的卡控。列车调度员发布调度命令之前，要详细了解现场情况并听取有关人员的意见，调度命令内容准确，受令处所齐全，确保调度命令和口头指示正确无误。

4. 值班主任作为调度班组的班组长，其业务素质必须过硬，及时向各级人员通报信息，并对列车调度员应急指挥工作进行指导。

5. 对旅客列车发生机故、突停等突发情况，必须要高度重视，采取一切措施及早恢复运行，努力压缩设备故障或突停时分，保障乘客出行需求。

五、解析评述

1. 旅客列车

旅客列车系指以客车(包括代用客车)编组的为运送旅客及行李、包裹、邮件的列车。其中，特快旅客列车运行速度在120 km/h以上至200 km/h，并冠以“T”字的旅客列车。

2. 双管供风

双管供风的旅客列车采用列车制动主管和列车总风管分别供风，其中列车制动主管负责车辆副风缸的供风，主要承担列车制动的供风，列车总风管负责车辆空气弹簧、车门开关以及集便器的供风。

双管供风旅客列车运行途中发生双管供风设备故障或用单管供风机车救援接续牵引，需改为单管供风时，双管改单管作业应在站内进行。旅客列车在区间发生故障需双管改单管供风时，由车辆乘务员通知司机向列车调度员（车站值班员）提出在前方站停车处理的请求，并通知司机以不超过 120 km/h 速度运行至前方站。列车调度员发布双管改单管供风的调度命令，车辆乘务员根据调度命令在站内将客车风管路改为单管供风状态。

旅客列车改为单管供风跨局运行时，由国铁集团发布调度命令通知有关集团公司，按单管供风办理，直至终到站。

3. 铁路运输调度工作职责

（1）在国铁集团调度的集中统一指挥下，负责铁路局集团公司管内运输组织和调度指挥工作。

（2）严格执行各项规章制度、安全管理制度和安全卡控措施，遵守和维护调度纪律，及时处理影响行车安全的有关情况，保证调度指挥安全。

（3）组织铁路局集团公司管内各运输生产单位密切配合、协同动作，经济合理地使用机车车辆，充分利用运输能力，挖掘运输潜力，压缩运输成本，提高运输效率和效益，完成运输生产经营任务。

……

4. 安全正点是铁路运输的基本要求

铁路运输生产的根本任务就是把旅客和货物安全及时地运送到目的地，只有把旅客与货物安全地运送到目的地，运输产品的整个运输过程才算最后完结，运输产品“位移”质量和社会价值也同时得到体现。

铁路运输安全水平直接决定了铁路运输与其他运输方式的竞争能力、声誉和经济效益，所以安全始终是与铁路运输企业自身的发展和生存息息相关的永恒主题。因此铁路运输调度人员要牢固树立高铁客车安全万无一失的安全理念，有效调动工作中的主观能动性和积极性，采取有力措施，确保运输的绝对安全。

同时，安全正点是铁路运输的信誉保证。作为旅客有权利要求所乘坐的客运列车安全正点，没有人希望或愿意列车晚点情况的发生。列车的晚点除了外界不可预测的因素外，更多的则是人的因素。因此铁路各个部门必须紧密联系、协同配合，有预见性地做好各种预想预防工作，从而更好地体现铁路安全正点、方便快捷、高速高效的服务。

该事故案例中，特快旅客列车区间 4 时 21 分因故停车，组织救援于 8 时 17 分区间开车，时长 3 h 56 min。经救援于 8 时 50 分到达前方站，中断上行线行车 4 h 29 min。铁路运输调度一班计划时间仅为 12 小时，该事故中断上行线行车约占班计划时间 1/3 多。在运输能力繁忙区段，势必造成一班运输任务未能兑现，区段车流严重积压，客车大面积晚点，运输秩序势必严重影响；该列车在车站经处理后恢复原运行方式于 9 时 50 分开车，耽误本列 5 h 29 min。特快旅客列车如果按 140 km/h 时速运行计算，5 h 即能运行 700 km，对于大部分旅客列车的旅客已经到达目的地。在当前时间就是效率的社会发展环境中，耽误的这 5 个多小时，会造成一定范围的社会影响和间接的经济损失，这与铁路运输的最终目的和宗旨不符，是坚决要消除的现象。

对于列车因机车故障组织救援，尤其是旅客列车，铁路运输有关部门要高度重视、积极组织，尽快恢复列车运行和运输秩序，努力减少因设备故障对运输的影响。

为此，一是涉及行车的各个部门必须要树立时间观念，要有紧迫性，积极主动联系，协同共同动作。不能我行我素、慢慢悠悠，“事不关己高高挂起”，更不能推诿扯皮、延误时机。发生自然灾害、设备故障以及行车事故等非常状况，有关人员要及时进行报告，准确说明现象，做出基本判断。铁路运输调度需要在第一时间作出初步响应，组织各部门充分协调、资源调配、有序动作，确保各部门协同完成应急处置任务。

二是必须要集中统一指挥。指挥列车运行的命令和口头指示，只能由列车调度员发布，有关行车人员必须坚决执行列车调度员的命令，服从调度指挥。行车各个部门、各工种岗位，对于运输生产信息要立即首先向列车调度员汇报，防止因信息多层级传递而延误处置时机。

三是救援组织过程必须要“快、准、稳”。“快”，即列车调度员要提高“第一时间”的应急处置能力，迅速做好情况了解、拦停列车、命令下达、信息通报、列车调整等前期工作，为下一步应急处置打好基础。“准”，即在应急处置过程中，对口头指示、命令下达等要准确、清晰。要准确判断故障现象，迅速查明原因，采取有效措施，防止问题扩大。同时，对情况不清、条件不全的现象，要果断采取降速或拦停列车等措施，做到心中有数、果断准确。要严格执行各项规章制度，严格执行各项程序流程，确保应急处置过程不再发生衍生、次生状况。“稳”，即对应急处置过程中的关键环节、关键作业、关键部位要加强监控，密切盯控列车运行和现场作业，发现问题及时采取措施，消除隐患苗头，确保应急过程万无一失。

四是加强预想预防。牢固树立问题意识，充分发挥预防能力，提前对各种情况进行了解掌握，对人员素质、设备质量、天气因素等充分考虑，有针对性地采取有效措施，提高工作效率。

六、问题思考

1. 什么是旅客列车？

2. 为什么要确保高铁客车安全万无一失？

3. 接到旅客列车因故请求救援的报告后，列车调度员应如何办理？

4. 列车调度员工作职责有哪些？在日常调度指挥中应如何具体落实？

5. 列车调度员应如何发挥自身工作职能，积极协调各部门恢复列车运行？

6. 什么是双管供风的旅客列车？其设备特性有哪些？

7. 双管供风旅客列车运行途中发生双管供风设备故障或用单管供风机车救援接续牵引，需改为单管供风时，应如何办理？

8. 什么是列车占用丢失？自动闭塞区段发生列车占用丢失应如何办理？

严守规章制度，
确保安全平稳。

案例 26

错误关闭出站信号造成列车冒进信号一般 C 类事故

一、事故概述

××年11月28日第一班，××局××台（CTC台）列车调度员在安排B站45002次3道开车计划时，安排K123次在A站Ⅰ道停车，计划停车后再开。后调整阶段计划安排K123次A站Ⅰ道通过，45002次B站会K123次后开车。A站、B站均为车站调车操作方式。1时40分，列车调度员发现阶段计划调整后未及时下达至A站，K123次A站Ⅰ道出站信号未开放，随即重新下达了阶段计划。1时41分，A站Ⅰ道K123次出站信号开放。与此同时，B站K123次Ⅰ道通过进路因满足CTC自动触发条件，进、出站信号开放。1时43分，列车调度员布置助理调度员关闭K123次B站Ⅰ道进站信号。但助理调度员错误办理了A站信号操作，并且在未联系A站K123次司机的情况下，使用总人工解锁按钮关闭了A站Ⅰ道出站信号。列车调度员对助理调度员的取消进路的操作提示框内容也没有认真确认，直接点击确认同意操作。1时44分，K123次A站Ⅰ道出站信号关闭。K123次越过A站下行Ⅰ道出站信号机36 m后停于K434+051处，构成铁路交通一般C类事故，列车冒进信号站场示意如图2-14所示。事故发生后，××局调度所隐瞒不报，直至被举报查实，××局调度所负全部责任。

二、事故过程

××年11月28日第一班，××集团公司调度所××台（CTC台），管内A站、B站均为车站调车操作方式。列车调度员在安排

B 站 45002 次 3 道开车计划时，考虑到交叉进路原因，安排 K123 次在 A 站Ⅰ道停车等点，计划 1 时 41 分停，1 时 43 分开，阶段计划列车运行图如图 2-15 所示。

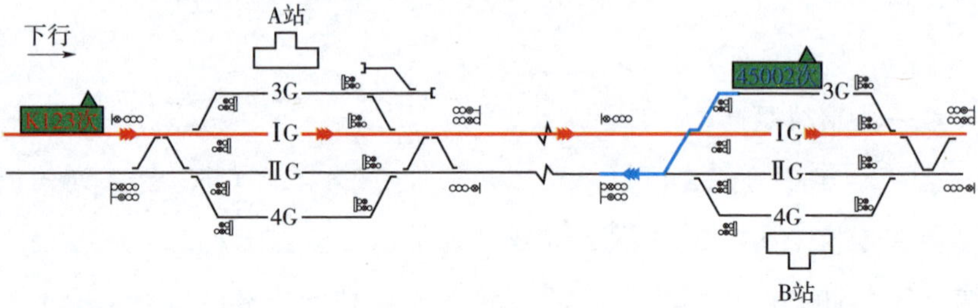

图 2-14　列车冒进信号站场示意图

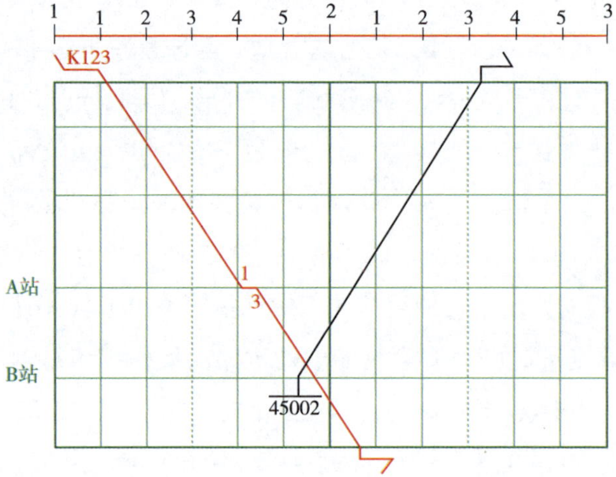

图 2-15　原阶段计划列车运行图

后又发现 K123 次运行点较原计划提前，重新调整阶段计划安排 K123 次 A 站Ⅰ道通过，45002 次 B 站会 K123 次后开车，调整后阶段计划列车运行图如图 2-16 所示。

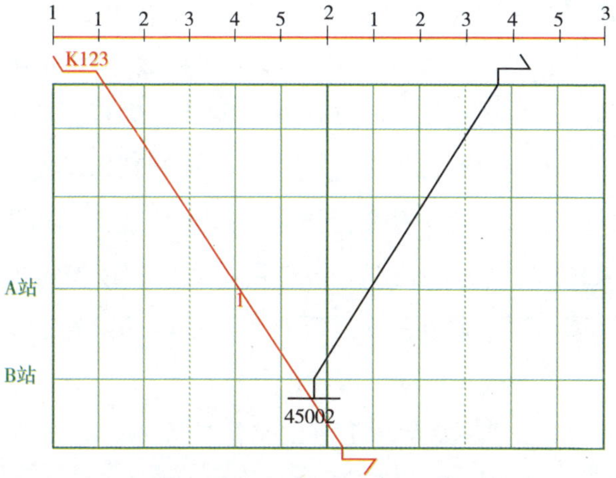

图 2-16　调整后阶段计划列车运行图

1 时 40 分，列车调度员发现阶段计划调整后未及时下达至 A 站，K123 次 A 站Ⅰ道出站信号未开放，随即重新下达了阶段计划。1 时 41 分，A 站Ⅰ道 K123 次出站信号开放。与此同时，B 站 K123 次Ⅰ道通过进路因满足 CTC 自动触发条件，进、出站信号开放。重新下达的阶段计划如图 2-17 所示。

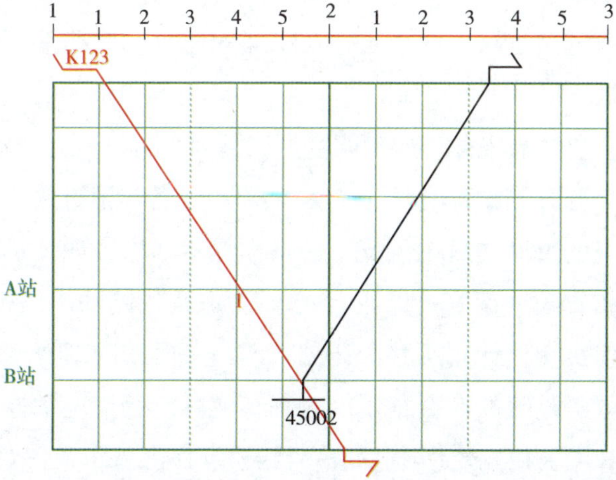

图 2-17　重新下达的阶段计划列车运行图

1 时 43 分，列车调度员考虑 K123 次在 A 站已停车，便调整运行计划组织 B 站 45002 次先开，再通过 K123 次。根据该意图随即布置助理调度员关闭 K123 次 B 站 Ⅰ 道进站信号。助理调度员因当时忙于施工命令的草拟，未完全听清并理解列车调度员布置取消进路的命令内容、车站和意图，错误办理 A 站取消信号操作，在未联系 A 站 K123 次司机的情况下，使用总人工解锁按钮关闭了 A 站 Ⅰ 道出站信号。列车调度员对助理调度员的取消进路的操作提示框内容也没有认真确认，直接点击确认同意操作。

1 时 44 分，K123 次 A 站 Ⅰ 道出站信号关闭。K123 次越过 A 站下行 Ⅰ 道出站信号机 36 m 停于 K434+051 处。经处置后，K123 次于 2 时 07 分开车，停车 23 min，构成铁路交通一般 C10 类事故。事故发生后，局调度所隐瞒不报，直至被举报查实，局调度所负全部责任。

三、存在问题

1. 基本规章制度不落实。助理调度员违反《技规》第 351、354 条“如取消发车进路，应先通知发车人员；如已开放信号或发车人员已通知司机发车，而列车尚未启动时，还应通知司机，收回行车凭证后再取消发车进路”的规定，在未通知司机的情况下，取消发车进路，是事故发生的主要原因。

2. 作业标准未执行。列车调度员调整列车运行线而不确认下达，未使用规范用语布置助理调度员操作 CTC 设备取消进路，没有认真审核助理调度员操作后系统反馈的操作提示框内容就盲目确认，列车调度员布置助理调度员操作 CTC 设备取消进路的用语极不规范，且列车调度员变化计划频繁，计划下达不及时。助理调度员臆测列车调度员取消进路的命令指示，对列车实际运行情况掌握不清，将本应关闭 B 站 K123 次 Ⅰ 道进站信号错误操作为关闭了 A 站 K123 次 Ⅰ 道出站信号。作业标准程序混乱，工作极不认真。

3. 对新职人员盯控帮扶不力。存在对关键岗位如新职人员的安全盯控帮扶不够等问题。助理调度员为新单独作业的新职调度员，安全风险意识不强，管理科室没有认真研判新职人员的作业风险，制定有效的帮扶管控措施。

4. 实际操作能力不足。调度所没有 CTC 仿真模拟实训系统，缺乏对新职和 CTC 调度员进行实作强化训练的平台，CTC 调度员实作技能欠缺，助理调度员与列车调度员配合生疏，安全风险增大。

5. 瞒报事故安全信息。在事故发生后，因考虑是调度员自身作业失误，未要求调度员填写“安监报 -1”，也未将此信息按规定向上级和相关部门进行汇报，严重违反运输调度纪律。

四、违章详情

违反《技规》（普速）第 351 条之规定：“接发列车时，按规定程序办理，并使用规定用语。”

违反《技规》（普速）第 354 条之规定：“如取消发车进路时，应先通知发车人员；如已开放信号或发车人员已通知司机发车，而列车尚未起动时，还应通知司机，收回行车凭证后，再取消发车进路。”

违反《调规》（普速）第 6 条第（二）款之规定：“严格执行各项规章制度、安全管理制度和安全卡控措施，遵守和维护调度纪律，及时处理影响行车安全的有关情况，保证调度指挥安全。”

违反《调规》（普速）第 6 条第（十七）款之规定：“及时收取、上报铁路交通事故、设备故障、自然灾害等突发事件信息，按规定进行应急处置，通报信息、组织救援、调整运输。负责调动救援列车、救援队或向国铁集团调度申请跨局调动救援列车、救援队。”

违反《调规》（普速）第 62 条之规定：“列车调度员应及时编制和下达 3~4 小时列车运行调整计划，并及时与相邻调度台交换。”

违反《调规》（普速）第 74 条第（二）款之规定：“值班中应精力集中、坚守岗位、严格落实岗位安全责任、遵守安全生产规章制度和操作规程，及时正确处理问题。”

违反《事规》第 18 条之规定：“事故发生后，事故现场的铁路运输企业工作人员或者其他人员应当立即向邻近铁路车站、列车调度员、公安机关或者相关单位负责人报告。有关单位和人员接到报告后，应当立即将事故情况向企业负责人和事故发生地安全监管办安全监察值班人员报告，安全监管办安全监察值班人员按规定向安全监管办负责人报告。”

违反《事规》第 19 条之规定：“铁路运输企业列车调度员、事故发生地安全监管办安全监察值班人员，要认真填写“铁路交通事故概况表”（安监报 -1），分别向铁道部列车调度员、铁道部安全监察司值班人员报告。”

五、吸取教训

1. 进一步提高规矩意识和安全意识。针对此次事故开展安全案例警示教育，认真吸取教训，增强规矩意识、安全意识和标准化规范化作业意识，切实提高安全风险管控能力。

2. 强化作业标准落实。进一步规范调度员在 CTC 办理行车作业的标准化规范化流程，规范列车调度员与助理调度员联系用语。调度员要严格落实 CTC 操纵标准和作业标准，收回行车凭证前必须通知司机，变更计划必须及时下达。

3. 列车调度员与助理调度员之间要严格落实“二人互控”制度，加强对客车运行径路、信号、凭证等安全关键的盯控。互相之间联系要彻底，听清楚作业内容，不能臆测作业。

4. 加强对新职调度人员作业的风险研判，制定有关措施，加强教育培训。

5. 充分利用 CTC 仿真模拟实训平台，开展实训模拟演练，使调度员熟练掌握 CTC 各项操纵的规定，增强调度员 CTC 实际操作能力。

6. 严格安全信息的通报工作。要严肃运输纪律，加强安全信息管理，严格落实责任追究制度，对瞒报、漏报安全信息行为实行“零容忍”，畅通安全信息渠道。

六、解析评述

1. 列车冒进信号或越过警冲标

列车冒进信号或越过警冲标：系指列车前端任何一部分越过地面固定信号显示的停车信号；停车列车越过到达线末端计算该线有效长度的警冲标或轧上线路脱轨器（系指用于接发列车起隔开作用的脱轨器）时亦算。双线区间反方向运行，列车冒进站界标，亦按本项论。

列车冒进信号或越过警冲标，可能会发生挤岔、脱轨，与邻线、相对方向车列冲突事故，造成列车颠覆、人员伤亡事故，危害性极大。

2.《技规》对取消发车进路的规定

《技规》（普速）第 354 条规定：“如取消发车进路时，应先通知发车人员；如已开放信号或发车人员已通知司机发车，而列车尚未起动时，还应通知司机，收回行车凭证后，再取消发车进路。”

3. 调度集中设备（CTC）

调度集中设备（CTC），是将调度区段内所有车站的集中联锁设备及区间的闭塞设备相互联系起来，实现指挥列车运行的一种遥控、遥信设备。在调度集中模式下，调度部门由原计划、组织的职能，转换为计划、组织、实施、操作职能，对调度安全生产的要求更高更严。随着新线的不断开通以及 CTC 设备普及范围的加大，调度所 CTC 调度台操作岗位比例逐年增加，调度指挥安全压力不断增大。由于调度部门直接办理接发列车，需要列车调度员熟悉并掌握调度集中设备相关知识，正确进行列车运行图和控制设备的操纵，落实接发列车作业标准，严格互控措施办法，确保 CTC 环境下调度指挥安全。

该事故案例中，列车调度员对调度集中（CTC）指挥模式思想不重视，观念没有转变，还是以传统的指挥方式进行行车指挥。对 CTC 设备相关知识掌握不清，没有按照流程操纵设备。阶段计划未按规定发布，列车调整行为不严谨。列车调度员、助理调度员之间相互协调配合不好，工作衔接不到位，工作就有疏漏。助理调度员错误听错列车调度员行车指令，列车调度员没有对助理调度员行为进行监控。助理调度员对其设备操纵行为没有敬畏意识，没有理解列车调度员真实意图而盲目操纵。操纵期间也没有确认现场实际情况，未能落实基本规章规定，稀里糊涂进行错误操纵，各种因素堆积叠加造成列车冒进信号事故的发生。

从另一个角度来分析，CTC 调度台设置列车调度员、助理调度员两个岗位。当时列车调度员负责行车指挥，助理调度员负责施工天窗作业。列车调度员在进行行车指挥时，虽然下达了取消列车进路的指令，但下达指令不明确，没有确认助理调度员明白不明白、听没听清楚，以为助理调度员“应该”能明白自己下达指示的意图，“以为”助理调度员能够按照自己的意图进行作业，“以为”该项简单的设备操纵没有任何风险。正是这种大意的思想，使列车调度员对后续助理调度员 CTC 设备操纵过程不盯控，对助理调度员操纵设备的结果没有确认，事故隐患就此发生；从助理调度员来说，当时助理调度员进行施工维修天窗组织，忙于审核天窗计划、联系车站、拟发调度命令等工作，助理调度员主要精力都用在施工天窗作业组织上。当接到列车调度员的指示后，没有了解和掌握现场列车运行情况，把自己的臆测行为“以为”是列车调度员的指示行为，“以为”对列车进路操作之后列车调度员肯定会检查确认，也就放松了对自己的要求，操作设备就没有落实作业标准，盲目错误操纵，错误的行为没有人盯控、发现并及时制止，诸多“以为”“应该”的盲目、臆测工作方式，最终造成事故的发生。

调度集中（CTC）环境下的调度指挥，相对于以往传统调度指挥方式有很大不同，由以往粗放式的指挥方式，逐渐转变为精细化的指挥方式。同时，由于CTC系统性、综合性、明细性的特点，相应的会出现新的调度指挥安全风险。因此，对于调度集中指挥工作，观念上要转变、思想上要重视、作业上要规范、监督上要跟进，才能充分发挥系统设备的先进性，增强调度员的工作积极性、准确性，实现CTC环境下调度指挥的安全有序，实现调度指挥的长治久安。

对于CTC调度台的设置也要合理，要根据技术标准、管辖里程、车站数量、列车对数、设备人员情况、施工维修工作量以及作业繁忙程度、现场作业方式等条件综合考虑，不但满足日常调度精细化指挥需求，还要兼顾非正常场景下的应急处置的作业需要。同时，要合理确定调度岗位定员，按合理的预备率配齐调度岗位生产人员，以适应日常调度指挥以及下现场、应急盯控、休假、脱产培训等需要，实现调度指挥工作的全面发展。

七、问题思考

1. 什么是列车冒进信号或越过警冲标？有哪些危害性？

2. 取消列车进路时应遵守哪些基本规定？

3. 在调度集中区段，列车调度、助理调度应如何做到“自控、互控、他控”？

4. 如何提高列车运行调整计划的准确性？

案例 27

未核对客调命令错办列车进路
一般 C 类事故

一、事故概述

×× 年 3 月 30 日 23 时 03 分，×× 局 0011 次回送动车组客调命令计划经 B 站去 C 站方向交 D 站分界口。0011 次回送动车组列车经甲局 A 站接入到达乙局 B 站，B 站为多方向车站。0011 次 B 站 23 时 00 分到，23 时 03 分开。开车后，本应按客调命令开往 C 站方向，却错误开往去 E 站方向 0011 次错开方向示意如图 2-18 所示。23 时 26 分 0011 次列车带道司机反映运行径路不对。列车调度员核对客

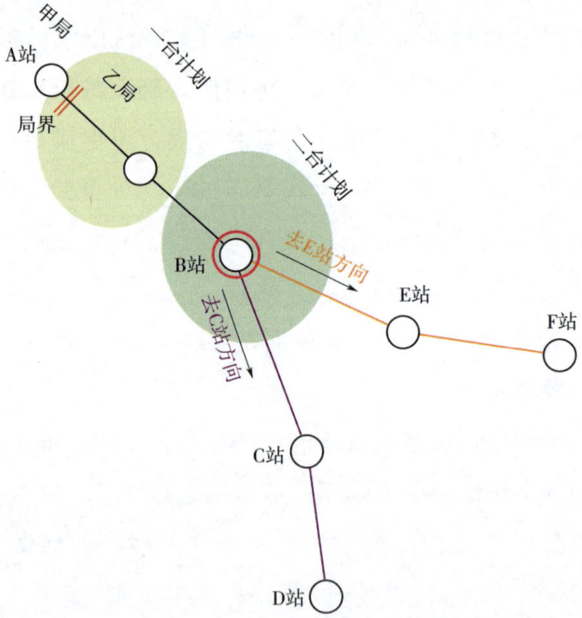

图 2-18　0011 次错开方向示意

调命令，发现列车经由与客调命令不符。组织列车返回后重新发车，构成铁路交通事故。经调查分析原因是 ×× 局调度所当班计划调度员在编制班计划时，均未核对客调命令，即将 0011 次列车纳入货物列车日（班）计划，按货运交路编制了班计划并向列车调度员下达。当班列调台列车调度员也未核对客调命令，错误将 0011 次列车错办方向。构成铁路交通一般 C 类事故，×× 局调度所负主要责任，机务段负次要责任。

二、存在问题

1. 基本作业制度不落实，盲目编制班计划。根据 3 月 29 日局客调命令，0011 次全程为有动力回送，经 B 站去 C 站方向交 D 站分界口，属于客运交路回送的客车底列车，不属于计划调度员编制班计划范围。3 月 30 日第一班，调度所一台计划调度员在与邻局调度所交换第二班分界口交接车计划时，仅凭邻局计划调度员关于该回送动车组分界口大点出入计划的口头通知，未与客运调度员核对确认、也未核对有关调度命令或电报，在没有任何依据的情况下，不确认运行径路、乘务担当等重要信息，在编制第二班班计划时，盲目将 0011 次按货运交路纳入班计划，并将计划向相邻计划台传送，是事故发生的源头和主要原因。

2. 后续计划台调度员群体违反规定，盲目交换计划并铺画运行线。3 月 30 日第二班，接班班计划调度员也未认真核对相关客调命令，仍按货运列车在班计划中铺画 0011 次列车运行线，并向邻台计划传递。邻台二台计划也未核对客调命令，仅凭邻台传递的 0011 次列车运行计划，按货运交路编制了 0011 次错误的运行计划，并向列调台发送，是导致问题发生的又一主要原因。

3. 列车调度员最后防线也失控。关系调度台列车调度员业务素质不过硬，没有从 0011 次车次、运行速度以及换班情况判断出 0011

次是按客运交路回送的动车组列车。接班情况了解不清楚，没有与客调命令进行核对，也没有对该项运行计划提出异议，错过了防止错放的最后机会。

三、违章详情

违反《技规》（普速）第 225 条之规定：“列车运行图是铁路行车组织工作的基础。所有与列车运行有关的铁路各部门，必须按列车运行图的要求，组织本部门的工作，以保证列车按运行图运行。”

违反《技规》（普速）第 349 条第 1 款之规定：“动车组回送按旅客列车办理，原则上采用自走行方式。”

违反《调规》（普速）第 6 条第（二）款之规定：“严格执行各项规章制度、安全管理制度和安全卡控措施，遵守和维护调度纪律，及时处理影响行车安全的有关情况，保证调度指挥安全。”

违反《调规》（普速）第 6 条第（四）款之规定：“负责编制和下达铁路局集团公司调度日（班）计划，并组织各运输站段落实，提高计划兑现率。对运输站段落实日（班）计划情况，提出评价考核建议。”

违反《调规》（普速）第 6 条第（九）款之规定：“组织旅客列车按列车运行图正点运行，遇列车发生晚点时，应积极采取措施，组织有关单位（人员）恢复运行秩序，做好正晚点分析并上报国铁集团。”

违反《调规》（普速）第 42 条第（二）款第 1 项之规定：“铁路局调度日计划列车工作计划内容：列车到、发及运行计划，包括列车车次、发站、到站、发到时分、编组内容、特定运行径路，始发列车车辆来源。”

违反《调规》（普速）第 68 条之规定：“整列回送客车底或同一方向的回送客车具备整列开行时，经铁路局集团公司客运调度命令准许，跨局时还应经国铁集团调度命令批准，可安排加开回送空车底列车。”

四、吸取教训

1. 深刻吸取教训。行车作业人员引以为戒，在思想上树立“安全第一”的责任意识，在高铁客车安全方面上要有高度的“敬畏”意识，落实作业标准及安全卡控制度，全力确保行车安全。

2. 提高计划编制质量。严格落实日（班）计划编制各项规定，计划调度员编制计划前要认真核对有关文件、电报、命令等，加强与国铁集团、邻局、现场有关人员及各工种调度间的联系，严格按列车运行图、编组计划、技术资料等编制日（班）计划，并检查计划的兑现落实。重点加强对临时旅客列车、回送客车体等重点列车的监控，履行岗位职责，发挥岗位自控、互控、他控作用，合理编制计划，维护计划的严肃性和完整性。

3. 严格落实作业标准。加强临客以及回送客车底列车开行命令的发布、系统录入、计划编制（车次、径路及方向）以及日（班）计划上图后核对确认等关键作业的盯控。专业调度工种要发挥专业工作职能，加强对关键作业的检查，及时发现并解决问题。

4. 加强对基础知识的学习和掌握。铁路运输调度要认真学习铁路基本规章制度，掌握基本知识，严格按规章规定进行调度指挥。

五、解析评述

（一）《技规》关于动车组回送要求的规定

《技规》（普速）第 349 条动车组回送要求：“1. 动车组回送按旅客列车办理，原则上采用自走行方式。无动力回送时可根据回送技术条件加挂回送过渡车，使用客运机车牵引，回送过渡车须挂于机后第一位。8 辆编组的动车组可两列重联回送。未装备列车运行监控装置的动车组需在 CTCS-0/1 级区段回送时，应采取无动力回送方式。2. 动车组回送运行时，须安排动车组司机及随车机械师值乘。有动力回送时，非担当区段应指派带道人员。3. 动车组回送不进行客列检作业。4. 动车组安装过渡车钩回送时，按规定限速运行，尽可能避免实施紧急制动。发生紧急制动后，本务司机必须通知随车机械师，经随车机械师检查过渡车钩状态良好后方可继续运行。5. 动车组回送时，相关动车段（所）、造修单位应提出限速、回送方式（有动力、无动力）、可否折角运行等注意事项。”

（二）调度日（班）计划

调度日计划是由当日 18:00 至次日 18:00 一昼夜内的日间运输工作计划，主要内容包括货运工作计划、列车工作计划、机车车辆工作计划和施工日计划。日计划分为两个班来执行，当日 18:00 到次日 6:00 为第一班计划。次日 6:00 至 18:00 为第二班计划。调度日（班）计划是运输工作的日常计划，是日常运输组织工作的基础，是运输各部门协调一致进行日常工作的依据，是铁路运输调度实行集中统一指挥、组织运输各部门协同动作的重要手段。应按列车编组计划、列车运行图、月度运输生产经营计划、施工计划进行编制，保证均衡地完成运输生产和施工任务。调度日（班）计划的编制和兑现直接关系到铁路运输的安全和效益，因此，做好调度日（班）计划工作，对于确保运输工作的计划性、协调性、持续性、稳定性，保证运输安全，提高调度指挥水平具有重要的作用。

（三）调度日（班）计划的编制应遵守的原则

1. 坚持安全生产的原则。

2. 贯彻国家运输政策，保证重点运输的原则。

3. 最大限度满足运输需求的原则。

4. 坚持一卸、二排、三装的运输组织原则。

5. 按货物列车编组计划编车，按列车运行图行车，按运输生产经营计划组织运输，按技术作业过程和时间标准组织作业，优先组织快速班列开行，最大限度地组织成组、直达运输的原则。

6. 按施工计划安排施工，坚持运输与施工兼顾的原则。

7. 经济合理地使用机车车辆和其他运输设备，提高运输效率和效益的原则。

8. 组织均衡运输的原则。

（四）调度日（班）计划编制的主要依据

1. 国铁集团下达的轮廓计划、调度日计划、调度命令和有关文件、电报。

2. 月度运输生产经营计划、货物列车编组计划、列车运行图、机车周转图、机车车辆检修计划和有关技术作业时间标准。

3. 日运输需求车数及相关要求（军用应有军运任务通知书，超限超重货物应依据确认电报）。

4. 预计当日 18:00 各类运用车数、车站现在车数（重车分去向，其中到本局和邻局管内摘挂车流分到站；待卸车、空车分车种）和机车机班分布情况。

5. 旅客列车临时加开、停运、变更径路、途中折返、车辆甩挂、客车（动车组）回送等调度命令或文件、电报。

6. 机车车辆试运行及路用列车开行计划。

7. 国铁集团快运班列开行计划、命令及铁路局集团公司管内快运班列开行方案。

8. 列车预确报。

9. 分界站协议。

10. 月度施工计划（批复文电）及主管业务部室提报的施工计划、路用列车开行申请。

11. 设备维修作业计划。

（五）调度日（班）计划的主要内容

1. 货运工作计划。

（1）各站装车需求受理数（包括发站、发货人、品类、到站、到局、运费、限制去向、车种别受理数）。

（2）各站卸车计划（包括到站、车种、卸车数，整列货物应有收货人及品类）。

（3）快运班列、企业自备车等直达列车和成组装车的列数及辆数。

（4）篷布、集装箱运用计划。

（5）专用货车使用计划。

2. 列车工作计划。

（1）列车到、发及运行计划，包括列车车次、发站、到站、发到时分、编组内容、特定运行径路，始发列车车辆来源。

（2）分界站列车交接计划，包括列车车次、交接时分、各列车中去向别重车数（到邻局的摘挂车流分到站）和车种别空车数。

（3）管内工作车输送计划、各站配空挂运计划和摘挂列车的甩挂作业计划。

（4）专用货车的调整、挂运计划。

（5）装载超限超重货物、军运物资（人员）、剧毒品、运输警卫方案货物车辆，有运行条件限制的机车车辆、自轮运转特种设备挂运和专列开行计划。

（6）旅客列车的临时加开、停运、变更径路、途中折返、车辆甩挂、客车（动车组）回送计划。

（7）机车车辆试运行计划。

（8）路用列车运行计划。

3. 机车车辆工作计划。

（1）各区段（含跨局）机车周转图，包括机车交路、机型及机车号。

（2）机车沿线走行公里、机车运用台数和机车日车公里。

（3）机车出（入）厂、检修、回送计划及重点要求。

（4）各车辆检修基地（含站修）扣修、修竣车辆取送计划。

（5）各沿线车站停留故障车辆检修计划。

（6）跨局及铁路局集团公司管内客、货检修车回送计划及重点要求。

（7）动车组车底运用方案。

4. 施工日计划。

（1）施工计划编号、等级、项目。

（2）施工日期、作业内容、地点（含线别、区间、车站、股道、道岔、行别、里程）和时间。

（3）施工限速（含施工邻线限速）、影响范围、行车方式变化及设备变化。

（4）施工单位（含配合单位）、施工负责人。

（5）施工作业车进出施工地段方案。

（六）铁路局各工种调度收集编制日（班）计划的资料

1. 货运调度员——预计当日 18:00 各站卸车数、装车数和去向别装车数、重点物资装车数，18:00 待卸车，有关停、限装命令，卸车单位的卸车能力，次日运输需求情况及国铁集团货运装车轮廓计划。预计 18:00 篷布分布情况（设有篷布调度台的由篷布调度员负责）。

2. 计划及列车调度员——预计当日 18:00 各站运用车（重车分去向，其中到本局和邻局管内摘挂车流分到站；待卸车、空车分车种）、备用车等分布情况，在途列车的编组内容和预计到达编组（区段）站、分界站的时分。快速班列等重点列车编组情况和预计到达分界站的时分。

3. 特运（军运）调度员——整列和零星军用、罐车、冷藏车运输需求的车种、车型、辆数、配车时间及挂运要求；长大货物车（D 型车）、装载超限超重货物、剧毒品货物车辆的分布及挂运条件、车次及挂运通知单；专用货车的备用、解除和调配计划。

4. 集装箱调度员——预计当日 18:00 集装箱分布、装卸及运用情况，次日铁路局集团公司管内各站空箱调整计划和跨局排空箱计划。预计当日 18:00 快速（普快）班列装卸、开行及在途运行情况（设有快运调度台的由快运调度员负责）。

5. 机车调度员——预计当日 18:00 运用机车和机车回送计划，机车检修、试运行情况，机车机班分布动态情况。

6. 车辆调度员——预计当日 18:00 货车扣修、修竣、检修车分布及回送情况。车辆（机辆）段结存检修车、扣修、修竣车数及车种，次日检修车计划，检修能力，有运行条件限制故障车辆回送挂运电报或计划申请。铁路局集团公司管内货车检修工厂结存检修车、修竣车数及车种，货车制造工厂新造出车数量及车种，次日入厂修计划。客车车辆试运行计划。

7. 供电调度员——牵引供电设备非正常运行情况。

8. 客运调度员——旅客列车的加开、停运、变更径路、中途折返和客车车辆回送、甩挂等情况。

9. 施工调度员——各站、各区段施工（维修）计划，慢行处所及限速条件；自轮运转特种设备、路用列车开行方案，路料装卸作业方案。

10. 工务调度员——影响运输生产的工务事故、设备故障、自然灾害、外部环境等情况。

11. 电务调度员——影响运输生产的电务事故、设备故障等情况。

（七）列车车次编排的规定

常用列车车次编排见表 2-1。

表 2-1　常用列车车次编排

列车种类		车次范围	说　　明
一、旅客列车			
1. 高速动车组旅客列车		G1~G9998	“G”读“高”
其中	直通	G1~G4998	G4001~G4998 为临客预留
	管内	G5001~G9998	G9001~G9998 为临客预留
2. 城际动车组旅客列车		C1~C9998	“C”读“城” C9001~C9998 为临客预留
3. 动车组旅客列车		D1~D9998	“D”读“动”
其中	直通	D1~D4998	D4001~D4998 为临客预留
	管内	D5001~D9998	D9001~D9998 为临客预留
4. 直达特快旅客列车（160 km/h）		Z1~Z9998	“Z”读“直”
其中	直通	Z1~Z4998	Z4001~Z4998 为临客预留
	管内	Z5001~Z9998	Z9001~Z9998 为临客预留
5. 特快旅客列车（140 km/h）		T1~T9998	“T”读“特”
其中	直通	T1~T3998	T3001~T3998 为临客预留
	管内	T4001~T9998	T4001~T4998 为临客预留
6. 快速旅客列车（120 km/h）		K1~K9998	“K”读“快”
其中	直通	K1~K4998	K4001~K4998 为临客预留
	管内	K5001~K9998	K5001~K6998 为临客预留
7. 普通旅客列车（120 km/h）		1001~7598	
（1）普通旅客快车		1001~5998	
其中	直通	1001~3998	3001~3998 为临客预留
	管内	4001~5998	

续上表

列车种类		车次范围	说　明
（2）普通旅客慢车		6001~7598	
其中	直通	6001~6198	
	管内	6201~7598	
8. 通勤列车		7601~8998	
9. 旅游列车（120 km/h）		Y1~Y998	“Y”读“游”
其中	直通	Y1~Y498	
	管内	Y501~Y998	
二、特快货物班列			
特快货物班列（160 km/h）		X1~X198	“X”读“行”
三、货物列车			
1. 快运货物列车			
（1）快速货物班列（120 km/h）		X201~X398	
（2）货物快运列车（120 km/h）		X2401~X2998 X401~X998	
其中	直通	X2401~X2998	
	管内	X401~X998	
（3）中欧、中亚集装箱班列，铁水联运班列		X8001~X9998	
（4）普快货物班列		80001~81998	
2. 煤炭直达列车		82001~84998	
3. 石油直达列车		85001~85998	
4. 始发直达列车		86001~86998	
5. 空车直达列车		87001~87998	
6. 技术直达列车		10001~19998	
7. 直通货物列车		20001~29998	
8. 区段货物列车		30001~39998	
9. 摘挂列车		40001~44998	

续上表

<table>
<tr><th colspan="2">列车种类</th><th>车次范围</th><th>说　明</th></tr>
<tr><td colspan="2">10. 小运转列车</td><td>45001~49998</td><td></td></tr>
<tr><td colspan="2">11. 重载货物列车</td><td>71001~77998</td><td></td></tr>
<tr><td colspan="2">12. 自备车列车</td><td>60001~69998</td><td></td></tr>
<tr><td colspan="2">13. 超限货物列车</td><td>70001~70998</td><td></td></tr>
<tr><td colspan="2">14. 保温列车</td><td>78001~78998</td><td></td></tr>
<tr><td colspan="4">四、单机和路用列车</td></tr>
<tr><td colspan="2">1. 单机</td><td></td><td></td></tr>
<tr><td colspan="2">客车单机</td><td>50001~50998</td><td></td></tr>
<tr><td colspan="2">货车单机</td><td>51001~51998</td><td></td></tr>
<tr><td colspan="2">小运转单机</td><td>52001~52998</td><td></td></tr>
<tr><td colspan="2">2. 补机</td><td>53001~54998</td><td></td></tr>
<tr><td colspan="2">3. 动车组检测、确认列车</td><td></td><td></td></tr>
<tr><td colspan="2">（1）动车组检测列车</td><td>DJ1~DJ1998</td><td></td></tr>
<tr><td colspan="2">300 km/h 检测列车</td><td>DJ1~DJ998</td><td></td></tr>
<tr><td rowspan="2">其中</td><td>直通</td><td>DJ1~DJ400</td><td></td></tr>
<tr><td>管内</td><td>DJ401~DJ998</td><td></td></tr>
<tr><td colspan="2">250 km/h 检测列车</td><td>DJ1001~DJ1998</td><td></td></tr>
<tr><td rowspan="2">其中</td><td>直通</td><td>DJ1001~DJ1400</td><td></td></tr>
<tr><td>管内</td><td>DJ1401~DJ1998</td><td></td></tr>
<tr><td colspan="2">（2）动车组确认列车</td><td>DJ5001~DJ8998</td><td></td></tr>
<tr><td rowspan="2">其中</td><td>直通</td><td>DJ5001~DJ6998</td><td></td></tr>
<tr><td>管内</td><td>DJ7001~DJ8998</td><td></td></tr>
<tr><td colspan="2">4. 试运转列车</td><td>55001~55998</td><td></td></tr>
<tr><td colspan="2">普通客、货列车</td><td>55001~55300</td><td></td></tr>
<tr><td colspan="2">300 km/h 以上动车组</td><td>G55301~G55500</td><td></td></tr>
<tr><td colspan="2">250 km/h 动车组</td><td>D55501~D55998</td><td></td></tr>
</table>

续上表

列车种类	车次范围	说　明
5. 轻油动车、轨道车	56001~56998	
6. 路用列车	57001~57998	
7. 救援列车	58101~58998	
8. 回送客车底列车		“00”均为数字
有动力回送动车组车底	001~00100	
无动力回送动车组车底	00101~00298	
无动力回送普速客车底	00301~00498	
回送图定客车底		图定车次前冠以数字“0”
因故障返旅客列车		原车次前冠以“F”读“返”

（八）未办或错办闭塞发出列车

未办或错办闭塞发出列车，系指未和邻站、线路所、车场办理闭塞手续，或办理闭塞的区间与列车运行的区间不一致而发出的列车。列车前端越过出站信号机（包括线路所通过信号机）或警冲标即构成。客运列车，错办闭塞的区间虽与列车的运行区间一致，亦按本项论。没有调度命令，擅自改变或错办列车运行径路，亦按本项论。未按规定办理手续而越出站界调车时，亦按本项论。

该事故案例中，造成动车组回送列车开错方向的根本原因是调度所首个计划调度员编制计划错误，而该错误在运输过程中没有被纠正，错误的行为错误地执行，最终造成事故的发生。该事故的原因很简单，但是从该事故发生过程来看，有诸多问题值得调度部门深刻吸取。

首先是源头问题。局首个计划台接收邻局计划，对“0011”次比较特殊车次的列车没有基本的警觉和程序执行，大手一挥随意编制计划，编制了错误的运行径路和运行线，表现出计划调度员对安全没有丝毫敬畏意识，对工作很不认真，基本业务规范不遵守，工作存在应付、臆测、蛮干的行为。源头性错误就像引发火灾的一点点“明火”，虽然微弱但可能由此引发严重的火灾事故。计划调度员没有积极消除安全隐患，预防事故的发生，反而因工作失误让事故隐患乘虚而入，错误的行为为事故的发生埋下作业隐患。

其次是过程问题。源头性错误，我们还可以通过后续过程能够及早发现、尽快解决，以最快的速度扑灭隐患苗头，但是后续工作也是不负责任。接班计划调度员也没有对该明显的车次列车运行线进行核对，就向邻台交换。邻台计划也没有提出任何异议，“照葫芦画瓢”，反正对接入来的列车只要来就照单全收。并且，对多方向车站列车开行仍然没有引发警觉，照样大笔一挥、编制完成，工作似乎就完成了。该项作业程序经过两个调度工种，作业过程中均未发现错误。到最后防线的调度台列车调度员，也没有核对客调命令，既然班计划有运行线、有方向，就按计划执行，造成最终开错方向，事故发生。

第三是监督问题。在深刻吸取事故教训的同时，还要深刻反思当时各级专业部门的问题。该事故所涉及的其他工种调度，例如客调、动车调度等工种工作职能是如何发挥的？在交接班会、碰头会上是否对该回送动车组列车运行有提醒、有盯控、有落实？不是命令发完就完事了，也不是计划落成就完事了，也不能把所有工作都堆到列车调度员岗位上。作业过程中，专业调度要及时通知、提醒、建议。计划落成后，还需要专业检查、督促、落实，才能不断修正错误、发现不足、协调解决。如果在运输调度指挥过程中，各级调度能够及时发现问题，并立即纠正，那么该起事故就能被“消灭”。只要所有调度工种能够“多看一眼、多问一句、多想一想”，他的漏洞我来补、我的失误他来防，人人尽责、人人操心，那么即使出现工作失误，即使出现隐患险情，在强大的合力工作的氛围里，都能够及时被修正、被消灭，实现运输生产的平稳有序。

六、问题思考

1. 什么是调度日（班）计划？调度日（班）计划编制的原则和依据都有哪些？

2. 调度日（班）计划的主要内容有哪些？在日常工作中应如何按规定编制、审批和下达？

3. 调度日（班）计划落成后，应如何组织兑现？

4. 调度各工种如何发挥自身专业职能，确保调度日（班）计划的完成？

5. 回送动车组列车有何规定？

6. 如何把控多方向车站列车运行径路、运行方向的安全准确？

7. 运输组织工作如何做到各部门协调一致、共同尽责？

安全责任，重在落实。

案例 28

CTC 设备操纵不当耽误列车一般 D 类事故

一、事故概述

×× 年 7 月 19 日 14 时 55 分，×× 局 ×× 线 A 站、B 站为调度集中（CTC）计轴单线自动站间闭塞设备，均为无人值守站。B 站进行 A 站方向越出站界调车作业。当调车车列未整列出站时，控制台 X 行计轴区间占用灯出现红灯，X 行计轴设备报警。15 时 20 分列车调度员通过 CTC 操作终端发现 B 站"X 计轴故障报警"，无法办理 B 至 A 站间列车进路。由于列车调度员对 CTC3.0 系统操作生疏，对 CTC 设备没有做出正确判断，未及时正确操作 CTC 对计轴设备进行复零，也未及时停用计轴设备转为半自动闭塞法行车，耽误上行动车组列车 B 站停车 15 min，构成铁路交通一般 D 类事故。

二、存在问题

1.CTC 设备技术特性掌握不清。一是计轴自动站间闭塞 CTC 区段越出站界调车时，车列牵出后如果有车轴没有完全越过计轴监测装置返回，会出现计轴故障报警现象。因 CTC 系统操作说明书无此项说明，日常教育培训也缺失相关内容，导致列车调度员在系统发生报警后，误以为是设备故障处置。二是对 CTC3.0 与 CTC2.0 版本"计轴复零"操作方式的区别掌握不熟练，在具体的培训过程中与厂家及电务部门技术人员的沟通联系不彻底，致使设备实际技术特性不了解。

2. 信息通报不及时。列车调度员在应急处置过程中，忙于设备操作，没有及时通知电务部门，值班主任接到列车调度员的报告后，也没有盯控列车调度员及时通报电务部门，直至16时17分才通知电务部门处理。

3. 规章制度理解存在偏差。列车调度员与车站办理计轴复零操作时，盲目认为A站与B站均为无人站，B站办理临时调车作业安排车站值班员到岗后其车站性质已发生变化，但列车调度员未向车站值班员下达办理“计轴复零”操作的调度命令。

4. 基础管理工作需要进一步加强。一是设备开通前，未经电务部门进行审核，调度所直接接收厂家的CTC系统操作说明书。提供的CTC系统操作说明书与实际设备状况不一致问题，也未能排查发现。二是调度所现有CTC实训平台不具备CTC3.0操作功能，虽然对调度员进行了授课培训，但实操联系简短，且“计轴复零”等非正常操作不经常使用，导致调度员操作生疏。

三、违章详情

违反《技规》（普速）第230条第1款之规定：“检查各站执行列车运行图和编组计划的情况，及时发布有关行车命令和口头指示。”

违反《技规》（普速）第230条第2款之规定：“严格按列车运行图指挥行车，遇列车发生晚点时，应积极采取措施，组织有关人员恢复正点。”

违反《技规》（普速）第230条第3款之规定：“注意列车在车站到发及区间内的运行情况，正确、及时地处理临时发生的问题。”

违反《技规》（普速）第231条之规定：“指挥列车运行的命令（运行揭示调度命令除外）和口头指示，只能由列车调度员发布。列车调度员在发布命令之前，应详细了解现场情况，并听取有关人员意见。”

违反《调规》（普速）第6条第（二）款之规定：“严格执行各项规章制度、安全管理制度和安全卡控措施，遵守和维护调度纪律，及时处理影响行车安全的有关情况，保证调度指挥安全。”

违反《调规》(普速)第72条之规定:“列车调度员应熟悉管辖区段内主要行车人员和机车车辆、线路桥隧、通信信号、牵引供电等设备基本情况,掌握天气变化对行车工作影响的规律,组织行车有关人员协调动作,实现按列车运行图行车。”

违反《调规》(普速)第74条第(一)款之规定:“熟悉有关运输站段及列车的技术设备、作业过程、各项技术作业标准及各站接发列车的有关规定,正确组织指挥列车运行。”

违反《调规》(普速)第74条第(二)款之规定:“值班中应精力集中、坚守岗位、严格落实岗位安全责任、遵守安全生产规章制度和操作规程,及时正确处理问题。”

四、吸取教训

1. 举一反三,深刻吸取事故教训。各铁路局集团公司调度所要认真吸取事故教训,举一反三,深入排查CTC操作方面问题,通过再学习、再认识、再查找、再反思,牢固树立安全第一的思想,提高安全生产的主动性和自觉性。

2. 加强CTC相关问题整治。各铁路局集团公司调度所要认真排查涉及CTC有关问题,特别是要梳理CTC系统操作说明书是否与设备实际状况一致,是否经电务部门进行审核。同时,要认真排查CTC设备是否存在安全隐患,积极协调整改。

3. 进一步强化基础管理工作。一是强化基础规章培训,理论要结合实际,加强规章制度在实际工作中的应用培训。二是大力推进仿真实训平台建设,研究制定强化调度员CTC实操技能培训方案,特别要加强对“计轴复零”等不常用操作的培训演练,开展有针对性的CTC实操考试。三是加强对CTC调度台作业的检查分析,督促列车调度员执行和落实CTC操作规范。四是加强信息渠道,发生设备故障,要及时按规定通知相关部门。

五、解析评述

1. 计轴设备

计轴设备是通过设置在区间（所间）两端站的计轴磁头，对进入区间和车站（线路所）的列车轴数进行记录，并经过传输线路将两端站（线路所）所记录的轴数进行核对，当两端站（线路所）记录的轴数一致时，即确认列车整列到达，区间空闲，自动开通区间。发出由区间返回的列车时，由发车站自行检查。当计轴设备记录进出区间的列车轴数不一致时，即判定区间占用。当计轴设备发生故障不能正常计轴或判定区间占用时，不能自动解除闭塞。

2. 计轴自动站间闭塞设备特性

计轴自动站间闭塞区段越出站界调车时，车列牵出后如果有车轴没有完全越过计轴监测装置而返回，会出现计轴故障报警现象。当出现这种现象，在确认调车车列整列到达后，由两端站列车调度员（车站值班员）确认区间空闲后，在 13 s 内分别按压两端站的计轴复零按钮，办理复原后正常接发列车。使用计轴复零按钮后，区间占用表示灯仍不灭灯，则表示计轴设备故障，需停用计轴自动站间闭塞，改用半自动闭塞或电话闭塞法行车。根据《技规》（普速）规定，自动站间闭塞法行车转为半自动闭塞法行车及转回的调度命令，可不发给司机。

3. 耽误列车

耽误列车，系指列车在区间内停车；通过列车在站内停车；列车在始发站或停车站晚开、在运行过程中超过图定的时间（局管内）或调度员指定的时间；列车停运、合并、保留。

4. 错误操纵、使用行车设备耽误列车

错误操纵、使用行车设备耽误列车系指作业人员违反操作规程耽误列车或使用方法不当造成机车车辆等行车设备损坏耽误列车。

该事故案例中，由于是新设备新启用，列车调度员对设备操纵掌握不全面、不熟悉，误判 CTC 设备显示状况，CTC 设备操纵不当，因自身失误耽误列车，构成错误操纵、使用行车设备耽误列车铁路交通一般 D15 类事故。

许多调度员对耽误动车组列车在车站停车 15 min，就定铁路交通一般 D 类事故感到不太理解。不就是耽误 15 min，既没有对客车以及旅客造成太大影响，也没有严重影响本区段运输秩序，认为是小题大做。其实，耽误列车 15 min 只是表象，而透过这个表象，来看看造成问题出现的深层次的原因是什么？及其潜在的危害性有哪些？以便“抓小放大”“防微杜渐”，确保我们的调度指挥安全，更好地保障运输生产持续稳定。从该事故可以看到有以下工作“盲点”：

一是对新设备、新系统学习培训存在“盲点”。对于即将使用的 CTC 新设备学习掌握不全面，仅仅了解大概，对于不常见的操作项点没有深入细致的了解和掌握，学习效果一知半解、蜻蜓点水。因为没有全面学习掌握，在后续正式启用之后，对出现的问题不能准确判断，更不能正确进行设备操纵。如果对基本知识的储备越来越少，“盲点”空区越来越多的情况下，可想而知对于我们的调度指挥工作产生多么大的影响。在以往的调度指挥中，我们运输调度通过指示、要求车站进行工作，有些工作我们可以依靠车站来执行。但是在 CTC 调度集中环境下，是我们运输调度实打实地进行进路、信号、按钮等的操纵。不知道如何操纵就不能正确地指挥行车，那么运输安全便难以保障。

二是对执行作业标准行为有“盲点”。对哪些是规章允许可执行的，哪些是被禁止的行为，列车调度员没有明确清晰。如计轴自动站间闭塞区间越出站界调车时，对出现的计轴故障报警现象，可以通过计轴复零来消除。这是规章允许的行为，但是列车调度员却认为是设备故障，是禁止的行为；对于电务设备故障现象，应该通知电务人员检查处理，这是允许的行为，但是列车调度员却做了禁止性行为——没有通知电务部门；在向车站发布办理“计轴复零”操作的调度命令时，规章规定要发布到车站，但列车调度员却对此项工作禁止——未向车站值班员下达相应的调度命令。禁止的行为不被重视，规定的行为又不执行，如果列车调度员的工作长期这样与规章规定相悖，那么运输调度安全工作就不牢靠，就会岌岌可危。

三是对新设备、新系统的启用程序有“盲点”。对于新设备、新系统开通前，需经专业部门进行审核，经专业部门专业审核方能发现并解决问题，使设备达到最优状况。但是这一项工作没有做，调度所直接接收厂家的 CTC 系统，没有对 CTC 系统进行试验排查，没有查找存在的隐患，致使问题没有在使用前被消灭，掩藏下来，在正式使用后暴露出来，影响正常的运输生产。

通过以上解析，我们知道耽误列车是表象，其产生的原因却是深层次的。如果对表现下的深层次的问题没有及时发现并解决，在今后的运输调度指挥中就有可能造成更大的、更严重的危害。不要小看一个微小的失误、一个损害不大的违章现象，“千里之堤溃于蚁穴”，事故往往是这些微小的不安全行为及不安全因素日积月累达到一个程度才爆发。如果我们人人都遵章守纪，人人都能发现并防止违章行为和不安全现象，及时弥补工作漏洞，这样就能有效减少直至消灭事故的发生，实现运输安全长治久安。

六、问题思考

1. 什么是调度集中系统（CTC）？调度集中系统（CTC）有哪些特点？

2. 调度集中系统（CTC）对调度指挥方式带来的变化有哪些？

3. 什么是计轴设备？其设备特性有哪些？

4. 新设备、新系统启用前应如何做好培训工作？

5.CTC 调度员应如何掌握系统各项操作要求，做到应知应会？

6. 如何深刻认识“变化就是风险”？

安全警句千万条，
安全生产第一条。

案例 29

违反作业纪律耽误列车一般 D 类事故

一、事故概述

××年 7 月 23 日，××局 A 站至 D 站间为 ATP 控车区段，E 站至 G 站间为 C0 级区段。17 时 23 分 C 站至 D 站间下行线区间司机汇报线路晃车，同时后续列车司机汇报 B 站至 C 站间下行线区间线路晃车。列车调度员采用在邻站扣停动车组列车，通过无线传输方式交付书面限速调度命令，动车组隔离 ATP 改按 LKJ 方式控车的行车组织方式。此后接班的两个班列车调度员均按照该方式组织行车，而未采用更稳妥的设置列控限速方式行车。7 月 24 日 16 时 16 分，D1357 次按照调度命令将列控车载设备人工转为隔离模式，按 LKJ 方式行车。由于动车组司机在 ATP 隔离操作时未按程序进行，导致列车进入至 C0 级区段 E 站时进站信号机机车信号不上码，于 18 时 33 分停车。随后司机按监控引导模式限速 20 km/h 运行至 F 站。停车后在电务车载设备车间技术人员远程应急指挥下，进行载频切换后，机车信号恢复正常，于 19 时 09 分由 F 站开车，19 时 15 分运行至终到站，终到晚点 55 min。构成违反劳动纪律、作业纪律耽误列车铁路交通一般 D 类事故，××局调度所负主要责任，机务段负同等主要责任。耽误列车车站区间如图 2-19 所示。

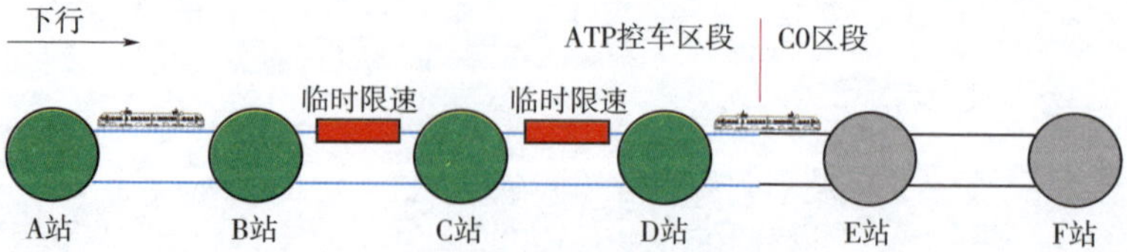

图 2-19　耽误列车车站区间示意

二、存在问题

1. 列车调度员业务不熟。列车调度员对 CTC 系统设备基本功能掌握不清，对区间新增限速是否在同一有源应答器管辖范围内不清楚。作业中违反《技规》（高速）规定，未按规定对临时限速设置列控限速，未落实 CTC 操作程序标准，随意扩大 ATP 隔离使用范围，是造成事故的主要原因。

2. 列车调度员工作责任心不强。交班调度员未落实交接班程序，没有认真将区间内新增限速及限速交递情况向接班调度员交接清楚，是事故发生的又一原因。

3. 未认真执行交接班程序制度。接班调度班组两班列车调度员没有认真执行接班程序，对调度台情况了解掌握不清，没有认真核对限速情况及列控设置情况。对上个班违章作业没有及时指正，接班后也没有对违章情况进行纠正，仍然沿用错误做法，违章下达动车组列车转 LKJ 控车的调度命令，是此次事故的又一主要原因。

4. 调度所业务培训欠缺。对 CTC 基本操作规程未全面进行培训，未对列控限速相关规章制度进行业务培训和讲解，导致调度员错误执行程序标准。同时盯岗人员盯控过程中未能及时发现问题，安全盯控部门职责落实不到位，管理不严，造成事故的发生。

三、违章详情

违反《技规》（高速）第 95 条之规定："CTCS-2/CTCS-3 级区段临时限速服务器集中管理列控限速调度命令，具备列控限速调度命令的存储、校验、撤销、拆分、设置、取消的管理功能，具备列控限速设置时机的辅助提示功能。"

违反《技规》（高速）第 266 条第 1 款之规定："列车调度员负责组织实现列车运行图、调度日计划，应做到：检查列车运行图和调度日计划的执行情况，及时发布有关调度命令和口头指示。"

违反《技规》（高速）第 266 条第 3 款之规定：“注意列车运行情况，正确、及时地处理临时发生的问题。”

违反《技规》（高速）第 305 条之规定：“需临时限速时，应由有关单位（人员）提出限速申请或由自然灾害及异物侵限监测系统报警提示。列车调度员应按规定发布临时限速调度命令，并设置列控限速（针对某一列车的限速除外）；来不及时，应立即通知司机限速运行，司机按列车调度员通知的限速要求控制列车运行。”

违反《技规》（高速）第 310 条第 3 款之规定：“列控限速的设置和取消按规定流程办理。”

违反《调规》（高速）第 6 条第（二）款之规定：“严格执行各项规章制度、安全管理制度和安全卡控措施，遵守和维护调度纪律，及时处理影响行车安全的有关情况，保证调度指挥安全。”

违反《调规》（高速）第 6 条第（四）款之规定：“负责编制和下达铁路局集团公司高铁调度日计划，并组织有关运输站段落实，提高计划兑现率。对运输站段落实日计划情况，提出评价考核建议。”

四、吸取教训

1. 增强思想认识。正确认识“严是爱、松是害”的思想，只有平时严管理、严考核，才能有效提高调度员业务素质，进而提高调度所整体素质；才能有效制止违章作业，防止事故发生；才能有效提高安全意识，提高安全作业标准；才能有效提高管理水平，提高管理层次。

2. 认真梳理流程，制定作业标准。对相同或相似的内容进行梳理，如对规章中明确规定哪些情况必须改按 LKJ 行车方式、列车在各种情况下的限制速度等，梳理后组织高铁调度员进行学习、考试。进一步梳理高铁在应急处置情况下的作业流程，明确在此情况下主调与助调的作业流程、任务分工，并再次明确“二人确认”制度。制定作业标准，确定非正常情况下的作业标准，明确禁止事件，杜绝因对规章理解差错造成事故。

3. 加强日常管理。高铁室加强对高铁调度员的管理，严格人员资质审核，采取措施提高高铁调度员业务素质。各级管理人员要加强高铁检查，严格管理。对发现的问题严格考核，对发生严重差错的调度员坚决调离高铁台。

4. 加强业务培训。将高铁台和 CTC 台列车调度员的日常培训与普速区别开，加强职工业务技能特别是规章制度的适应性学习。每周固定时间对管理人员进行高铁培训，提高管理人员的高铁知识、业务能力和指导能力。加强值班主任、值班副主任的高铁知识的培训，提高班组管理人员的高铁业务素质。

5. 严格高铁人员的出入。在要求高铁人员进入从严的同时，对不适应高铁指挥的调度人员坚决进行替换。

6. 强化作业标准的落实。严格检查调度员执行规章制度情况，规定设置列控限速时必须设置列控限速。由高铁室组织对高铁人员进行强化培训，重点是列控限速的设置及有源应答器相关知识内容。各班组、科室巡检人员加强检查，发现问题立即处理。

五、解析评述

1. 列控概述

CTCS-3 级列控系统基于 GSM-R 无线通信实现车地信息双向传输，无线闭塞中心生成行车许可，轨道电路实现列车占用检查，应答器实现列车定位，并具备 CTCS-2 级功能。CTCS-2 级列控系统基于轨道电路和点式应答器传输行车许可信息，采用目标距离连续速度控制模式监控列车运行。

运行速度 250 km/h 及以下时，完全监控模式下 CTCS-2/CTCS-3 级列控车载设备应按高于线路允许速度 2 km/h 报警、5 km/h 常用制动、10 km/h 紧急制动设置模式曲线。运行速度 250 km/h 以上时，完全监控模式下 CTCS-3 级列控车载设备（含 CTCS-2 级后备功能）应按高于线路允许速度 2 km/h 报警、5 km/h 常用制动、15 km/h 紧急制动设置模式曲线。

列车运行控制系统装备等级根据线路允许速度选用。250 km/h 以下铁路采用 CTCS-2 级列控系统，250 km/h 铁路宜采用 CTCS-3 级列控系统，300 km/h 及以上铁路采用 CTCS-3 级列控系统。

CTCS-3 级列控系统由列控车载设备和地面设备组成。列控车载设备主要由车载安全计算机、轨道电路信息读取器、应答器信息接收单元、列车接口单元、记录单元、人机界面、GSM-R 无线通信单元等部件组成。列控地面设备由列控中心、临时限速服务器、ZPW-2000 系列轨道电路、应答器、无线闭塞中心（RBC）、GSM-R 接口设备等组成。

CTCS-2/CTCS-3 级区段临时限速服务器集中管理列控限速调度命令，具备列控限速调度命令的存储、校验、撤销、拆分、设置、取消的管理功能，具备列控限速设置时机的辅助提示功能。

CTCS-3 级区段应答器提供线路数据、临时限速、过分相、定位、级间转换、公里标、车站名、无线闭塞中心切换等信息。应答器组设置、报文定义及组间距离等应满足列控车载设备控车要求。

2. 级间转换

对于级间转换设置，各铁路局集团公司应根据《普速铁路行车组织规则》《高速铁路行车组织细则》要求，对铁路局集团公司管内列控系统级间转换点、车站列控限速区划分情况及时公布，以便行车人员准确掌握并做好行车工作。

3. 列控限速及设置

用于列车运行控制系统的限速设置（数据格式）称为列控限速。列控限速是由列控系统对某一范围（区段）内采用列控车载设备

（ATP）控制运行动车组列车实施限速控制的手段。列控限速由列车调度员通过 CTC 进行设置和取消，并采用双重口令，由列控系统执行。列控限速数据（固定格式）包括线路号、相关受令车站、限速位置（起、终点里程）、限速值、限速执行方式（定时开始、立即执行）、限速开始和结束时间（定时结束、持续有效）等，侧线列控限速应增加车站号信息。

列控中心控制的每个有源应答器只管辖一定范围内的限速，限速区可以设置在区间、站内正线、站内侧线或区间跨站内正线。

列控限速按档分为不同的限速等级。各高速铁路执行的标准有不同，列控限速的档级及设置方式也不相同。一般区间及站内正线临时限速按线路正方向设置，限速值按档设置，最低为 45 km/h，最长限速区长度为临时限速服务器对应的调度台管界范围。侧线临时限速以上下行侧线（不含正线）分别按区设置，临时限速值一般设 45 km/h、80 km/h 两档。

高速铁路一般设有临时限速服务器，每个有源应答器的单向正线临时限速管辖范围内最多允许同时设置 3 处临时限速，侧线限速可按区同时设置。正线上不得设置区域重叠的限速，出现区域限速重叠时应分段设置。设置列控限速时，应按照不高于限速值的原则选择相应限速等级进行设置，但低于 45 km/h 的限速按 45 km/h 设置。列控限速的设置和取消按规定流程办理。

列控限速的取消命令为立即下达方式。临时限速取消命令须与要取消的临时限速设置命令才参数一致，不得对某一限速区进行分段取消或覆盖取消。

临时限速的系统流程为：列车调度员使用临时限速操作终端拟定临时限速调度命令，确认后下发给临时限速服务器进行校验和存储。临时限速服务器校验成功后，将该临时限速调度命令存入待执行列表中，并向 CTC 和临时限速操作终端返回校验成功；若校验失败，向 CTC 和临时限速操作终端返回失败原因。正因为列控系统具有很高的系统性和逻辑性，所以对于列控限速命令发布及列控的设置和取消，要严格按规定流程办理，防止因系统设置不规范造成限速未执行，或系统操纵不当造成系统未按计划执行而耽误列车构成事故。

4. 列控车载设备模式

CTCS-3 级列控车载设备按 CTCS-3 级控车时的模式有完全监控、引导、目视行车、调车、休眠、隔离和待机等模式；CTCS-3 级列控车载设备按 CTCS-2 级控车时的模式有完全监控、部分监控、引导、目视行车、调车、休眠、隔离、待机和机车信号等模式。CTCS-2 级列控车载设备的控车模式有完全监控、部分监控、引导、目视行车、调车、隔离和待机等模式。其中隔离模式是列控车载设备控制功能停用的模式。列车停车后，根据规定，司机操作隔离装置使列控车载设备转入隔离模式。机车信号模式是装备 CTCS-3 级列控车载设备的动车组在 CTCS-0/1 级区段运行时使用的模式。经司机操作后，列控车载设备转为最高限速 80 km/h 控车模式。在机车信号模式下，按地面信号显示运行。

动车组列车按隔离模式运行时，运行速度不超过 40 km/h。在越过接触网分相有困难的特殊情况下，列车调度员可根据司机请求发布调度命令，列车以不超过 80 km/h 的速度越过接触网分相。

该事故案例中，主要存在以下几个问题。一是列车调度员对 CTC 系统设备基本功能掌握不清，未严格落实《技规》（高速）规定，未按规定对临时限速区段设置列控限速。违规采用邻站扣停动车组列车，通过无线传输方式交付书面限速调度命令，动车组隔离 ATP 改按 LKJ 方式控车的行车组织方式，随意降低限速命令交递方式，将本来安全性高、工作量小的列控限速方式，转为无线交付书面限速命令，增加现场人员作业量，人为增加漏传、错传、漏核、错核调度命令的安全隐患。同时，动车组列车按隔离模式运行时运行速度不超过 40 km/h。在动车组运行繁忙区段，以运行速度不超过 40 km/h 的方式运行，会造成该区段通过能力降低，动车组列车大量滞留，对高铁区段运输秩序造成严重影响。说明列车调度员高铁安全意识还没有养成，工作中高铁敬畏感不强、工作标准不高，没有掌握并有效运用 CTC 系统作业方式。二是接班列车调度员工作责任心不强。对上个班违章作业现象没有及时指正，接班后也没有对违章情况进行审核，仍然沿用错误做法，未能真正做到“自控、互控、他控”。三是对于高铁产生的临时限速作业，作为高铁安全指导、监控的高铁值班副主任作用未能充分发挥。作业前未做业务指导和关键提醒，作业中未到岗卡控关键，作业后未对作业全过程进行回检复查，造成调度台调度员作业失控。层层安全卡控措施未执行，最终耽误列车构成事故。

该事故案例原因为列车调度员未按规定进行 CTC 调度集中列控设置限速。那么这也引申出另外一个问题，对于列控限速及设置此项作业内容，是调度员自身对该作业内容不清楚、未掌握？还是知道作业内容但实际中不落实、不执行？对于不知该项作业内容及程序的，说明在日常培训工作做得不细致、不到位，没有对 CTC 调度集中系统设备进行全面的业务培训。或者虽然进行了培训，但只是进行大概的简单培训，没有针对 CTC 操纵内容逐条逐项讲解并演练，造成调度员对该项作业内容理解不深，产生臆测作业、违章作业现象；如果是知道规章而未落实的情况，则要对该调度员列为“关键人”，通过思想教育、业务帮扶、作业监督、严格考核等方式，深刻理解不遵章守纪的危害，不落实作业标准的严重后果。督促其养成落实规章制度的自觉性，确保高铁客车安全。

六、问题思考

1. 什么是列车运行控制系统？什么是列控限速？列控限速操作程序是什么？

2. 列控限速由谁进行设置和取消？由谁执行？为什么列控限速要采用双重口令操纵？

3. CTCS-3 级、CTCS-2 级列控车载设备模式有哪些？转变条件分别是什么？

4. 列控限速与 LKJ 运行，何种方式功能确保运行安全？

5. 列车调度员在日常工作中应如何全面落实高铁《技规》各项规定？

6. 班组各列车调度员应如何充分发挥自身职能，严格做到自控、互控、他控，确保行车安全？

7. 高铁值班副主任应如何发挥监督卡控职能？应如何统筹安排自身工作，对高铁安全关键做到指导、监督工作？

案例 30

电力机车进入无电区调度员错误指挥一般 C 类事故

一、事故概述

×× 年 4 月 8 日，×× 局 ×× 站车站值班员错误排列列车进路，导致将电力单机接入已停电的 1 号至 9 号交分道岔岔间线路，构成铁路交通一般 C 类事故。事故调查过程中还发现，当班列车调度员在电力机车进入停电区后，不清楚 1 号至 9 号交分道岔岔间线路属于停电区段。当班供电调度员在接到列车调度员询问供电臂是否有电的情况下，也不清楚该供电臂已停电，更未认真核对行车限制要求，盲目告知列车调度员有电，导致列车调度员错误指挥电力机车连续升弓两次。×× 局调度所负同等主要责任。

二、存在问题

1. 车站值班员错误排列列车进路是该起事故的主要原因。该事故车站站场示意如图 2-20 所示。

2. 当班列车调度员在电力机车进入停电区后，仍不清楚 1 号至 3 号至 5 号至 9 号交分道岔岔间线路属于停电区段，基础知识欠缺。

3. 当班供电调度员不清楚该供电臂已停电，更未认真核对行车限制卡，盲目告知列车调度员有电，导致列车调度员错误指挥电力机车连续升弓两次。

三、违章详情

违反《技规》（普速）第 230 条第 1 款之规定：“检查各站执行列车运行图和编组计划的情况，及时发布有关行车命令和口头指示。”

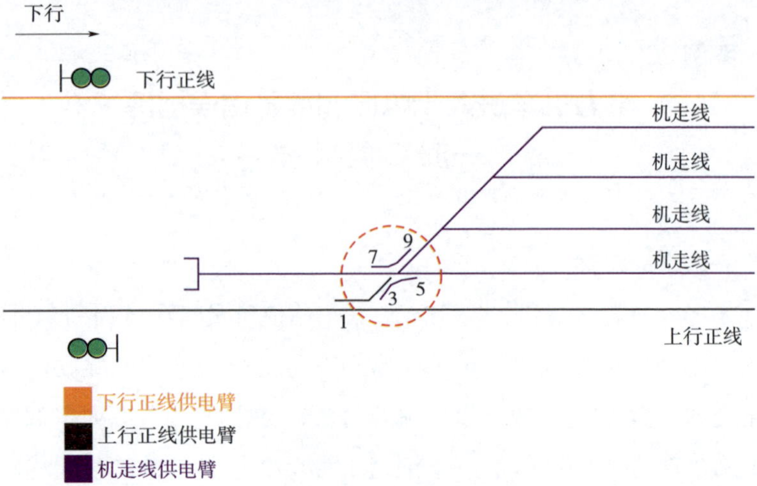

图 2-20　车站站场示意图

违反《技规》（普速）第 230 条第 3 款之规定：“注意列车在车站到发及区间内的运行情况，正确、及时地处理临时发生的问题。”

违反《技规》（普速）第 350 条之规定：“车站应不间断地接发列车，严格按列车运行图行车。接发列车时，车站值班员应亲自办理闭塞、布置进路（包括听取进路准备妥当的报告）、开闭信号、交接凭证、接送列车、发车。”

违反《调规》（普速）第 6 条第（二）款之规定：“严格执行各项规章制度、安全管理制度和安全卡控措施，遵守和维护调度纪律，及时处理影响行车安全的有关情况，保证调度指挥安全。”

违反《调规》（普速）第 6 条第（十七）款之规定：“及时收取、上报铁路交通事故、设备故障、自然灾害等突发事件信息，按规定进行应急处置，通报信息、组织救援、调整运输。负责调动救援列车、救援队或向国铁集团调度申请跨局调动救援列车、救援队。”

违反《调规》（普速）第 74 条第（一）款之规定：“熟悉有关运输站段及列车的技术设备、作业过程、各项技术作业标准及各站接发列车的有关规定，正确组织指挥列车运行。”

违反《调规》（普速）第 74 条第（二）款之规定：“值班中应精力集中、坚守岗位、严格落实岗位安全责任、遵守安全生产规章制度和操作规程，及时正确处理问题。”

违反《电气化铁路接触网故障抢修规则》（铁运〔2009〕39 号）第 12 条之规定：“铁路局供电调度员得知接触网发生故障后，首先要根据故障的显示情况、保护动作类型及各方面信息，迅速判明故障地点和情况。”

违反《电气化铁路接触网故障抢修规则》（铁运〔2009〕39 号）第 14 条之规定：“变电所馈线断路器跳闸重合失败后，为避免扩大故障范围，在未确认符合供电和行车条件，作业人员未撤至安全地带时，不准盲目强送电。”

四、吸取教训

1. 清晰界定列车调度员、供电调度员的岗位职责，进一步完善作业指导书、应急处置流程、交接班制度和流程。

2. 各级干部要加强检查指导，重点检查列车调度员、助理调度员、供电调度员作业标准执行情况，及时发现解决作业标准不落实的问题。

3. 调度员要对管辖范围内行车设备要熟练掌握，发生异常情况，及时、准确作出判断。

4. 供电调度员要密切监控供电设备状态。发生设备故障等非正常情况，要立即确认故障状态，查找原因，迅速组织接触网工区处理。

5. 发生设备故障，当班各工种调度员要详细了解掌握现场情况，及时正确处理。在处置中要牢固树立“安全第一、以人为本”的思想，落实卡控措施，防止发生次生事故。

五、解析评述

车站值班员错误排列列车进路，导致电力机车进入已停电的交分道岔岔间线路，构成铁路交通一般C类事故，车站负主要责任，这一点事实清晰、责任明确，毋庸置疑。但是同时追究局调度所同等主要责任，在这方面许多调度员都比较困惑。因为作业过程都是车站值班员在操作，车站未落实安全卡控措施造成电力机车进入停电区，为什么调度所是同等主要责任？

究其原因，是在事故调查过程中，发现当班调度员在作业过程中存在严重违章违纪现象，且性质严重。一是供电调度员未认真履职尽责。接触网发生故障停电后，供电调度员首先要根据故障的显示情况、保护动作类型及各方面信息，迅速判明故障地点和情况（当故障点标定装置失灵时，可采取分段试送电、派人巡视等方法查找）。必要时通知列车调度员，请邻线通过列车司机加强瞭望，帮助确定故障地点和状态，尽可能详细地掌握设备损坏程度和波及范围。及时与列车调度员办理接触网停电及行车限制有关事宜，迅速通知就近的接触网工区和供电段调度，组织调动抢修队伍，迅速进行设备抢修，最大限度减少设备故障的影响，防止发生次生、衍生安全隐患，这是供电调度的工作职责。但是该事故案例中，供电调度员未认真履职尽责，对供电设备掌握不清，未认真监控供电系统设备显示状态，未进行专业判断，未及时发现供电臂接触网故障停电，未能迅速查明故障现象及原因，而未采取有效措施防范事故的发生，如此以上都是工作职责未履行、工作责任心不强的典型表现。

二是缺乏基本的专业操守。变电所馈线断路器跳闸重合失败后，在未确认符合供电和行车条件，作业人员未撤至安全地带时，不准盲目强送电。目的是为了确保作业人身安全，保障供电设备不再受到损害，避免扩大故障范围，这是最基本的专业常识。但是供电调度员在接到列车调度员询问供电臂是否有电的情况下，未立即查看供电系统设备状况，或者联系供电段进行确认，盲目判断即告知列车调度员有电，导致列车调度员错误指挥电力机车连续升弓两次。不但未能有效防范事故的发生，反而因自身工作错误进一步扩大故障影响，甚至存在危害人身安全的严重隐患。虽然调度不是事故的直接责任者，但是其行为是恶劣的，性质是严重的，所以追究局调度所同等主要责任。

铁路运输调度部门作为铁路日常运输组织的指挥中枢，因其不直接参与运输生产组织工作，个别调度员就认为与“事故”远离了，由此思想就放松警惕，职责就不认真履行，标准就打了折扣。殊不知调度指挥是一项系统性、综合性、复杂性的工作，由计划、列车、客运、货运、特运、施工、机车、车辆、动车、红外线、供电等调度工种组成，涵盖车务、机务、工务、电务、供电、货运、车辆等运输生产各个业务部门组成，安全风险具有全系统、全过程和易发多变的特点。特别是随着新线的不断建成运营，CTC、ATO 系统等新设备、新技术的大量运用，给调度安全管理带来新的考验，运输调度肩负的安全责任越来越大，对调度人员提出了更高的要求和标准。所以，铁路运输调度人员要始终树立安全第一的思想不动摇，始终把人民群众生命安全放在第一位。聚焦交通强国、铁路先行，坚持强基达标、从严务实，增强安全防控能力，确保运输生产安全稳定。

六、问题思考

1. 什么是电力机车、动车组带电进入停电区铁路交通一般 C19 类事故？其严重危害性有哪些？

2. 接触网停电作业时，供电调度员、列车调度员要落实哪些作业标准和程序？

3. 供电调度员如何落实岗位职责，确保行车及人身安全？

4. 当接触网故障跳闸重合失败后有哪些规定？如果未按规定办理其严重后果有哪些？

5. 铁路运输调度各工种如何做到履行岗位职责，确保运输生产安全？

6. 如何深刻理解“安全是铁路运输的永恒主题”？

盲目臆测事故跟随，
三思后行安全常在。

案例 31

列车调度员错办动车组接车进路一般 C 类事故

一、事故概述

×× 年 8 月 20 日 7 时 37 分，×× 局 CTC 调度台列车调度调整 D4567 次动车组列车运行计划时，错误将 B 站 3 道接车进路调整为 Ⅰ道非固定进路。在 CTC 系统多次报警的情况下，列车调度于 8 时 13 分代替助理调度人工强制办理 B 站 Ⅰ 道 D4567 次的接车进路。8 时 13 分 55 秒 D4567 次进入 B 站 1 号道岔区段处停车。组织动车组列车退行至 X 信号机外方，重新办理 3 道接车进路，办理完毕后于 8 时 56 分开车，耽误本列 41 min。构成铁路交通一般 C 类事故，×× 局调度所负主要责任，机务段负重要责任。

二、事故过程

×× 局 D4567 次动车组列车图定运行时分为：A 站 Ⅰ 道通过，B 站 3 道 8 时 13 分到，办理客运业务，8 时 15 分开。前行 K789 次图定运行时分如图 2-21 所示。

8 月 20 日 7 时 35 分列车调度下达列车运行调整计划：D4567 次 B 站 3 道 8 时 10 分到达，办理客运业务 8 时 14 分开车，如图 2-22 所示。

后因 D4567 次列车与前行晚点快速旅客列车跟踪较紧，列车调度员安排 D4567 次在 A 站等点，7 时 37 分重新调整 D4567 次动车组运行计划：D4567 次 A 站 Ⅰ 道通过调整为 Ⅰ 道停车，随即列车调度人工修改 D4567 次 A 站接车股道。但是在人工办理接车股道时，将本该办理 A 站接车股道错误办理为 B 站接车股道。D4567 次 B 站

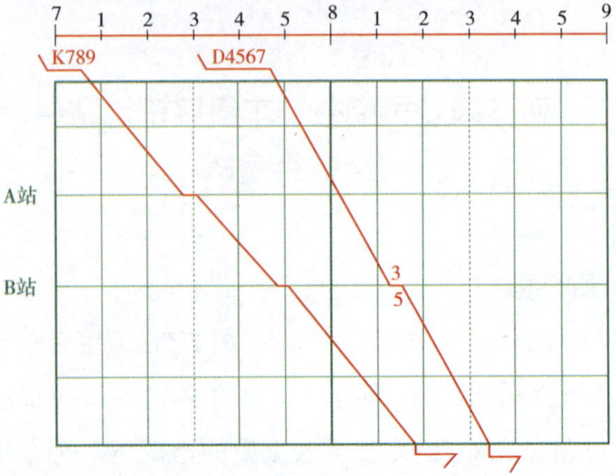

图 2-21　前行 K789 次图定运行时分

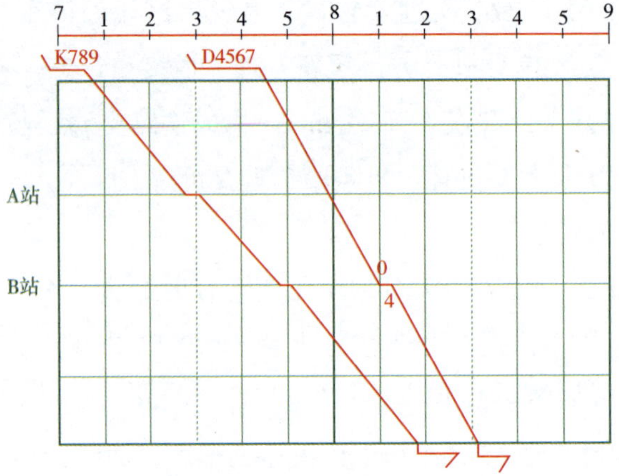

图 2-22　D4567 次列车运行调整

办客图定 3 道到开，当班调度错误将 B 站图定 3 道到开，人工调整为Ⅰ道停车，并下达列车运行调整计划。下达计划后 CTC 系统报警提示“客车 D4567 次无法接入无客运设备股道Ⅰ，自动选路时设为人工触发”，仍然没有意识错误，没有进行检查确认并更改，最终下达运行计划为 D4567 次 B 站Ⅰ道 8 时 15 分停车，8 时 16 分开车，错办接车进路列车运行图示意如图 2-23 所示。

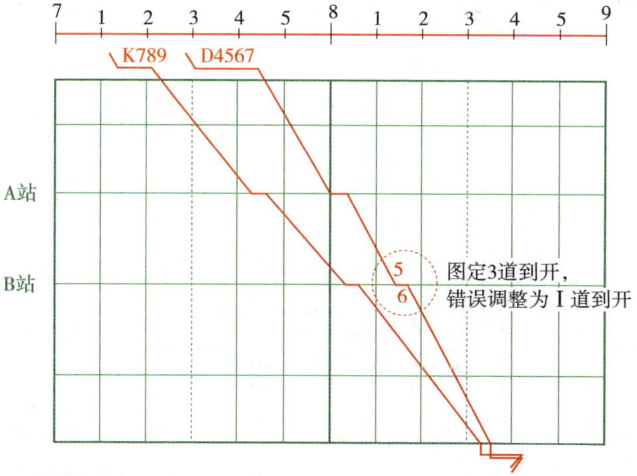

图 2-23 错办接车进路列车运行图示意

列车运行计划下达后，列车调度、助理调度均未发现错误办理B站接车股道。7时39分再次下达列车运行调整计划，仍然下达D4567次B站Ⅰ道到开，8时16分停，办理客运业务后8时17分开。

自7时37分至8时13分，列车调度累计下达列车运行调整计划8次，CTC系统共计提示报警14次，列车调度员均未发现办错B站接车股道。

8时11分前行旅客列车B站出站，此时D4567次动车组列车运行至B站下行二接近。8时12分列车调度代替助理调度人工触发B站D4567次Ⅰ道接车进路，在CTC系统提示“客车D4567次无法接入无客运设备股道Ⅰ，是否强制办理”后，仍然未发现股道错误，人工点击强制办理，8时13分B站Ⅰ道进站信号开放。

8时13分列车调度发现D4567次B站接车进路错误，立即呼叫D4567次列车司机机外停车，此时D4567次列车已进站。8时13分55秒D4567次列车越过B站X信号机143 m在B站1号道岔区段停车。布置D4567次列车退行至B站X信号机外方。8时45分列车调度重新办理D4567次B站3道接车进路并开放进站信号。8时55分B站到达，办客后8时57分开车，耽误本列41 min。构成铁路交通一般C8类事故，该局调度所负主要责任，机务段负重要责任。

三、存在问题

1. 列车调度违章蛮干。B站业务性质为客运站，CTC基本操作方式为中心操作，D4567次图定股道为3道。列车调度调整D4567次列车运行计划时，未确认调整车站，误将B站3道接车进路调整为Ⅰ道非固定进路。在CTC系统多次告警无法接入无客运设备股道的情况下，未对报警信息进行确认，并且代替助理调度人工强制办理B站Ⅰ道接车进路，违章蛮干造成动车组列车进错股道，构成一般C类事故，是事故的主要责任者。

2. 助理调度严重失职。助理调度未认真履行工作职责，未检查确认CTC终端显示状态，也未确认CTC系统报警提示，对列车调度一系列违章蛮干行为不提醒、不纠正，任由错误的行为导致事故的发生。

3. 动车组司机意识淡薄。动车组司机不按规定确认核对进路预告信息，盲目签收，发现接车股道变更为非固定股道后，未采取停车措施，也未报告列车调度员。

四、违章详情

违反《技规》（高速）第266条第1款之规定："检查列车运行图和调度日计划的执行情况，及时发布有关调度命令和口头指示。"

违反《技规》（高速）第266条第2款之规定："严格按列车运行图指挥行车，遇列车发生晚点时，应积极采取措施，组织有关人员恢复正点。"

违反《技规》（高速）第266条第3款之规定："注意列车运行

情况，正确、及时地处理临时发生的问题。”

违反《技规》（高速）第288条第1款之规定：“旅客列车应接入规定线路。”

违反《技规》（高速）第288条第2款之规定：“动车组列车在车站办理客运业务时，须固定股道、固定站台、固定停车位置。动车组列车遇特殊情况需变更办理客运业务的固定股道时，须经调度所值班主任（值班副主任）准许。”

违反《调规》（高速）第6条第（二）款之规定：“严格执行各项规章制度、安全管理制度和安全卡控措施，遵守和维护调度纪律，及时处理影响行车安全的有关情况，保证调度指挥安全。”

违反《调规》（高速）第6条第（四）款之规定：“负责编制和下达铁路局集团公司高铁调度日计划，并组织有关运输站段落实，提高计划兑现率。对运输站段落实日计划情况，提出评价考核建议。”

违反《调规》（高速）第43条第（一）款之规定：“熟悉有关运输站段及列车的技术设备、作业过程、各项技术作业标准及各站接发列车的有关规定，正确组织指挥列车运行。”

违反《调规》（高速）第43条第（二）款之规定：“值班中应精力集中、坚守岗位、严格落实岗位安全责任、遵守安全生产规章制度和操作规程，及时正确处理问题。”

违反《高速铁路列车调度员日常作业规范》（调信技函〔2020〕54号）第3.4条之规定：“列车调度员应认真监视调度终端发出的报警信息，发现异常应及时确认、查明原因并按规定处置。”

违反《高速铁路列车调度员日常作业规范》（调信技函〔2020〕54号）第3.5条之规定：“下达列车运行调整计划时，应对列车运行调整计划报警信息逐项确认。”

违反《高速铁路列车调度员日常作业规范》（调信技函〔2020〕

54号）第3.7条之规定：“系统弹出‘强制执行’提示窗时，助理调度需诵读报警提示内容。点击“强制执行”前须仔细核实情况，列车调度、助理调度二人确认无误后按规定处理。”

违反《高速铁路列车调度员日常作业规范》（调信技函〔2020〕54号）第4.1条之规定：“需人工办理列车进路及开放信号时，助理调度按照列车调度的指令，正确操纵道岔、排列进路、开闭信号，确认道岔位置正确、进路准备妥当，信号显示正确后向列车调度汇报。列车调度应通过CTC运行图终端运行线锁闭标识、CTC显示终端或站场图终端光带显示、信号机状态、道岔定反位表示等进行确认。”

五、吸取教训

1.CTC调度台列车调度员、助理调度员必须严格执行CTC操作标准及流程，认真履行本岗位职责、执行作业标准。

2.CTC调度台交接班时，接班列车调度员必须亲自掌握了解设备状态，核对计划与进路执行情况是否一致；接班助理调度员必须核对车次号与计划是否一致。

3.CTC台调度员计划下达后认真核对进路序列，严禁未具备放行列车条件时放行客车，确保进路、凭证、方向正确。动车组列车在车站办理客运业务时，须固定股道、固定站台、固定停车位置。动车组列车遇特殊情况需变更办理客运业务的固定股道时，须经调度所值班主任（值班副主任）准许。

4. 遇CTC系统报警时，列车调度员要查明报警原因，不得臆测，不得违章蛮干，助理调度员对列车调度员违章蛮干的行为要加以制止。

六、解析评述

1. 进路

进路：系指（1）接入停车列车时，由进站信号机起至接车线末端计算该线有效长度的警冲标或出站信号机止的一段线路；（2）发出列车时，由列车前端起至相对进站信号机或站界标为止的一段线路；（3）通过列车时，为该列车通过线两端进站信号机或站界标间的一段线路。

2. 未准备好进路

未准备好进路：系指（1）进路上的道岔未扳、错扳、临时扳动或错误转动；（2）进路上有轻型车辆（包括拖车）、小车及其他能造成脱轨的障碍物（不包括其他交通车辆）；（3）邻线的机车车辆越过警冲标；（4）违反《技规》（普速）第353条、《技规》（高速）第286条禁止办理相对方向同时接车和同方向同时发接列车的规定而办理同时接车或发接列车；（5）超限列车（包括挂有超限货物车辆的列车）、客运列车由于错误办理造成进入非固定股道。

3. 未准备好进路接、发列车一般C8类事故构成时机

接入停车或通过的列车，列车前端进入进站（进路）信号机或站界标以及发出的列车起动均算。设有进路信号机的车站，分段接发列车时，按分段算。如果每段都发生，每段各定1件事故；如果一次准备的全通路，为一个进路，定1件事故。凡由于信号联锁条件错误或有关人员违章作业，致使信号错误升级显示进行信号或强行开放进行信号，造成耽误列车或列车已按错误显示的进行信号运行，虽未造成后果，均定事故。

该事故案例中，突出存在的问题，首先是违章蛮干。CTC调度台日常设备操纵及人工办理相关作业都有严格的程序规范，作为CTC台调度员都必须要清晰掌握并严格执行。但是该事故案例中，当班CTC台列车调度在调整列车运行计划时，不确认对应的车站，将本该修改A站动车组股道信息，错误修改为B站股道信息，错误的行为说明错误的思想已经形成常态，违章蛮干的行为没有引起调

度员的警示，严重违反 CTC 基本的操纵规范，更违反动车组列车“三固定”的基本原则，此为“第一次”蛮干行为；列车调度在办理动车组接车进路时，违反基本操纵程序，未确认进路序列对话框内容，在 CTC 系统已明确提示“动车组列车无法接入无客运设备股道Ⅰ”的情况下，仍盲目人工触发接车进路，此为“第二次”蛮干行为；列车调度在 CTC 系统提示“客车无法接入无客运设备股道Ⅰ，是否强制办理”的提示后，未确认核对报警信息，盲目人工强制办理。错办股道后自始至终都没有进行复核检对，从头到尾没有发现该项错误行为，此为“第三次”蛮干行为。三次蛮干最终导致事故的发生。

其次是监控环节失效。作业过程中的各项监控环节，如 CTC 调度对报警信息的查看，助理调度对进路序列、列车进路的监控，高铁值班副主任对 CTC 调度台作业检查抽查，以及动车组列车司机对进路预告信息的核对等层层互控卡控措施，都没有在该事故案例中有丝毫体现。但凡有一个监控环节发挥作用，该事故就不会发生。错误的行为缺乏有效监督监控，只能造成错误的行为放任自流，必然造成事故的发生。

最后是技术管理未贴合实际。该调度台管辖范围涉及双线自动闭塞调度集中 CTC 高铁站（所）10 多个，还有单线半自动闭塞 TDCS 普铁站（所），对于列车调度员来说，可监控的要素超出正常范围，调度员不可能有充沛的精力按规定对各项监控设施进行全覆盖监视检查，就不可能及时发现警报信息，从而造成作业失误。同时在 CTC 和 TDCS 指挥模式并存的环境下，不可避免使调度员在指挥方式、作业内容、规章运用等方面造成混淆，不利于调度集中指挥，久而久之容易造成高铁指挥普铁化意识，导致高铁“高标准、严要求”的工作理念的松懈。

现代铁路采用的是以“人员”为核心，“机控”为手段、“管理”为中枢、“环境”为基础组成的，以保障铁路运输安全为目的“人—机—管—环”的一个总体性系统。安全是铁路运输的永恒主题，对安全而言，四个要素各有作用、缺一不可。只有系统中这四个要素都充分发挥作用，才能促进整个系统的良性发展，并创造保障铁路运输安全的良好条件。

七、问题思考

1. 调整列车运行计划的依据是什么？

2. 采用调度集中方式指挥行车时，如何掌握列车属性和接发车股道的匹配性？

3. 变更接发列车股道的条件与时机是什么？

4. 列车调度与助理调度如何核对列车运行调整计划？

5. 调度集中区段对人工干预进路有哪些要求？

6. 强制执行的前提与要求是什么？

7. 如何监督作业人员对 CTC 报警信息的确认？

8. 以什么标准掌握列车追踪间隔时间？

案例32

未按规定办理回送空客车底列车一般D类事故

一、事故概述

××年8月21日21时55分，××局00357次（编组13辆、总重611 t、换长31.2，回送空客车底）运行到B站，按计划更换机车作业后开车。22时47分机车与本列连挂完毕准备开车时，22时49分司机汇报联系不上车辆乘务员。22时55分司机使用列车无线列调电话联系上车辆乘务员进行试风作业，23时02分试风完毕，8月22日0时06分开车。构成铁路交通一般D类事故。××局调度所负全部责任。

二、存在问题

由于铁路局调度所有关工种对相关规章理解存在偏差，作业程序执行不到位，联系沟通不畅，主观上认为按照客运列车办理，从而导致一系列问题的发生，未按规定办理回送空客车底示意如图2-24所示。

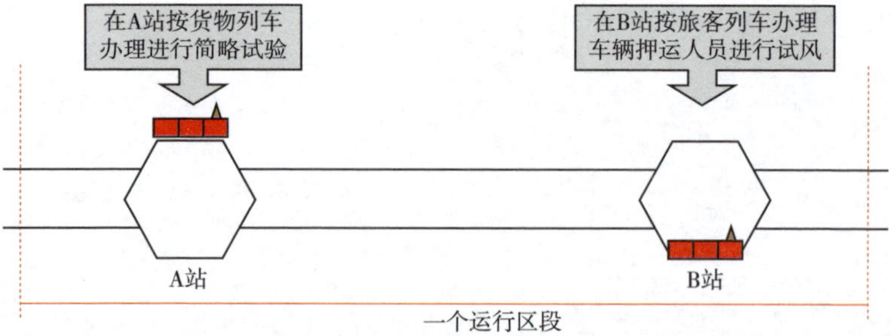

图2-24　未按规定办理回送空客车底示意

1. 铁路局调度所对回送空客车底相关规章理解存在偏差。接到铁路总公司的调度命令后未进行联系和询问，思想上认为应比照旅客列车办理，具体工作由列车上的车辆乘务员负责，没有进一步核实 00357 次是否安装 KLW、是否由车辆乘务员担当等工作，为事故的发生埋下安全隐患。

2. 作业程序执行不到位，计划安排不细。一是 00357 次在 A 站按照货物列车的相关要求，由车站组织进行简略试验；而在 B 站却按照旅客列车要求由车辆押运人员进行试风，造成同一列车在管内有两种开车模式。二是 00357 次列车在 B 站开车时应由车站组织试风，不应要求押运人员进行试风并担当车辆乘务员的部分工作，造成作业程序混淆而耽误列车。

3. 联系沟通不畅。一是 00357 次 A 站开车时车站和司机对车上没有安装 KLW、没有车辆乘务员信息未向列车调度员汇报，同时列车调度员也未主动询问 A 站和司机；二是接班调度员对此情况没有详细的了解，未向 B 站布置相关事项，尤其是接到 B 站联系不上车辆乘务员的报告后才进行了解，说明对该回送客车底列车运行没有掌握。

三、违章详情

违反《技规》（普速）第 230 条第 1 款之规定：“检查各站执行列车运行图和编组计划的情况，及时发布有关行车命令和口头指示。”

违反《技规》（普速）第 230 条第 3 款之规定：“注意列车在车站到发及区间内的运行情况，正确、及时地处理临时发生的问题。”

违反《技规》（普速）第 350 条之规定：“车站应不间断地接发列车，严格按列车运行图行车。接发列车时，车站值班员应亲自办理闭塞、布置进路（包括听取进路准备妥当的报告）、开闭信号、交接凭证、接送列车、发车。”

违反《调规》（普速）第6条第（二）款之规定："严格执行各项规章制度、安全管理制度和安全卡控措施，遵守和维护调度纪律，及时处理影响行车安全的有关情况，保证调度指挥安全。"

违反《调规》（普速）第42条第（二）款第1项之规定："铁路局调度日计划列车工作计划内容：列车到、发及运行计划，包括列车车次、发站、到站、发到时分、编组内容、特定运行径路，始发列车车辆来源。"

违反《调规》（普速）第42条第（二）款第6项之规定："旅客列车的临时加开、停运、变更径路、途中折返、车辆甩挂、客车（动车组）回送计划。"

违反《调规》（普速）第74条第（一）款之规定："熟悉有关运输站段及列车的技术设备、作业过程、各项技术作业标准及各站接发列车的有关规定，正确组织指挥列车运行。"

违反《调规》（普速）第74条第（二）款之规定："值班中应精力集中、坚守岗位、严格落实岗位安全责任、遵守安全生产规章制度和操作规程，及时正确处理问题。"

四、吸取教训

1. 加强规章制度的学习。铁路局调度所对回送空客车底是否安装列尾或安排车辆乘务员值乘、技检等列车运行条件及办法进行学习，明确相关规章制度的规定。并对照深入查找存在的问题并制定整改措施，杜绝类似事故再次发生。

2. 完善岗位职责和工作标准。铁路局调度所针对此次事故暴露出来的问题，对相关调度室对回送空客车底如何办理、联系的标准和程序等进行明确，纳入到岗位职责和工作标准并组织相关人员进行学习。

3. 明确相关作业办法及规定。结合工作实际，对铁路局《行车组织规则》中空客车底回送有关规定进行重新修订，明确回送空客车底的列车属性、运行径路、接发列车进路以及运行过程中对车辆的检查作业、牵引机车、列尾安装、车辆乘务员指派等工作内容，规范作业流程。

五、解析评述

1. D10 类事故

《事规》规定，作业人员违反劳动纪律、作业纪律耽误列车构成铁路交通一般 D10 类事故。作业人员系指参加铁路行车相关作业的所有从业人员，含已参加铁路企业生产经营活动，与铁路用人单位形成事实劳动关系的人员。

2. 耽误列车

耽误列车：系指（1）列车在区间内停车；（2）通过列车在站内停车；（3）列车在始发站或停车站晚开、在运行过程中超过图定的时间（局管内）或调度员指定的时间；（4）列车停运、合并、保留。

3. 客车底回送

根据《铁路客车运用维修规程》（铁总运〔2015〕22 号）第 113 条规定：客车回送一般是指因造修、转属、借用等原因，在造修单位与客整所之间以及客整所与客整所之间进行的空客车取送。客车回送需派车辆押运人员，其他情况是否派人押运由各铁路局自定。客车回送时，可随车附挂一辆本车供电客车供车辆押运人员使用，所属车辆段要做好押运人员生活保障，相关铁路局提供必要的煤、水、燃油补给。

4. 回送客车底列车车次编排规定

根据《中国铁路总公司关于印发列车车次编排规定的通知》（铁总运〔2014〕308 号）的规定，有火回送动车组车底列车车次范围为 001~00100。无火回送动车组车底车次范围为 00101~00298。无火回送普速客车底车次范围为00301~00498。

该事故案例中，因当班调度不履行基本的运输作业纪律而耽误列车，构成铁路交通一般D10类事故，该局调度所负全部责任。从作业全过程来看，这个事故产生原因可以说是低级的、不应该的，在计划源头、组织落实、协调配合等方面都存在问题。首先是计划源头不具体。铁路局调度所接到铁路总公司的回送空客车底调度命令后未认真理解并执行，没有按照工作职责进一步落实兑现，仅仅将该车次纳入调度日（班）计划，没有落实该运行线的其他要素，空有一条列车运行线，计划安排就违反调度基本作业纪律，编制了不全的、不具体的计划。其次是组织落实不严肃。对于调度日（班）计划确定的列车运行线，调度专业工种也未具体落实作业细节，对该回送空客车底列车有无客列尾、是否有车辆乘务员值乘、技检作业方式等情况未具体确认和明确，致使该次列车在一个运行区段的车站执行不一样的规定。在A站按照货物列车的相关要求办理，由车站组织进行简略试验；而在B站却按照旅客列车要求办理，由车辆押运人员进行试风，造成同一列车在同一行车区段内有两种作业模式，说明运输组织不严谨。如果在日常运输组织工作中这么随意，很容易造成作业项目缺失，技术检查遗漏，从而造成行车设备缺陷而产生脱轨、颠覆等事故。而如果调度日（班）计划不严谨、不具体，容易造成列车进错股道、开错方向，甚至限速命令未转达造成列车超速运行的严重安全后果。最后是协调配合脱节。这一方面表现在计划调度与列车调度、客运调度与列车调度、车辆调度与列车调度，以及计划调度与客运调度、计划调度与车辆调度之间，互相的联系协调作用没有充分发挥出来，甚至可以说是各自为政、互不联络，这种各个岗位不管不问的情况导致问题的发生；另一方面表现在调度部门与运输站段、运输站段与业务部门间缺乏有效沟通联系，各部门各干各的，未对该回送空客车底作业内容提出质疑。如果有一个部门及时联系沟通，或者反馈质疑，就可以提早发现工作不足，采取有效措施予以弥补。正是协调配合环节出现漏洞，造成问题隐患未能及时暴露，从而造成事故的发生。

调度日（班）计划是运输组织工作的日常计划，是行车各部门协调一致进行日常行车工作的依据，是组织行车各部门协同动作的重要手段。加强调度日（班）计划的编制，对于提高铁路运输调度指挥水平，加强行车工作的计划性和协调一致性，保证行车安全具有重要的作用。所以，编制调度日（班）计划必须要严肃认真、周密细致，必须严格按照列车运行图、列车编组计划、运输方案及月度运输生产经营计划、机车周转图、机车车辆检修计划、有关技术作业时间标准以及运输工作实际情况进行编制。要事先收集掌握完整确切的相关资料，并注意列车工作计划、机车车辆工作计划、货运工作计划和施工日计划的紧密衔接、统一协调。不做空头计划和没有具体内容的列车计划，不做只凭主观臆测脱离实际的计划，从计划安排上绝不能失去调度日（班）计划的准确性。调度日（班）计划下达后，相关工种调度要认真核对，并向相关站段及部门传达彻底、布置清楚，确保调度日（班）计划的严肃性，才能使铁路行车各部门、各工种协同一致，确保运输生产任务的完成。

六、问题思考

1. 什么是客车底回送？回送客车底列车车次编排有哪些规定？

2. 什么是耽误列车？什么是作业人员违反劳动纪律、作业纪律耽误列车铁路交通一般 D10 类事故？

3. 什么是调度日（班）计划？其重要性有哪些？

4. 调度日（班）计划的编制应遵守哪些原则？主要依据有哪些？

5. 铁路运输调度部门应如何维护调度日（班）计划的严肃性？

6. 各工种调度应如何履行自身工作职责，完成一班运输生产任务？

7. 行车各部门间应如何做到“自控、互控、他控”，全力确保运输安全？

安全与效益同行，
事故与亏损共生。

案例 33

调度员错误操纵 CTC 设备造成列车脱轨一般 B 类事故

一、事故概述

××年 11 月 16 日 10 时 00 分至 17 时 00 分，××局供电段申请在 C 站至 B 站至 A 站间上行线进行检查接触网设备维修临时天窗作业。11 时 17 分，作业车组（编组 11 辆）以 28 km/h 速度走行至 B 站 8 号道岔处，第 1、3、4 位车辆脱轨，第 1 位脱轨车辆侵入下行线。经救援 14 时 01 分开通下行线，16 时 57 分天窗结束开通上行线。中断下行线 2 h 44 min，构成铁路交通一般 B 类事故。××局调度所负全部责任。

二、存在问题

1. 调度员标准化意识不强，盲目点击按钮。助理调度员违反《高速铁路列车调度员日常作业规范》中“操纵 CTC 站场图终端设备时，必须执行‘一看、二点击、三确认、四呼唤’及‘眼看、鼠标指、口呼’制度，各动作之间须有间隔停顿，不得同时进行其他作业。点击按钮时，须确认其显示正确后，方可操纵另一按钮”的规定，实际操纵 CTC 设备未确认、未检查，盲目操纵。在 CTC 终端对Ⅱ道进路上的 4 组道岔进行加锁操作仅用时 8 秒，事故调查组按规定程序操作试验时至少需 20 秒。列车调度员未按规定进行监控，对助理调度员的极速操作未提醒制止，也未对进路进行认真确认。错误操纵设备列车脱轨示意如图 2-25 所示，CTC 道岔操作菜单显示如图 2-26 所示。

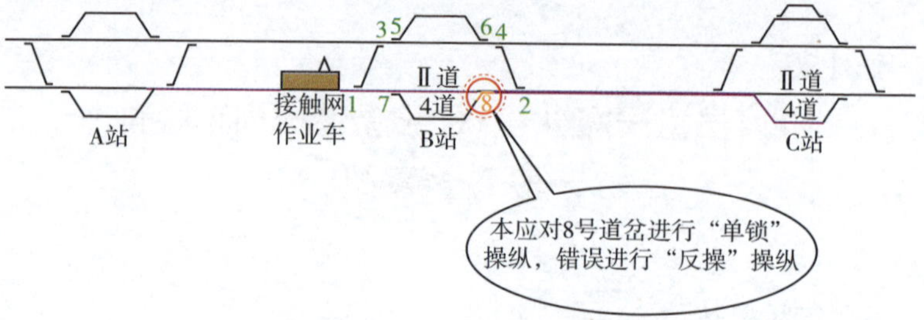

图 2-25　错误操纵设备列车脱轨示意图

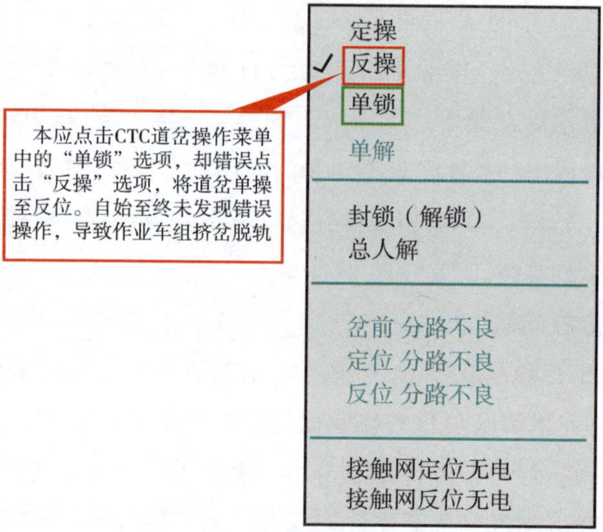

图 2-26　CTC 道岔操作菜单显示

2. 盯控人员未到岗盯控。该局调度所管理工作细则中明确规定，人工办理进路时高铁值班副主任须到岗盯控。当班值班副主任虽然掌握该临时天窗作业计划，但接班后忙于启动并盯控其他调度台高铁应急演练，对助理调度员人工办理进路环节未到岗盯控。

3. 防范列车调度员作业“两违”缺乏技防措施。列车调度员日常行车应急演练不到位（实训设备尚未正式投入使用）、调度所适应性培训质量不高和考试不严等问题。

三、违章详情

违反《技规》（高速）第266条第1款之规定："列车调度员负责组织实现列车运行图、调度日计划，应做到：检查列车运行图和调度日计划的执行情况，及时发布有关调度命令和口头指示。"

违反《技规》（高速）第283条之规定："车站值班员办理接发列车（列车调度员人工办理接发列车）时，应亲自办理闭塞、布置进路（包括听取进路准备妥当的报告）、开闭信号、交接凭证。"

违反《技规》（高速）第285条之规定："人工准备进路时，应严格按照接发列车命令、调车作业计划执行。在扳动道岔、操纵信号时，认真执行'一看、二扳（按）、三确认、四显示（呼唤）'制度；对进路上不该扳动的道岔，也应认真进行确认。"

违反《技规》（高速）第314条第1款第（3）项之规定："认真执行作业标准，保证调车有关人员的人身安全及行车安全。"

违反《调规》（高速）第6条第（二）款之规定："严格执行各项规章制度、安全管理制度和安全卡控措施，遵守和维护调度纪律，及时处理影响行车安全的有关情况，保证调度指挥安全。"

违反《调规》（高速）第6条第（十一）款之规定："……，协调组织施工、维修计划兑现。"

违反《调规》（高速）第43条第（一）款之规定："熟悉有关运输站段及列车的技术设备、作业过程、各项技术作业标准及各站接发列车的有关规定，正确组织指挥列车运行。"

违反《调规》（高速）第43条第（二）款之规定："值班中应精力集中、坚守岗位、严格落实岗位安全责任、遵守安全生产规章制度和操作规程，及时正确处理问题。"

违反《调规》（高速）第43条第（三）款之规定："遇有铁路交通事故、设备故障、自然灾害、天气不良、施工维修、临时限速

（指未纳入运行揭示调度命令的限速，下同）等情况和对区间封锁、开通的处理，列车调度员应严格遵守有关规定，值班主任（值班副主任）应加强检查。”

违反《关于发布〈高速铁路列车调度员日常作业规范〉的通知》（调信技函〔2020〕54号）第3.1条之规定：“操纵CTC站场图终端设备时，必须执行‘一看、二点击、三确认、四呼唤’及‘眼看、鼠标指、口呼’制度，各动作之间须有间隔停顿，不得同时进行其他作业。点击按钮时，须确认其显示正确后，方可操纵另一按钮。”

违反《关于发布〈高速铁路列车调度员日常作业规范〉的通知》（调信技函〔2020〕54号）第4条之规定：“列车调度员在CTC系统终端进行按钮操作、接触网供电臂设置无电/有电、设置接发车自触/非自触等操作时，列车调度与助理调度须进行二人互相检查，联系确认，一人操作、一人监控。”

违反《关于发布〈高速铁路列车调度员日常作业规范〉的通知》（调信技函〔2020〕54号）第4.1条之规定：“需人工办理列车进路及开放信号时，助理调度按照列车调度的指令，正确操纵道岔、排列进路、开闭信号，确认道岔位置正确、进路准备妥当，信号显示正确后向列车调度汇报。列车调度应通过CTC运行图终端运行线锁闭标识、CTC显示终端或站场图终端光带显示、信号机状态、道岔定反位表示等进行确认。”

四、吸取教训

1. 强化调度专业安全管理。各铁路局集团公司调度所要进一步完善高铁列车调度员作业标准，严格落实各级管理人员量化检查及非正常行车盯台制度，督促管理人员认真履职、调度员严格作业标准。

2. 切实抓好非正常行车安全风险管控。各铁路局集团公司调度所要认真研判管控各类安全风险，遇自然灾害、恶劣天气、设备故障、事故等情况，要及时预警、提醒，指导相关调度人员坚守安全底线，严格落实各项作业标准，确保运输安全。

3. 强化行车应急处置培训演练。各铁路局集团公司调度所要加强行车应急培训演练实训平台建设，定期开展培训演练。高度重视行车应急处置，及时还原分析每一起处置过程，强化典型案例教育，不断提升列车调度员行车应急处置水平。

五、解析评述

该起事故原因简单、后果严重、处理严肃、教训深刻。

1. 原因简单。究其原因是调度员未执行作业标准导致。助理调度员在进行 CTC 站场图终端设备操纵时，在终端设备按钮选项相互临近的情况下，未确认操纵的具体项目内容，盲目作业、错误操作。一个按钮操作，仅用时 8 秒的操纵过程，由此产生事故隐患，最终造成列车脱轨一般 B 类事故。“8 秒产生一个 B 类事故”，教训极其深刻。

2. 后果严重。事故造成作业车车辆挤岔脱轨，同时脱轨车辆侵入下行线，中断下行线 2 h 44 min，造成构成铁路交通一般 B 类事故。在高速繁忙区段，中断行车 2 h 44 min，势必造成动车组列车大面积滞留，运输秩序受到严重影响。更为严重的是，脱轨车辆侵入下行线，造成下行线动车组列车大面积晚点。同时，在 350 km/h 速度运行区段，动车组制动距离为 6.8 km，动车组列车高速运行时，遇突发侵线车列或障碍物，如果停车不及时、采取措施不当，很容易造成运行动车组与侵线车列或障碍物发生冲突，造成动车组脱轨、颠覆等次生事故，更会造成人员伤亡事故，后果极其严重。

3. 处理严肃。事故发生后，该局依据有关安全责任追究办法，对事故相关责任人员进行了严肃处理：给予调度所党委书记、主任记大过处分，给予调度所分管副主任撤职处分，给予高铁调度室主任、高铁值班副主任撤职处分，给予事故直接责任人列车调度员、助理调度员专业技术职务撤职处分并调离铁路局集团公司机关。严肃追责，警示他人。

4. 教训深刻。全路随着营业线CTC覆盖里程的不断增加，铁路运输调度直接参与CTC系统具体操纵，作业内容及环节增多，安全风险增大。但是个别调度员仍然产生松懈思想，在设备操纵、计划下达、关键确认以及“自控、互控、他控”方面仍然执行不力，存在简化作业程序、盲目作业的惯性问题。该事故案例切切实实让调度集中CTC调度员有了深刻认识，有了可供吸取的事故案例。

所有调度集中CTC调度员都要深刻吸取教训、认真分析原因、对照改进不足、落实作业标准，确保调度指挥安全。为此，应从以下几个方面做好安全工作：

一是增强作业安全意识。随着CTC新设备的大量运用，特别是在人机信息交互作业量增大、行车组织要求日益严格的情况下，调度集中CTC调度员一定要增强安全责任意识，深刻认识调度员既是指挥员又是操纵者的角色变化，深入思考CTC作业方式对铁路运输调度的要求，及时跟进思想观念，转变工作模式，确保工作质量，以适应铁路高速发展对铁路运输调度的形势需求。

二是严格标准程序落实。调度集中CTC调度员要严格落实CTC区段列车调度员人工操作基本作业规范及联系用语的相关规定。CTC调度员操纵CTC站场图终端设备时，要执行“一看、二点击、三确认、四呼唤”及“眼看、鼠标指、口呼”制度，各动作之间须有间隔停顿，不得同时进行其他作业。点击按钮时，须确认其显示正确后，方可操纵另一按钮。

三是严格岗位盯控检查。在CTC系统终端进行按钮操作、接触

网供电臂设置无电 / 有电、设置接发车自触 / 非自触等操作时，列车调度与助理调度须要认真落实“二人确认”制度，一人操作、一人监控，二人互控检查、联系确认，确保操作步骤符合程序规范。管理部门要加强对 CTC 台作业标准执行情况的检查、评价、督导，督促列车调度员严格执行 CTC 作业基本项点，使 CTC 台调度员明晰作业的标准、程序、规范，知道“什么是对的、什么是错的”，提高调度员业务技能水平。

四是强化应急处置演练。要使调度集中 CTC 调度员作业标准、合乎规范，就必须要“勤练、多练”。通过模拟演练，使调度员熟练掌握操纵项点、内容及注意事项。同时通过对演练情况的真实客观评价，对调度人员暴露出的易错点及未掌握点等情况针对性开展培训，补强短板，提升调度人员业务技能和应急处置能力。

五是强化安全警示教育。愚者以流血换取教训，智者以教训制止流血。要认真汲取调度集中 CTC 责任事故教训，本着对个人、对家庭、对单位、对社会负责的态度，强化责任担当，坚决克服松懈麻痹的思想，切实提高安全责任意识。要眼睛向内查找不足，认真开展安全风险排查，早发现、早整治，制定切实可行的风险防范措施，确保调度指挥安全平稳。

六是严格 CTC 台准入制度。严把 CTC 台列车调度员任职资格，严肃转台转岗审核，入职前必须经 CTC 实做考试合格后方准单独作业，严禁 CTC 台间或 CTC 台调度员与 TDCS 台调度员短期内频繁调换，保持同一 CTC 台作业人员相对固定。

六、问题思考

1. 调度集中系统（CTC）环境下，如何认识标准化作业的重要意义和现实意义？

2. 调度集中系统（CTC）对调度安全管理带来哪些变化？

3. 什么是铁路交通一般B类事故?

4.《高速铁路列车调度员日常作业规范》对操纵CTC站场图终端设备有哪些规定?

5.《高速铁路列车调度员日常作业规范》对“二人互控”有哪些规定?

6.《高速铁路列车调度员日常作业规范》对人工办理进路有哪些规定?

7. 如何深刻认识“先进路、后凭证（信号）”的意识?

8. 如何深刻认识“确保高铁客车安全万无一失”这个主题?

9. 调度员在日常作业中应如何做到确保高铁客车绝对安全?

在岗一分钟，
安全六十秒。

高速铁路列车调度员日常作业规范

1　总则

1.1　为深化强基达标，从严务实推进标准化建设，进一步规范高速铁路列车调度员（列车调度、助理调度岗位）作业行为，特制定本规范。本规范规定了高速铁路列车调度员人工办理相关作业的基本要求和联系用语。

1.2　本规范适用于铁路局集团公司高速铁路列车调度员在人工操作CTC设备办理接发车进路等情况下的基本作业和联系用语。

2　作业流程

2.1　接班（见表1）

表1

项　目	内　容	技术要求	说明事项
（一）了解情况	1. 重点事项	（1）有关命令、通知、文电。 （2）重点列车注意事项。 （3）列控限速设置情况，跨班调度命令的交付和执行情况	
	2. 生产情况	（1）列车开行计划及运行情况。 （2）动车组试运行及回送情况。 （3）施工（维修）日计划，运行揭示调度命令，施工（维修）调度命令。 （4）行车设备变化状况、天气情况。 （5）救援列车、热备动车组、内燃机车动态，机车车辆，自轮运转特种设备存放情况。 （6）与本岗位有关的其他事项	
（二）参加接班会	1. 听取相关岗位提出的问题	做好与本岗位有关事项的记录，预想预防	
	2. 汇报本岗位工作情况	针对存在问题，商定解决办法	各局根据交接班实际情况，确定是否进行
	3. 听取领导布置工作	做好与本岗位有关事项的记录	

续上表

项　　目	内　　容	技术要求	说明事项
（三）接班	1. 对口交接	正在执行的调度命令、文件、电报等重点事项当面交接清楚；核对列控限速设置正确、行车设备检查登记簿及行车设备状况	
	2. 检查备品、卫生	备品齐全，工作场所定置、卫生管理到位	
	3. 检查调度指挥系统	确定系统工作正常	
	4. 签认交接班簿	有关内容交接清楚后签认	设有交接班（信息）系统的，可通过交接班系统完成签认工作

2.2　班中（见表 2）

表 2

项　　目	内　　容	技术要求	说明事项
（一）列车运行计划调整	1. 收集资料	（1）邻台列车交接计划。 （2）车底出库及站内待发情况。 （3）车站到发线运用情况。 （4）施工维修计划及作业准备情况。 （5）其他有关事项	
	2. 调整计划	（1）根据日计划，铺画列车运行计划。 （2）确认车站列车到发时分、股道使用、会让计划等。 （3）接发办理客运业务的动车组列车须执行“三固定”，需要变更接发列车的股道时，执行相关规章规定	
	3. 下达计划	（1）及时下达计划。 （2）布置重点事项，提出安全生产要求	
（二）组织工作	1. 运行组织	（1）注意列车在区间和车站的运行情况。 （2）组织晚点列车恢复正点	
	2. 施工组织	（1）根据施工（维修）日计划，运行揭示调度命令等，逐项核对申请内容无误。 （2）正确发布施工（维修）、接触网停送电调度命令。 （3）施工（维修）结束，确认施工（维修）单位在运统-46 销记完毕，方可按规定组织放行列车。 （4）在调度台登记运统-46 时，正确、及时办理登、销记手续	

2.3　交班（见表 3）

表 3

项　　目	内　　容	技术要求	说明事项
（一） 重点 事项 交接	1. 做好交班准备	（1）调整好列车运行，为下一班工作打好基础。 （2）整理有关命令、通知、文电，在交（接）班簿内注明名称和号码。 （3）确认重点事项、救援列车动态、热备动车组、内燃机车动态情况、施工维修情况、运行揭示调度命令，行车设备状况、机车车辆、自轮运转特种设备存放情况和调度命令交付情况，并填写交（接）班簿。 （4）检查列控限速设置情况并登记交（接）班簿（可通过交接班系统完成签认工作）。 （5）整理岗位卫生	
	2. 对口交接	（1）与接班人员按交（接）班簿内容逐项进行交接。 （2）有关内容交接清楚后，接班人员签认	
（二） 参加 交班会	1. 汇报本岗位工作	汇报本班工作完成情况及存在问题	
	2. 值班（副）主任总结本班工作	认真听取，吸取经验教训，提高指挥水平	
	3. 领导分析问题，总结经验	落实相关工作要求	

3　基本要求

3.1　操纵 CTC 站场图终端设备时，必须执行“一看、二点击、三确认、四呼唤”及“眼看、鼠标指、口呼”制度，各动作之间须有间隔停顿，不得同时进行其他作业。点击按钮时，须确认其显示正确后，方可操纵另一按钮。

3.2　不办理作业时，CTC 调度终端鼠标箭头应置于显示屏上无按钮或操作提示框的位置。

3.3　严禁关闭 CTC 系统语音提示功能或调低语音提示音量。

3.4　严禁关闭和长时间隐藏“CTC 报警实时日志”窗口，列车调度员应认真监视调度终端发出的报警信息，发现异常应及时确认、查明原因并按规定处置。

3.5　下达列车运行调整计划时，应对列车运行调整计划报警信息逐项确认。

3.6　遇特殊情况需从基本图（日计划）读取或手工铺画列车运行线时，应正确设置有关列车属性、径路、股道及客运营业等信息。

3.7　系统弹出“强制执行”提示窗时，助理调度需诵读报警提示内容。点击“强制执行”前须仔细核实情况，列车调度、助理调度二人确认无误后按规定处理。

4　人工操作有关规定

列车调度员在 CTC 站场图终端进行按钮操作、接触网供电臂设置无电 / 有电操作时，列车调度与助理调度须进行二人互相检查，联系确认，一人操作、一人监控。

4.1　需人工办理列车进路及开放信号时，助理调度按照列车调度的指令，正确操纵道岔、排列进路、开闭信号，确认道岔位置正确、进路准备妥当，信号显示正确后向列车调度汇报。列车调度应通过 CTC 运行图终端运行线锁闭标识、CTC 显示终端或站场图终端光带显示、信号机状态、道岔定反位表示等进行确认。

4.2　利用 CTC 站场图终端进路序列表进行人工触发、修改触发方式、修改股道、删除等操作时，助理调度应与列车调度共同确认，精准操作，完成后应进行核对检查。

4.3　进行 CTC 系统允许改方、总辅助、总取消、故障解锁、总人解、引导、区间逻辑状态确认命令等操作时，助理调度应与列车调度共同确认条件具备后，方可进行相关操作。

4.4　列车调度员人工操作设备时，应使用规范的基本联系用语。用语应通俗易懂、简洁明了。联系用语必须使用普通话，吐字清晰、准确，语速适当，禁拉长音。

4.5　有两个及以上列车运行方向的车站（场、所），办理发车或通过，下达接发列车指令时，应以列车运行前方第一站（场、所）名为区别列车运行方向别（“线”“站”或“次列车”字可省略）；有两个及以上车场或径路时，要讲明车场或径路。

5　基本联系用语（见表4）

表4

序　号	分　类	项　目	列车调度	助理调度
1	接发列车	人工触发列车进路	（1）指令：“×站×次×道接（发）车，人工触发进路”	（2）复诵：“×站×次×道接（发）车，人工触发进路”
			（3）听取复诵无误后，指令：“执行”	（4）调出进路序列并选中进路，口呼：“×站×次×道接（发）车进路”，选中菜单后口呼：“人工触发”。点击并确认光带、信号显示正确，口呼：“信号好”
			（5）确认光带、信号显示正确，应答：“好”	
2	接发列车	人工排列接车（正线通过）进路	（1）指令：“×站×次×道接车（通过），人工排列进路”。 **注：**出站端有多个方向时需说明“开往×（邻站站名）方向。”（下同）	（2）复诵：“×站×次×道接车（通过），人工排列进路”。 **注：**出站端有多个方向时需说明“开往×（邻站站名）方向。”（下同）
			（3）听取复诵无误后，指令：“执行”	（4）鼠标指进路始端按钮，口呼：“×站进站”，按下按钮；鼠标指进路终端按钮，口呼：“×道”（正线通过时“出站”。有延续进路时增加“×延续”），点击并确认光带、信号显示正确，口呼：“信号好”
			（5）确认光带，信号显示正确，应答：“好’	

续上表

序　号	分　类	项　目	列车调度	助理调度
3	接发列车	人工排列发车进路	（1）指令："×站×次×道（反方向）发车（开往×方向），人工排列进路"	（2）复诵："×站×次×道（反方向）发车（开往×方向），人工排列进路"
			（3）听取复诵无误后，指令："执行"	（4）鼠标指进路始端按钮，口呼："×站×道"，按下按钮；鼠标指进路终端按钮，口呼："（反方向）出站"，点击并确认光带、信号显示正确，口呼："信号好"
			（5）确认光带、信号显示正确，应答："好"	
4	接发列车	使用总取消按钮取消列车进路	（1）指令："×站×次×道接（发）车进路，（办理）总取消"	（2）复诵："×站×次×道接（发）车进路，（办理）总取消"
			（3）听取复诵无误后，指令："执行"	（4）鼠标指进（出）站信号机，口呼："×站进站"或"×站×道出站"，选中菜单后口呼："总取消"，点击并确认进路取消后，口呼："取消好"
			（5）确认进路取消后，应答："好"	
5	接发列车	使用总人解按钮解锁列车进路	（1）指令："×站×次×道接（发）车进路，（办理）总人解"	（2）复诵："×站×次×道接（发）车进路，（办理）总人解"
			（3）听取复诵无误后，指令："执行"	（4）鼠标指进（出）站信号机，口呼："×站进站"或"×站×道出站"，选中菜单后口呼："总人解"，点击并确认进路解锁后，口呼："解锁好"
			（5）确认进路解锁后，应答："好"	

续上表

序　　号	分　　类	项　　目	列车调度	助理调度
6	接发列车	关闭信号	（1）指令：“×站×次×道进（出）站，关闭信号”	（2）复诵：“×站×次×道进（出）站，关闭信号”
			（3）听取复诵无误后，指令：“执行”	（4）鼠标指进（出）站信号机，口呼：“×站进站”或“×道出站”，选中菜单后口呼：“总取消”，点击并确认信号关闭后，口呼：“信号关闭”
			（5）确认信号关闭后，应答：“好”	
7	接发列车	人工准备进路	（1）指令：“×站×次×道接（发）车，人工准备进路”	（2）复诵：“×站×次×道接（发）车，人工准备进路”
			（3）听取复诵无误后，指令：“执行”	（4）将进路上道岔均单操至所需位置并单锁，确认接（发）车进路准备妥当后，口呼：“进路好”
			（5）确认接（发）车进路准备妥当后，应答：“好”	
8	接发列车	开放引导信号	（1）指令：“×站×次×道接（发）车，开放×引导信号”。 **注：**进站端有多个方向时需说明“×站×方向×次×道接车”；出站端有多个方向时需说明“×站×次×道×（邻站站名）方向发车”	（2）复诵：“×站×次×道接（发）车，开放×引导信号”。 **注：**进站端有多个方向时需说明“×站×方向×次×道接车”；出站端有多个方向时需说明“×站×次×道×（邻站站名）方向发车”
			（3）听取复诵无误后，指令：“执行”	（4）鼠标指进（出）站信号机，口呼：“×站进站“或”×道出站”，选中某单后口呼：“引导”，点击并确认光带，信号显示正确。口呼：“信号好”
			（5）确认光带、信号显示正确，应答：“好”	

续上表

序　　号	分　　类	项　　目	列车调度	助理调度
9	单项操作	单操道岔	（1）指令："×站×号道岔、（办理）单操定（反）位"	（2）复诵："×站×号道岔，（办理）单操定（反）位"
			（3）听取复诵无误后，指令："执行"	（4）鼠标指向该道岔、口呼："×号道岔"，选中菜单后口呼："定（反）位"，点击并确认无误后口呼："定（反）位好"
			（5）确认无误后应答："好"	
10	单项操作	单（解）锁道岔	（1）指令："×站×号道岔，（办理）单（解）锁"	（2）复诵："×站×号道岔，（办理）单（解）锁"
			（3）听取复诵无误后，指令："执行"	（4）鼠标指向该道岔。口呼："×号道岔"，选中菜单后口呼："单（解）锁"，点击并确认无误后口呼："单（解）锁好"
			（5）确认无误后应答："好"	
11	单项操作	使用总人解（区故解）按钮解锁遗留光带	（1）指令："×站×号道岔（×道）光带，（办理）总人解（区故解）"	（2）复诵："×站×号道岔（×道）光带，（办理）总人解（区故解）"
			（3）听取复诵无误后，指令："执行"	（4）鼠标指向该道岔（股道），口呼："×号道岔（×道）"，选中菜单后口呼："总人解（区故解）"，点击并确认光带解锁后，口呼："解锁好"
			（5）确认光带解锁后，应答："好"	

续上表

序　号	分　类	项　目	列车调度	助理调度
12	单项操作	点（灭）灯操作	（1）指令：“×站×信号机。（办理）点（灭）灯”	（2）复诵：“×站×信号机，（办理）点（灭）灯”
			（3）听取复诵无误后，指令：“执行”	（4）鼠标指向该信号机，口呼：“×信号机”，选中菜单后口呼：“点（灭）灯”，点击并确认无误后口呼：“点（灭）灯好”
			（5）确认无误后，应答：“好”	
13	单项操作	封锁（解封）道岔（股道，信号机）	（1）指令：“×站×号道岔（×道、×信号机），（办理）封锁（解封）”	（2）复诵：“×站×号道岔（×道、×信号机）。（办理）封锁（解封）”
			（3）听取复诵无误后，指令：“执行”	（4）鼠标指向该道岔（股道，信号机），口呼：“×号道岔（×道、×信号机）”。选中菜单后口呼：“封锁（解封）”，点击并确认无误后，口呼：“封锁（解封）好”
			（5）确认无误后，应答：“好”	

续上表

序号	分类	项目	列车调度	助理调度
14	单项操作	封锁(解封)区间	(1)指令:"×站至×站间(×行线),(办理)区间封锁(解封)"	(2)复诵:"×站至×站间(×行线),(办理)区间封锁(解封)"
			(3)听取复诵无误后,指令:"执行"	(4)鼠标指向该区间,口呼:"×站至×站间(×行线)",选中菜单后口呼:"封锁(解封)",点击并确认无误后。口呼:"封锁(解封)好"
			(5)确认无误后,应答:"好"	
15	单项操作	设置分路不良空闲	(1)指令:"×站×号道岔(×道、×轨道电路)分路不良。设置空闲"	(2)复诵:"×站×号道岔(×道、×轨道电路)分路不良。设置空闲"
			(3)听取复诵无误后,指令:"执行"	(4)鼠标指向该分路不良区段,口呼:"×号道岔(×道、×轨道电路)",选中菜单后口呼:"设置空闲"。点击并确认无误后,口呼:"设置好"
			(5)确认无误后,应答:"好"	
16	单项操作	办理允许改方	(1)指令:"×站至×站×行线,办理×允许改方"	(2)复诵:"×站至×站×行线,办理×允许改方"
			(3)听取复诵无误后,指令:"执行"	(4)鼠标指向该允许改方按钮,口呼:"×允许改方"。点击并确认无误后,口呼:"改方好"
			(5)确认无误后,应答:"好"	

续上表

序号	分类	项目	列车调度	助理调度
17	单项操作	办理允许改方按钮复原	(1)指令:“×站,办理×允许改方复原”	(2)复诵:“×站,办理×允许改方复原”
			(3)听取复诵无误后,指令:“执行”	(4)鼠标指向该允许改方按钮,口呼:“×允许改方,复原”,点击并确认无误后,口呼:“复原好”
			(5)确认无误后,应答:“好”	
18	单项操作	修改车次号	(1)指令:“×站×道(×站至×站间×行线)×次(乱码)修改为×次”	(2)复诵:“×站×道(×站至×站间×行线)×次(乱码)修改为×次”
			(3)听取复诵无误后,指令:“执行”	(4)修改并确认无误后口呼:“修改好”
			(5)确认无误后,应答:“好”	
19	单项操作	添加车次号	(1)指令:“×站×道(×站至×站间×行线)添加×次”	(2)复诵:“×站×道(×站至×站间×行线)添加×次”
			(3)听取复诵无误后,指令:“执行”	(4)添加并确认无误后,口呼:“添加好”
			(5)确认无误后,应答:“好”	
20	单项操作	修改车次号电力属性	(1)指令:“×站×道(×站至×站间×行线)×次修改为电力(非电力)”	(2)复诵:“×站×道(×站至×站间×行线)×次修改为电力(非电力)”
			(3)听取复诵无误后,指令:“执行”	(4)修改并确认无误后,口呼:“修改好”
			(5)确认无误后,口呼:“好”	

续上表

序号	分类	项目	列车调度	助理调度
21	停电送电	设置道岔（股道）无电/有电	（1）指令：“×站×号道岔（×道），设置无电（有电）”	（2）复诵：“×站×号道岔（×道），设置无电（有电）”
			（3）听取复诵无误后，指令：“执行”	（4）鼠标指向该道岔（股道），口呼：“×号道岔（×道）”，选中菜单后口呼：“设置无电（有电）”，点击并确认无误后，口呼：“设置好”
			（5）确认无误后，应答：“好”	

第三章　施工维修类

案例 34

集中修施工调度组织不当导致电力机车进入无电区一般 C 类事故

一、事故概述

××年6月13日，××局××线集中修施工期间，根据6月份维修天窗计划，B站（含）至C站（含）间上、下行线接触网进行维修作业。6时02分，列车调度员发布命令：6时20分至9时20分B站（含）至C站（含）间上、下行线供电臂停电检修。6时18分，A站车站值班员按照列车调度员下达的实时列车运行调整计划，办理下行12345次货物列车A站通过，进入B站至C站间下行线区间。12345次列车A出站4 min后，列车调度员未准确掌握区间列车运行状态，即询问B站车站值班员是否可以停电。因用语不准确，联系不彻底，加上车站值班员理解错误，盲目应答。在不具备接触网停电条件的情况下，列车调度员错误办理停电作业，于6时24分通知供电调度B站（含）至C站间上、下行线接触网停电。6时26分，变电所值班员完成了供电臂停电作业，B站（含）至C站间上、下行线供电臂停电。6时29分，12345次越过A站至B站间下行线供电臂分相后，机车主断路器跳闸停车，造成电力列车带电进入停电区，构成铁路交通一般C类事故。××局调度所负主要责任。

二、事故过程

6月13日，根据集中修综合维修天窗计划，6时20分至9时20分，B站（含）至C站（含）间上、下行线供电臂接触网停电检修。

6时00分列车调度员下达运行调整计划：12345次列车计划A站6时11分通过，6时23分到达B站等天窗，运行图如图3-1所示。

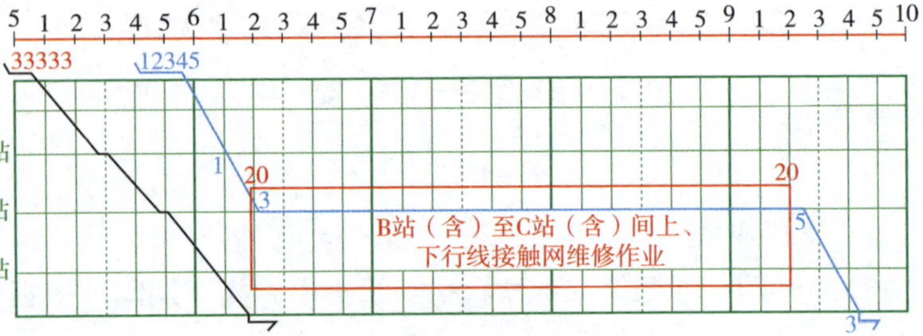

图3-1　6时00分列车调度员下达运行调整计划

6时02分列车调度员发布了接触网检修调度命令：B站（含）至C站（含）间上、下行线供电臂，因施工自6时20分起停电，限9时20分施工完毕。

6时05分列车调度员调整运行计划：12345次变更为A站停车等天窗，运行图如图3-2所示。

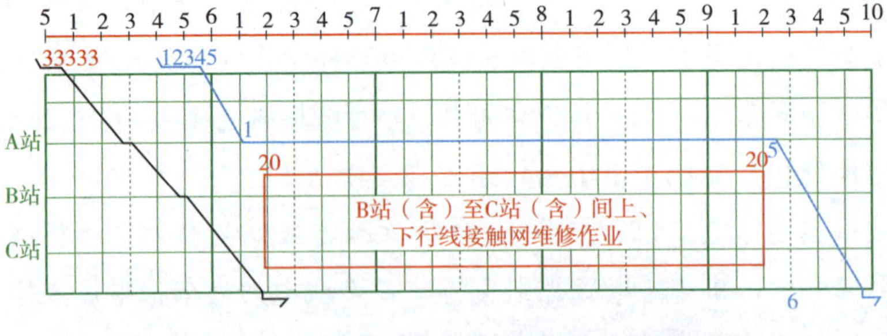

图3-2　6时05分列车调度员下达运行调整计划

6 时 10 分列车调度员再次变更列车运行调整计划：12345 次再次调整为 A 站通过，计划在 B 站等天窗，运行图如图 3-3 所示。

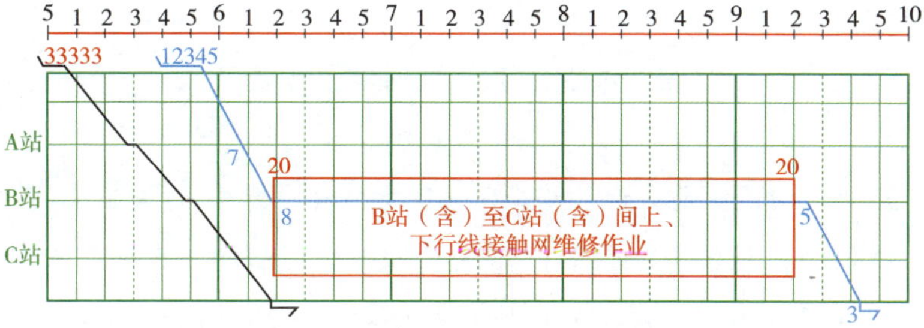

图 3-3　6 时 10 分列车调度员下达运行调整计划

6 时 24 分，在 12345 次尚未到达 B 站的情况下，列车调度员向 B 站车站值班员确认停电条件。B 站车站值班员误以为是 A 站至 B 站间另外一个天窗作业（该天窗不包含 B 站）。列车调度员纠正 B 站车站值班员“是 B 站至 C 站间”时，B 站车站值班员仍然误以为是 A 站至 B 站间区间停电，不包含 B 站。对于车站的误解列车调度员未及时纠正。

6 时 24 分列车调度员通知供电调度员：B 站（含）至 C 站间上、下行线接触网停电。6 时 26 分 B 站（含）至 C 站间上、下行线接触网停电。6 时 37 分 12345 次进入 A 站至 B 站间下行线接触网分相后进入无电区。

事发后，列车调度员默认车站进行救援，并未按规定上报安全信息。

三、存在问题

1. 列车调度员安全意识淡薄。列车调度员“安全第一”的责任意识松懈，当日，列车调度员在发布施工调度命令后，忙于运输组织，没有将接触网停电前的最后一趟列车向车站进行重点布置，更没有盯控列车运行，失去了对安全关键环节的控制。

2. 列车调度员业务水平不高。6时00分，列车调度员下达运行调整计划，12345次A站通过。之后，两次变更计划：6时05分12345次变更为A站停车；6时10分再次变更计划12345次A站通过。列车调度员对列车运行铺点不细，对列车运行尤其是天窗前的列车组织心中无数。

3. 接触网停电前未详尽掌握列车运行情况。列车调度员在向B站车站值班员确认停电条件时，对区间列车运行情况不掌握，未考虑列车实际运行情况。对车站值班员的误解只是简单纠正，没有落实彻底，就通知供电调度员供电臂停电。

4. 列车调度员日常工作中存在不良作业习惯。一些列车调度员在日常调度指挥中经常出现列车运行占用“天窗”时间，接触网实际停电时间不能按调度命令要求的时间兑现，失去了调度命令的严肃性，为现场作业带来诸多不便，存在极大的安全隐患。部分列车调度员在调度工作中用语不规范，习惯性简化用语，容易产生歧义和误解。

5. 未反馈安全信息。事故发生后，B站组织对12345次进行了救援。在车站值班员的请求下，列车调度员未按规定程序填写安监报—1。

四、违章详情

违反《调规》（普速）第6条第（四）款之规定：“负责编制和下达铁路局集团公司调度日（班）计划，并组织各运输站段落实，提高计划兑现率。对运输站段落实日（班）计划情况，提出评价考核建议。”

违反《调规》（普速）第62条第（一）款之规定：“列车调度员应及时编制和下达3~4小时列车运行调整计划，并及时与相邻调度台交换。其主要内容：（一）车站列车到、发时分和列车会让计划

（采用计算机下达的为实时调整计划）。”

违反《调规》（普速）第 62 条第（四）款之规定：“施工、维修计划及天窗时间安排。”

违反《调规》（普速）第 74 条第（二）款之规定：“值班中应精力集中、坚守岗位、严格落实岗位安全责任、遵守安全生产规章制度和操作规程，及时正确处理问题。”

违反《调规》（普速）第 75 条第（一）款之规定：“调度命令发布前，应详细了解现场情况，听取有关人员的意见，命令内容、受令处所必须正确、完整、清晰。”

违反《调规》（普速）第 75 条第（二）款之规定：“使用计算机、传真机、调度命令无线传送系统发布调度命令时，必须严格遵守‘一拟写、二审核（按规定需监控人审核的）、三签发（按规定需领导、值班主任或值班副主任签发的）、四发布、五确认签收’的发布程序。命令接受人员确认无误后应及时反馈回执。”

五、吸取教训

1. 列车调度员应准确铺画并及时下达 3~4 小时列车运行调整计划，应综合考虑现场情况，铺画准确、合理的 3~4 小时列车运行调整计划，为车站行车组织提供可靠依据。

2. 列车调度员要按照施工维修计划组织施工天窗实施，并合理安排列车停车等点，坚决杜绝铺画施工天窗与列车运行相互矛盾的列车运行调整计划，从而带来安全隐患。

3. 列车调度员要严格按照停送电程序办理，在接触网停、送电作业时必须确认停、送电条件，确认供电臂范围内电力机车都停车降弓后方办理停电作业，确保停送电及人身作业安全。

4. 列车调度员在行车指挥中，联系用语须使用普通话，吐字清晰、准确，简洁明了。

5. 行车各部门要加强作业互控，强化接触网停送电关键环节的共同卡控，共同确保维修作业安全。

六、解析评述

1. 铁路牵引供电设备

铁路牵引供电设备是保障动车组或电力机车供电和运行，提高运输能力，实现列车安全可靠运行的关键基础设施之一，其状态的好坏直接关系到铁路的安全和效率。为保证牵引供电设备质量，应设供电维修机构。供电维修机构必须坚持以运输生产为中心，做好维护管理工作，保证供电设备和系统处于良好运用状态。

牵引供电设备包括牵引变电所、开闭所、分区所、自耦变压器所、接触网和远动系统的设备。其中接触网是通过受电设备供给机车电能的导电系统，由接触悬挂、支持装置、定位装置、支柱与基础几部分组成。

2. 牵引供电设备的运行方式、主要运行参数的规定

牵引供电设备应保证不间断行车的可靠供电。牵引供电能力应与线路的运输能力相适应，满足规定的列车重量、列车密度和运行速度的要求。接触网标称电压值为 25 kV，最高工作电压为 27.5 kV，短时（5 min）最高工作电压为 29 kV，最低工作电压为 19 kV。

3. 接触网停送电作业

对牵引供电设备进行检修维修或因货物装卸、整理、苫盖、处理弓网设备及特殊运输组织等需要接触网停送电时，对接发列车、调车作业及列车在区间运行都有一定的要求。同时对施工和维修作业开始、结束的时间等都有一定的限制，有时还要加开路用列车运行，涉及单位、人员多，必须要以调度命令的形式向有关人员明确有关事项。因此，对于接触网停送电作业，需要列车调度员、供电调度员以及车站人员、供电人员，甚至货运人员、机车乘务等人员

共同做好此项工作。

接触网是否有电是车站办理接发列车的重要条件。停电或送电时如果作业进行不当、安全关键卡控失效，就会刮坏机车受电弓或接触网设备，造成行车设备损坏；还有可能造成电力机车进入无电区，电力机车受电弓划过电分段或分段绝缘器时，将电分段两端接触网导线接通，会将高压电流带入停电检修的接触网，危及作业人员人身安全。特别当作业人员登机车顶检修捆绑、处理受电弓，作业人员在车顶进行整理货物、处理异常等情况时，如果不落实停送电操作程序，接地等安全防护措施不到位，更会直接危及作业人员人身安全。因此对于接触网停送电作业，一定要作为一项重要的安全风险予以卡控到位、落实到位，确保接触网作业安全以及人身安全。

4. 接触网停送电作业卡控

为确保接触网停送电作业及人身安全，要做到：

（1）相关调度员要熟知所管辖区段内牵引供电设备情况，特别要熟悉掌握接触网供电臂的分相位置。

（2）列车调度员要把好施工封锁、维修作业前的列车放行关，强化对列车运行情况的掌握，随时铺点画线。施工、维修作业开始前要准确铺画列车运行图，根据列车运行实际情况合理安排施工维修天窗，并及时组织，做好车流与维修天窗的有效结合。

（3）列车调度员接到车站值班员申请接触网停电计划后，根据施工日计划与车站值班员、供电调度员认真核对停电供电臂、作业区间、里程、影响范围等信息。确认调度命令内容正确、受令单位齐全、发令时机成熟后，方可发布。

（4）停电前，列车调度员应加强与现场站段行车人员的联系，确认停电范围内确无电力机车运行，具备停电条件后方准通知供电调度停电。

（5）对于货物装卸、整理、苫盖及登上机车车顶处理弓网故障时，更要加强联系，严格落实作业程序及标准，确认接触网供电臂名称、影响范围、停电时间、列车车次、停车地点及停电条件等内容，按规定下达接触网停电后准许登顶作业调度命令，确保人身安全。

该事故案例中，列车调度员运行调整混乱、作业项点不清、关键卡控失效，其行为表现没有完全具备一名铁路运输调度的基本业务素质和作业技能，而导致事故发生。

首先是运行调整混乱。列车调度员是一个调度区段的日常运输工作的具体组织者、指挥者，负责组织实现列车运行图、编组计划、运输方案，完成运输生产任务。为实现按列车运行图行车，列车调度员须及时编制和下达 3~4 小时列车运行调整计划，明确车站列车到、发时分及施工、维修计划及天窗时间安排，这是铁路运输调度基本的工作内容，也是最基本的能力素质。该事故案例中，当班列车调度员在调整列车运行计划时，13 min 内连续 3 次变更运行计划，第一次计划 A 站通过 B 站等天窗，第二次调整为 A 站停车等天窗，第三次为了缓解 A 站线路股道，在运行时分不足，可能影响接触网停电计划时间的情况下，又变更为 A 站通过。虽然随时调整运行计划是运输调度的工作内容，但如此没有目的性，并且计划不准确，这种频繁调整的行为毫无实际意义，致使最后安排列车 A 站是停车还是通过调度员本身心中无数。正因为对该趟列车运行情况不清楚，在进行接触网停电时就没有意识到实际运行还有一趟列车，没有意识到不符合停电作业条件。加上车站值班员也未认真确认，致使列车调度员盲目发布命令进行接触网停电作业。A 站依据实时计划，向 A 站至 B 站间下行区间开出列车，列车就这样在作业人员疏漏的情况下“堂而皇之”进入无电区，构成事故。

其次是作业项点不清。列车调度员对接触网停电前的列车怎么调整、如何放行、目的如何都不清楚，对列车运行情况掌握不细，没有根据实际准确铺画列车运行线，运行调整与维修天窗没有精准结合。另外，列车调度员与车站值班员联系确认停电条件时，对联系内容事项、怎么联系、联系效果如何不清楚，仅流于形式。由于在确认停电条件时不彻底，造成臆测行事盲目通知供电调度进行停电作业。

最后是关键卡控失效。在停电命令发布后车站值班员核对调度命令的最后一道关时，核对不认真、不仔细，没有根据列车运行实际情况仔细核对停电内容、时间和影响范围。在与列车调度员联系过程中事项内容不一致，造成关键事项核对不彻底，错过了防止事故的最佳时机。

七、问题思考

1. 什么是3~4小时列车运行调整计划？其主要内容有哪些？

2. 3~4小时列车运行调整计划的重要性有哪些？

3. 列车调度员应如何提高自身业务水平，准确及时发布3~4小时列车运行调整计划？

4. 接触网停送电作业安全关键有哪些？错误停送电有哪些严重危害？

5. 电力机车进入无电区有什么严重危害？

6. 列车调度员应如何合理安排天窗作业，确保列车运行安全？

7. 列车调度员对天窗作业前、施工维修后等“关键”列车应如何组织？应如何盯控？

8. 列车调度员发布接触网停送电调度命令前应确认哪些内容？

9. 列车调度员与行车人员联系时应如何做到用语清晰、内容准确？

案例 35

旅客列车未按固定股道接发造成超速运行一般 C 类事故

一、事故概述

××年10月11日，××局A站站场施工改造，计划将原Ⅰ道正线封锁，开通Ⅲ道并临时代正线行车。由于LKJ基础数据管理不严，将本应在12月31日施工完成后才应该启用的A站Ⅰ道数据，提前公布并于10月11日0时启用，造成A站Ⅰ道实际限速45 km/h运行的线路区段，LKJ基础数据将列车允许速度值改为110 km/h运行。由于行车部门错误办理客车进路，导致直达特快旅客列车以105 km/h的速度超速进入限速45 km/h地段，构成铁路交通一般C类事故。导致后续多趟直达特快旅客列车非固定股道超速通过，再次构成铁路交通一般C类事故。

二、事故原因

1.LKJ基础数据违规提报。12月31日才使用的数据，错误提前发文并公布启用，违反了线路基础数据同现场一致的原则。对LKJ数据管理不严，数据的修改、审查、限速要求等关键没有专业部门进行核对，也没有按规定组织研究。月度施工计划安排10月11日0时开通A站Ⅲ道，10月11日10时30分才封锁A站Ⅰ道，“开通Ⅲ道封锁Ⅰ道”相差10 h 30 min，造成了A站在10月11日0时00分至10月11日10时30分Ⅰ道和Ⅲ道两条正线同时存在并同时使用的现状，为事故埋下隐患。LKJ数据错误超速站场示意如图3-4、图3-5所示。

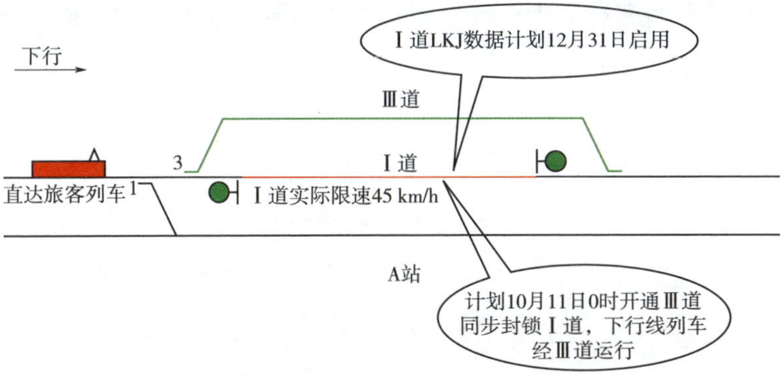

图 3-4　LKJ 数据错误超速站场示意（一）

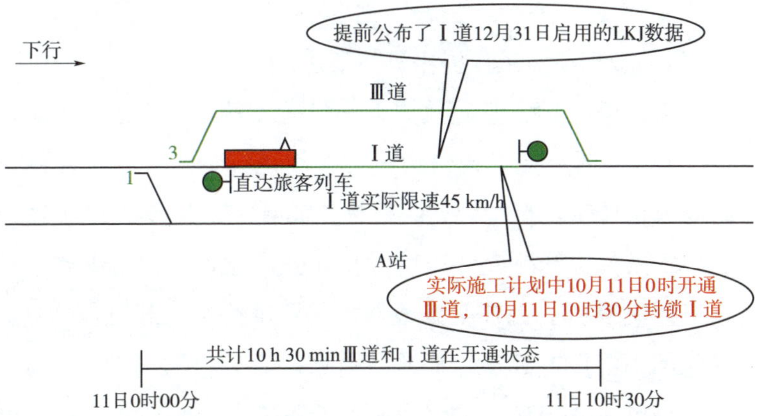

图 3-5　LKJ 数据错误超速站场示意（二）

2. 列车调度员违章指挥运行。按照公布的 LKJ 基础数据和数据换装电报要求，10 月 11 日 0 时开通 A 站Ⅲ道，且电报指定“A 站Ⅲ道为临时代正线”，车站值班员、列车调查员基本职责履职不到位，未按照铁路局集团公司电报要求办理接发列车，继续违章使用 A 站Ⅰ道接发通过的旅客列车。

3. 车站值班员违章办理接发列车。首趟直达特快旅客列车进入 A 站Ⅰ道后发现晃车，马上减速。A 站车站值班员已经知道情况，但未向列车调度员报告就擅自指挥后续多趟客车在错误的线路数据的情况下通过A站Ⅰ道进入区间。未发现安全隐患并及时防止。

三、存在问题

1.LKJ基础数据管理制度严重不落实。

一是LKJ基础数据换装工作的领导负责制度不落实。原铁道部下发的《规范LKJ数据换装电报、运行揭示调度命令发布的规定》文件中规定，LKJ数据换装铁路局必须确定一名局领导组织召开总工程师室、运输处、机务处、电务处、车辆处、工务处和调度所等部门参加的专题会议。这次换装数据分管副局长没有按规定组织召开LKJ数据换装协调会，也没有听取协调会的情况汇报，没有对10月11日的数据换装工作提出具体要求。

二是错误提供LKJ基础数据。按照A站施工改造过渡方案，计划10月11日0时开始开通Ⅲ道，下行线绕行Ⅲ道，封锁A站Ⅰ道进行站场改造施工，至12月31日施工结束后，恢复A站Ⅰ道原下行正线技术条件，线路允许速度110 km/h。建设部门组织施工单位按照施工方案编制了LKJ基础数据，并提供给相关部门和单位。数据不仅包括10月11日开通Ⅲ道的数据，而且将12月31日施工完成后A站Ⅰ道恢复110 km/h线路允许速度的数据一并提供，但没有说明A站Ⅰ道数据应在12月31日施工结束后才启用，造成A站Ⅰ道的LKJ数据本应12月31日启用，被提前启用。

三是LKJ基础数据提报审核程序不落实、不认真。对于施工单位提供的LKJ基础数据，建管处没有履行职责，没有认真审核，就提供给了设备管理单位。

四是错误发布LKJ数据。总工室在组织审核本次启用的新数据时，只是收集汇总相关基础数据，在公布LKJ基础数据的电报中，将计划12月31日使用A站Ⅰ道LKJ基础数据提前发布。认为总工室只是公布基础数据，具体生效时刻以铁路局发布的换装电报为准，还错误认为“可以提前生效数据，LKJ 数据可以和现场设备不一致”。

五是错误理解、编辑、遗漏专业部门提供的 LKJ 数据。总工室本次公布的 LKJ 基础数据，将工务处提供的“下行列车改经Ⅲ道运行，不再经由Ⅰ道”，编辑为“站内Ⅲ道临时代正线”，遗漏“不再经由Ⅰ道”内容，与专业部门提供的数据含义不符，而且未对变化的内容进行清晰、完全的表述，造成运输部门的错误理解，致使运输部门在数据启用后，使用Ⅰ道接发列车。

2. 施工管理和运输组织制度严重不落实。

一是擅自改变施工方案。在 A 站设施改造工程过渡施工方案中确定：10 月 11 日施工在开通Ⅲ道时同步封锁Ⅰ道，下行线列车经Ⅲ道运行。施工单位向建管处提报的 10 月份施工计划申请，计划 10 月 11 日 0 时开通Ⅲ道，启用新版 LKJ 数据，计划 10 月 11 日 10 时 10 分至 12 月 31 日 24 时 00 分，封锁Ⅰ道。局下达的 10 月份施工计划中，10 月 11 日 0 时开通Ⅲ道，11 日 10 时 30 分封锁Ⅰ道。施工计划与施工方案不符，Ⅲ道开通和Ⅰ道封锁没有同步进行，而是存在 10.5 h 的时间差。在这 10.5 h 内，A 站Ⅲ道和Ⅰ道同时处在开通状态。建设部门在施工方案变动后，没有修改 LKJ 基础数据，造成了启用的Ⅰ道 LKJ 基础数据与现场设备不一致。

二是施工方案审查不仔细。总工室、建管处、运输处均参加了 10 月份施工计划方案审查会，但对施工计划中存在的问题没有提出异议。对因施工方案变动引起的 LKJ 数据变化的情况，没有组织进行处理，导致 LKJ 数据与设备现状不符。

三是铁路局调度所对换装工作要求不落实。调度所参加铁路局协调会的机车调度室副主任，没有掌握会议主要内容，错认为此次数据换装不涉及 A 站Ⅰ道，制定的换装注意事项，仅明确对 A 站Ⅲ道数据进行换装。

3. 应急处置严重违反规定。

A 站车站值班员在得知直达特快旅客列车超速通过 A 站 Ⅰ 道后，并且了解到机车 LKJ 基础数据与实际限速不符情况后，没有按规定办理，仅仅以车机联控的方式通知司机限速运行。严重违反基本规章制度和作业标准，违章蛮干，采取措施不当，使后续列车在不受限速控制的条件下，继续经由 A 站 Ⅰ 道运行。

四、违章详情

违反《技规》（普速）第 103 条之规定："列车运行监控装置（LKJ）具有监控、记录、显示及报警等功能。LKJ 软件、基础数据和控制模式设定的管理，按铁路总公司有关规定执行。各机车、动车组运用区段车载数据文件的编制和控制模式的设定和调整，应由铁路局专业机构实施，由铁路局实行集中统一管理。"

违反《技规》（普速）第 223 条之规定："铁路行车组织工作，必须贯彻安全生产的方针，坚持高度集中、统一领导的原则。运输、机务、车辆、工务、电务、供电、信息、房建等部门要发扬协作精神，主动配合，紧密联系，协同动作，组织均衡生产，不断提高效率，挖掘运输潜力，完成和超额完成铁路运输任务。"

违反《技规》（普速）第 230 条第 3 款之规定："注意列车在车站到发及区间内的运行情况，正确、及时地处理临时发生的问题。"

违反《技规》（普速）第 355 条第 1 款之规定："旅客列车、挂有超限货物车辆的列车，应接入规定线路。"

违反《调规》（普速）第 6 条第（二）款之规定："严格执行各项规章制度、安全管理制度和安全卡控措施，遵守和维护调度纪律，及时处理影响行车安全的有关情况，保证调度指挥安全。"

违反《调规》（普速）第 73 条之规定："发生非正常情况时，现场行车有关人员应立即按规定采取安全措施，并及时向列车调度员报告，列车调度员向行车有关人员了解情况时，有关人员应如实汇报。”

违反《调规》（普速）第 74 条第（一）款之规定：“熟悉有关运输站段及列车的技术设备、作业过程、各项技术作业标准及各站接发列车的有关规定，正确组织指挥列车运行。”

违反《调规》（普速）第 74 条第（二）款之规定：“值班中应精力集中、坚守岗位、严格落实岗位安全责任、遵守安全生产规章制度和操作规程，及时正确处理问题。”

违反《调规》（普速）第 74 条第（五）款之规定：“当得到现场危及行车安全的报告时，应及时指示有关人员立即采取停车等安全措施，查明情况，妥善处理。”

违反《调规》（普速）第 75 条第（一）款之规定：“调度命令发布前，应详细了解现场情况，听取有关人员的意见，命令内容、受令处所必须正确、完整、清晰。”

违反《规范 LKJ 数据换装电报、运行揭示调度命令发布的规定》（铁运〔2009〕137 号）第 1 条之规定：“LKJ 数据换装铁路局必须确定一名局领导组织召开总工程师室、运输处、机务处、电务处、车辆处、工务处和调度所等部门参加的专题会议。”

违反《规范 LKJ 数据换装电报、运行揭示调度命令发布的规定》（铁运〔2009〕137 号）第 3 条之规定：“LKJ 数据换装电报内容应规范、严谨，包括 LKJ 数据变更的事由、生效时刻、过渡数据径路的启用和取消时间、注意事项四个方面的内容。”

五、吸取教训

1. 牢固树立安全第一的思想意识。对安全第一的思想要时刻深植于思想深处、真正转化到行动中。工作中对旅客列车安全的盯控要落在实处，并贯穿到安全生产的全过程。要始终如一地抓好安全工作，对安全工作时刻保持警惕和敏感意识，及时查找作业中存在的安全隐患，立即整改整治，确保客车绝对安全。

2. 严格 LKJ 管理制度。进一步完善 LKJ 数据管理办法，明确行车组织办法和盯控措施。认真参加数据换装会议，认真审查施工计划，严格发布换装命令，落实工作职能，弥补结合部漏洞。

3. 严格 LKJ 换装施工方案的审查和因施工引起的 LKJ 数据换装电报的发布，加强审核签认，从源头杜绝事故隐患。

4. 列车调度员对涉及 LKJ 换装的运行揭示调度命令，须与车站核对时间、地点（径路、股道）、速度、方向等关键事项，并要求车站值班员与相关司机核对，保证现场运行条件、机车 IC 卡的录入数据和施工日计划安排均一致。

5. 遇发生与换装计划不符时，列车调度员需立即将列车拦停在关系区间前的车站或关系车站的相邻站并报告值班主任，值班主任通知 LKJ 数据换装相关部门和单位，按其要求组织行车。

六、解析评述

列车运行监控装置（简称 LKJ），是中国铁路列车运行控制系统体系的组成部分，是用于防止列车冒进信号、运行超速事故和辅助机车司机（含动车组司机）提高操纵能力的重要行车设备，是机车、动车组设备的组成部分。LKJ 具有监控、记录、显示及报警等功能。装备在机车上的 LKJ 设备应按高于线路允许速度 2 km/h 报警、3 km/h 卸载、5 km/h 常用制动、8 km/h 紧急制动设置模式曲线。

LKJ 基础数据是行车重要的基础数据，各有关部门应按有关规定严格执行。对各机车、动车组运用区段车载数据文件的编制和控制模式的设定和调整，应由铁路局集团公司专业机构实施，实行集中统一管理，确保 LKJ 基础数据的准确性。

该事故案例中，因 LKJ 基础数据管理不严、审查不力，编辑了与实际线路允许速度不符的LKJ基础数据，造成旅客列车超速运行，后果极其严重。更为严重的，是行车人员意识迟钝、敏感性不强、采取措施不力，致使后续旅客列车重蹈覆辙，后续多趟旅客列车均超速运行通过该限速区段。直达特快旅客列车限速45 km/h的线路上，以105 km/h的速度通过，在这种状况下可能会造成列车脱轨、翻车。超过限速值60 km/h，如果A站Ⅰ道线路上有道岔，定会造成脱轨颠覆、车毁人亡的后果。而当时正在进行站场改造，施工人员、机械设备都在现场进行作业，如果列车发生脱轨颠覆侵入线路限界，其严重后果不敢想象。

该事故的发生，直接原因首先是LKJ基础数据错误。从事故原因分析中可以看出，在LKJ数据管理中存在诸多漏洞：运用的LKJ基础数据与施工方案不符，对因施工方案变动引起的LKJ数据变化的情况没有进行处理，相关管理部门在审查时均没有及时发现问题，导致LKJ数据在层层审查、专业负责、多次会议把关的情况下，没有查找出问题隐患，最终确定的基础数据与设备现状不符。

其次是对发生的问题隐患采取措施不果断。当车站了解掌握到机车LKJ基础数据与实际限速不符状况后，没有立即采取拦停列车等措施，没有按规定办理，仅仅以车机联控的方式通知列车司机限速运行，并连续组织后续旅客列车继续在错误股道超速通过。而在行车过程中，所有参与施工作业、行车作业的人员均没有发现这一问题，也没有向有关部门汇报。从中看出基本规章制度和作业标准，以及基本的监督检查机制统统失效，从而造成事故的发生。

最后，铁路局调度所对LKJ数据换装工作没有做到严谨细致，没有认真审查研究换装主要内容，掌握换装内容不全。在实际施工过程中，专业调度对大型站场改造施工过程中的情况掌握不全，没有及时发现并解决该问题，没有及时防范漏洞消除事故发生。

对于 LKJ 数据的管理工作要时刻保持清醒的态度，一定要慎之又慎，谨慎再谨慎、仔细再仔细。因为一旦 LKJ 基础数据错误，将会产生严重的安全后果。所以对 LKJ 数据全过程要严格管理职责，严肃流程审核，强化专业管理，确保数据准确。特别是对大型站场改造、线路拨接、新设备启用等施工跨度长、涉及部门广、设备变化大、运输组织困难、结合部工作复杂等特点，一定要思想上高度重视，严格落实相关制度办法，履行部门工作职能，强化审查研究，紧盯安全关键，坚决确保 LKJ 数据运用的准确性。

七、问题思考

1. 什么是 LKJ 基础数据？其主要内容有哪些？其重要性有哪些？

2. LKJ 数据管理、提报、审查、公布等程序都有哪些？

3. 列车超速运行会有哪些严重后果？

4. 遇 LKJ 基础数据与计划不符时应如何办理？

5. 运输调度部门应如何发挥自身工作职能，确保 LKJ 使用安全？

案例 36

施工计划不严密造成轨道车挤道岔一般 D 类事故

一、事故概述

×× 年 4 月 26 日 2 时 37 分，×× 局 ×× 客专 CTC 调试施工与供电轨道车维修作业交叉重叠，当供电轨道车经 B 线路所 2 号道岔返回时，由于 2 号道岔位置不正确（应为反位，实际为定位），供电轨道车在 2 号道岔处挤岔，构成铁路交通一般 D 类事故，×× 局调度所负主要责任。

二、事故过程

根据维修计划安排：4 月 26 日 0 时 10 分至 4 时 10 分，供电段在客专 A 站至 B 线路所至 C 站间上行线进行接触网检查测量作业。A 站开行接触网轨道车作业车，经 A 站至 B 线路所至 C 站间上行线点内作业，点毕返回 A 站。同时，根据运输处电报安排：4 月 26 日 1 时 20 分至 3 时 10 分，中铁电气化局进行客专 CTC 功能调试、远动（PSCADA）测试。

在施工预备会上，调度所提出 CTC 功能、远动测试是否影响轨道车上线运行，施工单位在施工日计划中提报“不影响作业车组上线运行”。

4 月 26 日 0 时 01 分，列车调度员发布施工命令，封锁 A 站至 B 线路所站内至 C 站间上行线，准许供电部门轨道车开 57002 次进入封锁区间进行接触网检查测量作业，返回开 57001 次。作业车挤岔站场如图 3-6 所示。

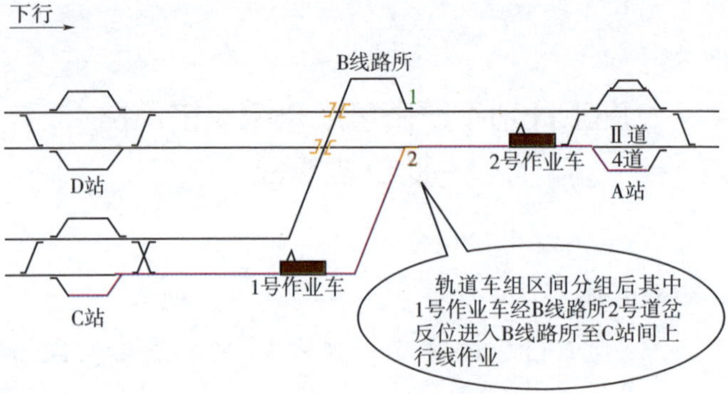

图 3-6 作业车挤岔站场示意

57002 次 A 站开车前，列车调度员指示供电段驻调度所联络员通知轨道车司机：轨道车 A 站开车凭出站信号和调度命令，返回时凭调度命令并注意确认 B 线路所道岔位置。

2 时 37 分 57002 次组中 1 号作业车由作业地点经 B 线路所 2 号道岔返回，准备与 A 站至 B 线路所间上行线作业的 2 号作业车连挂。因 B 线路所 2 号道岔为定位位置，致使作业车组运行至 B 线路所 2 号道岔处挤岔。作业车挤岔事故如图 3-7 所示。

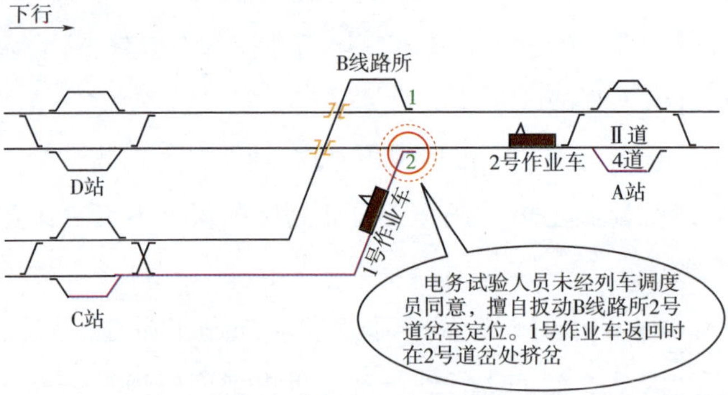

图 3-7 作业车挤岔事故

三、存在问题

1. 施工日计划不严密。当日天窗内 CTC 调试施工与供电作业车施工交叉重叠，施工计划没有将两项施工从时间和空间上进行物理划分，也没有明确轨道车在 CTC 调试施工结束前不得返回，为事故的发生埋下了安全隐患。

2. 安全责任意识淡薄。施工计划及电报中要求 B 线路所转为非常站控模式。在实际施工维修中，B 线路所没有向列车调度员申请，列车调度员盲目认为施工不涉及 B 线路所且不影响轨道车运行，不需要转站控，造成施工组织与施工计划不符，为事故发生埋下伏笔。

3. 电报理解存在偏差。列车调度员对电报内容理解不透彻，认为施工计划虽需要 B 线路所转非常站控，影响 CTC 中心功能停用，但影响范围为有关调度台与客专 CTC 信息交互以及供电臂停电，列车调度员主观臆测认为施工不影响列车进路和联锁操作，从源头上失去了防止事故的机会。

4. 施工过程严重失控。列车调度员在发布施工调度命令后，对现场作业情况不闻不问，对作业车运行状态一无所知，对交叉施工中的关键环节严重失控。

5. 规章制度不落实。铁路局集团公司文件规定：区间和站内正线同时封锁施工时，封锁线路上的有关道岔需加锁。调度所规定：严禁未准备好进路交付行车凭证和作为行车凭证的调度命令。当日 A 站至 B 线路所至 C 站合并封锁，作业车往返运行，返回时行车凭证为调度命令，当班列车调度员在 CTC 灰屏不具备进路加锁道岔的情况下，将调度命令交付，严重违反规章制度，是造成事故的另一重要因素。

6. 安全管理有缺失。一是施工室在施工前没有认真组织施工交底会，没有对施工单位和列车调度员提出相关要求和注意事项；二是高铁室对该施工重视程度不够，没有对列车调度员进行重点提示；三是值班主任也未对当班调度员提出具体要求，巡视、盯控流于形式。

四、违章详情

违反《技规》（高速）第206条之规定："遇下列情况可转为非常站控模式：2.行车设备施工、维修需要时。"

违反《技规》（高速）第265条之规定："有关行车人员必须执行列车调度员命令、口头指示，服从调度指挥。"

违反《技规》（高速）第266条第3款之规定："有关行车人员必须执行列车调度员命令，服从调度指挥。"

违反《调规》（高速）第43条第（一）款之规定："熟悉有关运输站段及列车的技术设备、作业过程、各项技术作业标准及各站接发列车的有关规定，正确组织指挥列车运行。"

违反《调规》（高速）第43条第（二）款之规定："值班中应精力集中、坚守岗位、严格落实岗位安全责任、遵守安全生产规章制度和操作规程，及时正确处理问题。"

违反《国铁集团铁路营业线施工管理办法》（铁调〔2021〕160号）第6条之规定："铁路营业线施工必须把确保安全放在首位，坚持安全第一、预防为主、综合治理的方针，建设、设计、施工、监理、行车组织、设备管理等单位和部门应严格执行本办法的有关规定。"

违反《国铁集团铁路营业线施工管理办法》（铁调〔2021〕160号）第7条之规定："铁路营业线施工是运输组织的重要组成部分，应坚持运输、施工兼顾的原则，规范施工计划管理，加强施工组织和施工期间的运输组织，按计划、有组织地进行各项施工，积极推广使用技术先进的施工机具和施工方法，提高施工作业效率和质量。"

五、吸取教训

1.强化对CTC环境下施工维修安全意识。CTC调度集中区段，调度员既是运输指挥者，又是设备操纵者。要牢固树立风险意识，工作中要时刻保持高度负责、高度警觉意识。对施工维修开行作业车，要牢固树立“进路、凭证”意识，把好安全关键环节的卡控，从源头确保施工维修安全。

2. 加强施工计划管理。从施工计划审核受理的源头抓起，加强施工计划审核和管理。严格审查施工计划冲突内容，细化施工组织方案，以作业车组运行和非正常行车为施工安全卡控的重点，合理安排交叉施工作业区域，并制定详细的安全措施及盯控办法。施工登记及影响范围与计划不一致，坚决不准施工。

3. 加强作业过程控制。列车调度员在施工维修组织中，要认真了解施工影响范围和施工关键环节，密切关注施工进度和列车运行状态，加强与现场各部门的联系及提示。严格落实施工盯控制度，对控制模式转换、路用列车运行、列控限速设置等关键环节，盯控人员要认真盯控和把关，保证安全风险受控。

4. 严格 CTC 模式转换。严格非常站控模式的转换条件，严禁随意转换控制模式。需转为非常站控时，列车调度员要检查车站干部到岗情况，调度所值班主任须到岗盯控。施工计划或电报中明确转站控时，必须按要求及时转换控制模式。

5. 严格盯控防控作用。切实发挥安全检查盯控作用，加强日常安全检查和专业检查，及时纠正制止违章违规行为，切实发挥安全引领作用，筑牢调度指挥安全防线。

6. 加强高铁调度员培训。此次问题的发生，暴露出部分调度员在对规章的了解和掌握上存在差距，对施工过程中存在的安全风险研判不足。针对这一问题，应对全体高铁调度员进行高铁施工维修、应急处置及规章制度等方面的补强培训，切实提高调度员业务素质和应变能力。

六、解析评述

1. 分散自律调度集中设备

分散自律调度集中设备分为分散自律控制模式和非常站控模式。

分散自律控制模式一般有中心操作方式、车站调车操作方式和车站操作方式。不同操作方式下，列车调度员和车站值班员对信号设备控制和列车进路、调车进路的操作具有不同的权限。

（1）在中心操作方式下，调度终端具有信号设备的全部控制权，列车调度员对列车及调车进路均有操作权，车站对列车及调车进路均无操作权。

（2）在车站调车操作方式下，列车调度员对列车进路有操作权，对调车进路无操作权。而车站对调车进路有操作权，对列车进路无操作权。

（3）在车站操作方式下，车务终端具有信号设备的全部控制权，车站对列车及调车进路均有操作权，列车调度员对列车及调车进路均无操作权。

车站控制是指调度集中区段车站在车站操作方式或非常站控模式下，由车站值班员负责办理列车及调车进路的状态。

2. 转为非常站控模式的条件

根据《技规》（高速）规定，遇下列情况可转为非常站控模式：

（1）调度集中设备故障；

（2）行车设备施工、维修需要时；

（3）发生危及行车安全的情况需要时。

遇更换CTC设备软件、开行轨道车等行车设备施工、维修，可根据需要转入非常站控模式，使用联锁设备或现场人工方式办理进路。

该事故案例中，调度台为分散自律调度集中设备区段。当日施工维修项目为两项：接触网检查测量作业和CTC功能调试。内容是作业车在A站至B线路所至C站间上行线区间折返及CTC中心电务试验。在施工维修组织过程中，由于施工计划编制不严格，对作业内容掌握不细，对施工过程中的安全关键卡控不严，未严格执行规章制度，工作责任心不强导致作业车挤岔构成事故。

首先是施工计划编制不严格。施工计划中没有对天窗内 CTC 调试与作业车运行两项施工维修内容进行单元划分，没有明确作业车往返进路，更没有明确调试后道岔位置，造成施工维修计划不严谨、不充分。

其次是作业内容掌握不细。这主要是行车人员对当日施工维修作业内容掌握不全，不知道电务调试对行车设备的影响，不知道调试时需要对 2 号道岔进行扳动，不知道调试会造成调度终端设备黑屏。由于未能充分研判施工维修过程中的安全风险，这就导致行车人员不能有针对性预想预防，未能做到有的放矢。在实际施工维修组织过程中状况复杂，相互影响，致使一些问题隐患充分暴露发生，防控不力导致事故发生。

第三是对施工过程中的安全关键卡控不严。无论是调度员还是车站值班员，都没有牢固树立“进路、凭证（信号）”意识。对于施工维修作业车往返进路卡控不严，对所经线路道岔位置未认真监控。致使电务人员对 2 号道岔扳动调试后，行车人员均没有发现该道岔已经扳动至定位，没有发现该道岔不在作业车所经位置，没有及时发现并消除隐患，给事故发生埋下隐患。同时调度员未及时了解现场施工维修作业进度，对现场作业情况不闻不问，未密切关注列车在站内及区间内的运行情况，对轨道车运行状态不掌握，种种表现说明施工过程安全关键卡控可以说是处于失控状态。

第四是未严格执行规章制度。《技规》（高速）中对转为非常站控模式有严格的规定，施工计划及电报中也要求施工维修涉及车站要转为非常站控模式。车站转为非常站控模式，车站人员可准确监控行车设备，正确接发列车，确保施工及行车安全。但是在该施工维修过程中，未按规定将控制模式转为非常站控模式。这就造成调度员要监视调监设备时，调监是黑屏不能实时监控。而车站值班员要监视调监设备时，又不是车站的职责。这就导致作业过程存在盲区，无人负责、无人监控导致事故的发生；

最后是工作责任心不强。当班调度员对施工计划及电报内容理解不透彻，认为施工计划 CTC 中心功能停用、电务调试道岔，影响的只是 CTC 信息交互。对施工计划中“不影响作业车组上线运行”主观臆断，认为施工不影响列车进路和联锁操作，据此未认真掌握设备及作业车运行状况，未履行调度集中调度员工作职责，从源头上失去了防止事故的机会。

七、问题思考

1. 什么是分散自律调度集中设备？分为哪几种模式？每个模式的控制权限都有哪些？

2. 分散自律调度集中设备在何种情况下方准转为非常站控模式？

3. 调度集中环境下施工维修组织与传统的施工维修组织有何不同？

4. 调度集中环境下的施工维修组织，对运输调度部门带来哪些新的安全风险？

5. 调度集中环境下，列车调度员应如何深刻认识“先进路、后凭证（信号）”意识？

6. 对于因施工维修作业需要开行作业车时，运输调度应如何把控其运行安全？

7. 施工各部门应如何加强对施工计划的审核，杜绝错误、冲突计划？

8. 运输调度应如何加强对施工维修全过程的盯控，确保施工维修按计划实施？

9. 针对施工维修作业全过程，各部门应如何做到精准风险研判，并有效作业卡控？

第四章　其他作业类

案例 37

列车调度员调整不当造成机车乘务员超劳一般 D 类事故

一、事故概述

××年 3 月 11 日，××局机务段司机、随乘司机机班担当 41234 次列车牵引任务。21 时 02 分在机务派班室出勤，22 时 31 分始发站开车，3 月 12 日 12 时 16 分到达中间站 A 站，18 时 05 分车站通知司机等待换班。列车调度员组织乘务员便乘 12346 次列车前去换班。12346 次始发站 19 时 18 分开车，21 时 05 分到达 A 站，机车乘务员换班后 41234 次列车于 21 时 20 分开车，23 时 26 分到达终到站。41234 次机车乘务员单趟一次乘务作业时间 21 h 03 min，超劳 5 h 03 min，构成铁路交通一般 D 类事故。××局调度所负主要责任，车务段负重要责任，机务段负次要责任。

二、存在问题

1. 调度所日班计划编制错误。铁路局调度所 3 月 12 日 5 时 11 分发布的班计划中，41234 次列车计划 16 时 06 分到达终到站，该列车实际于 3 月 11 日 22 时 31 分在始发站开车，计划运行时间 17 h 35 min，超过了机车乘务员一次连续工作时间标准，为超劳机车交路计划。

2. 列车调度员不按图指挥列车。铁路局调度所 3 月 12 日 5 时 09 分发布 3~4 小时阶段计划中：41234 次列车第一个中间站调车作业完毕后 6 时 50 分开车，7 时 12 分第二个车站进行调车作业。但列车调度员实际指挥 41234 次列车第一个中间站调车作业 7 时 10 分开车、7 时 34 分因另一个中间站临时请求编挂检修回送车辆临时进行调车作业，致使41234次列车在调车作业完毕后等待天窗（8:15—10:46），站停 3 h 16 min，延长乘务员的工作时间。

3. 列车调度员防止机车乘务员超劳责任意识淡薄。铁路局调度所当班列车调度员在 41234 次列车运行时间过长的情况下，未重点组织放行，且在机车乘务员预报超劳的情形下，也未采取相应的措施，仍然安排途中停车等待，致使 41234 次机车乘务员严重超劳。

4. 车务段编组规定不落实。41234 次列车在始发车站编组始发时，不符合列车编组计划要求，未做到到站车辆成组，增加中间站调车工作量及时间。

5. 机务段未采取及时有效措施。机务段得到列车调度员换班的通知后，未向列车调度员提出合理建议，积极配合，致使乘务员在中间站停车长时间等待。

三、违章详情

违反《技规》（普速）第 225 条之规定："列车运行图是铁路行车组织工作的基础。所有与列车运行有关的铁路各部门，必须按列车运行图的要求，组织本部门的工作，以保证列车按运行图运行。"

违反《技规》（普速）第 230 条第 1 款之规定："检查各站执行列车运行图和编组计划的情况，及时发布有关行车命令和口头指示。"

违反《技规》（普速）第 230 条第 2 款之规定："严格按列车运行图指挥行车，遇列车发生晚点时，应积极采取措施，组织有关人员恢复正点。"

违反《技规》(普速)第230条第3款之规定:“注意列车在车站到发及区间内的运行情况，正确、及时地处理临时发生的问题。”

违反《调规》(普速)第6条第(二)款之规定:“严格执行各项规章制度、安全管理制度和安全卡控措施，遵守和维护调度纪律，及时处理影响行车安全的有关情况，保证调度指挥安全。”

违反《调规》(普速)第62条之规定:“列车调度员应及时编制和下达3~4小时列车运行调整计划，并及时与相邻调度台交换。”

违反《调规》(普速)第74条第(一)款之规定:“熟悉有关运输站段及列车的技术设备、作业过程、各项技术作业标准及各站接发列车的有关规定，正确组织指挥列车运行。”

违反《调规》(普速)第74条第(二)款之规定:“值班中应精力集中、坚守岗位、严格落实岗位安全责任、遵守安全生产规章制度和操作规程，及时正确处理问题。”

违反《机务行车安全管理规则》(铁总运〔2014〕338号)第64条之规定:“机车乘务员的工作和休息时间标准必须严格执行铁道部有关规定。”

违反《机务行车安全管理规则》(铁总运〔2014〕338号)第65条之规定:“为避免和减少机车乘务员超劳，铁路局列车、机车调度员要提高日(班)计划编制质量，及时准确铺画下达3~4小时阶段计划。”

违反《机务行车安全管理规则》(铁总运〔2014〕338号)第66条之规定:“列车、机车调度员必须掌握列车运行和机车乘务员一次连续工作时间等情况，对运行途中有可能发生超劳的机班，要加强组织指挥，重点掌握，优先放行。”

四、吸取教训

1. 加强行车调度指挥。铁路局调度所要提高日(班)计划编制质量，严禁出现机车乘务员一次连续工作时间超过规定时间的超劳计划。列车调度员要根据列车实际作业情况，及时、准确铺画和下达阶段计划，并严格按图指挥行车。

2. 增强调度指挥水平。列车调度员要进一步增强防机车乘务员超劳意识，重点掌握机车乘务员劳动作业时间，采取切实有效措施减少机车乘务人员超劳。对运行时间过长的列车要重点组织放行，降低安全风险。铁路局调度所要从源头上落实防机车乘务员超劳相关措施，提高列车调度员调度指挥水平，同时加强调度员防超劳制度落实情况的监督检查，防止问题的发生。

3. 严格落实机车乘务员防超劳各项措施。车务、机务部门要严格执行日（班）计划、阶段计划及调车作业计划，不得擅自临时调整和变更计划，做到按图行车。

五、解析评述

1. 机车和机车乘务员

机车是铁路运输的牵引动力，机车运用工作是铁路运输的重要组成部分。机车运用工作的基本任务是为铁路运输生产提供满足需求的机车和机车乘务员，优质高效地完成运输生产任务。机车乘务制度分为包乘制和轮乘制。机车乘务员是铁路运输原动力的直接操作人员和现场控制第一人，也是防止铁路行车事故的最后一道防线。

2. 机车乘务员休息和工作时间标准

（1）一次乘务作业工作时间标准（出勤到退勤全部工作时间）：

①机车司机、副司机配班值乘：客运列车不超过 8 h，货运列车不超过 10 h。②机车单班单司机值乘时间标准由铁路局制定。③机车双班单司机值乘：客运列车按旅行时间不超过 15 h 加出退勤工作时间，货运列车旅行时间不超过 16 h 加出退勤工作时间。

（2）机车乘务员休息时间应符合下列要求

①外公寓调休时间不得少于 5 h（其时间的计算为到达公寓签到休息至叫班时止）；在外公寓驻班休息时间不得少于 10 h；轮乘制外公寓换班继乘休息时间不得少于 6 h。具体休息时间标准在编制列车运行图时公布，并不得随意变更。②在本段（或本车间）休息时间应根据月工作时间定额均衡安排，每次时间不得少于 16 h。③实行轮乘制的机车乘务员每月应安排 1~2 次不少于 48~72 h 的休息时间。

（3）机车乘务员随货物列车或无卧铺客运列车便乘时间计算为工作时间，但不计算为一次乘务作业工作时间；乘卧铺的便乘时间不计算工作时间。

3. 机车乘务员超劳

所谓超劳，即机车乘务员在工作过程中超过规定的工作时间，分为单趟超劳和月劳时超劳两种情况。机车乘务员超劳问题比较复杂，引发超劳的原因有很多，有编组站作业能力不足造成的，有大点施工影响的，有分界站交接不畅引发的，有车流不均衡形成的，有运输组织不协调以及发生设备故障、交通事故、自然灾害等中断行车所致等等种种原因。机车乘务员在工作中超过劳动时间长时间工作，势必产生精力不集中、辨认信号困难、联控用语不准，简化作业标准，工作质量会有所下降，甚至会造成事故以及危及人身安全的严重后果。因此，机车乘务员工作中发生超劳现象是威胁行车安全的重大隐患。

该事故案例中，由于列车调度员基础工作薄弱、规章制度落实不到位、责任心不强等突出问题，造成机车乘务员单趟一次乘务作业时间 21 h 03 min，超劳 5 h 03 min，构成铁路交通一般 D10 事故。对该起事故，调度所负主要责任无可推卸。

铁路运输调度人员在日常工作中要严格落实相关规章制度，切实提高工作质量，增强防止机车乘务员超劳意识，执行好各项防超劳制度和措施，防止因机车乘务员超劳带来的安全隐患。为此要做到：

一是提高日（班）计划编制质量。编制计划力求准确、接续紧密，防止乘务员多待班，充分保证休息时间。根据实际车流到达情况、编区站接发能力和解编进度，准确下达阶段开车计划，不能按计划开车时，及时调整机车。

二是准确掌握乘务员叫班时间。及时、合理调整列车运行，按规定时间下达 3~4 小时列车运行调整计划。遇接续车流晚点、车站编组晚点或机车交路紧张时，计划、列调、机调互相及时沟通，根据实际车流和机车情况组织叫班，防止人为因素造成机车乘务员作业时间延长。

三是加强列车跟踪调整。根据区间通过能力和车站接发车能力，合理放行列车。遇有施工等线或车站满线时，根据列车实际运行情况，有预见性地安排换班，防止机车乘务员超劳。认真掌握管辖内机车动态、机车乘务员叫班时间、机车出入库情况、列车开车时间等，掌握列车在途运行时间，对可能超劳的列车及时组织调整或及时安排换班。

四是合理制定作业时间，配齐定编。运输各部门要把防止机车乘务员超劳作为保证运输安全的一项重要措施，对行车、调车作业的每个作业环节进行深入调查，合理确定作业时间标准，大力减少机车非生产时间和空费时间。同时，应根据定编配齐机车乘务员人员数量，保障运输需求。

五是强化超劳分析考核。建立超劳有关考核制度，对造成机车乘务员超劳的因素进行分析，落实管理考核制度，形成常态化机制。

六、问题思考

1. 机车乘务员一次作业时间是如何规定的？

2. 调度日（班）计划在调度指挥工作中的重要意义有哪些？

3. 因编区站堵塞、分界口不畅或作业时间较长造成列车长时间等待时，计划、机调、列调度应采取哪些有效措施防止机车乘务员超劳？

4. 列车调度员得到机车乘务员超劳预告后，应采取何种措施？

5. 组织超劳乘务员换班时，应采取哪些方法措施？

6. 对防止机车乘务员超劳工作，计划、机调、列调之间应如何做到互补互控，共同确保运输安全？

7. 行车各部门应做好哪些工作，共同确保机车乘务员作业安全？

安全乃效益之本，
效益依安全而存。

案例 38

客调命令监督执行不彻底耽误列车一般 D 类事故

一、事故概述

×× 年 8 月 1 日 16 时 30 分，×× 局 A 站始发 K4999 次列车，编组应 19 辆，但出库的客车底编组为 18 辆。在组织旅客乘车作业时，列车乘务员发现持有未编入列车的 14 号车厢车票的 152 名旅客无车可乘。18 时 48 分车站依据局客调 62007 号命令要求，将 1 辆 YZ 车加挂于列车尾部后，列车于 17 时 40 分开车，较图定晚开 70 min，构成铁路交通一般 D 类事故。动车客车段负主要责任，×× 局客运处、局调度所负次要责任。

二、事故过程

因车辆入厂修，根据动车客车段提报的减编申请，调度所客运调度员于 4 月 26 日发布 62145 号命令：7 月 1 日—7 月 31 日 A 站开 K4999 次，组中甩 YW 车 2 辆（4、5 车）YZ 车 1 辆（14 车）往返欠车运行。

根据车辆出厂到位情况，6 月 14 日动车客车段申请 YW 车 2（4、5 车）辆可恢复，但 YZ 车 1 辆（14 车）计划 8 月份恢复。调度所客运调度员于 6 月 15 日发布 62081 号命令：自 6 月 19 日 A 站开 K4999 次起，YW 车 2 辆（4、5 车）恢复。

7 月 28 日，根据客运处加挂车通知，客调发布 62154 号命令：7 月 31 日—8 月 31 日天津开 K4999 次，组中加挂（京局）YZ 车 1 辆（106、加 1、空调），供客往返运行。

详细客调命令发布及客车编组情况如下：

2月1日发布62002号客调命令第1项内容：5月1日—5月31日开K4999次，组中甩YW车2辆（4、5车）YZ车1辆（14车）往返欠车运行。

3月6日发布62029号客调命令第1项内容：6月1日—6月30日开K4999次，组中甩YW车2辆（4、5车）YZ车1辆（14车）往返欠车运行。

4月26日发布62145号客调命令第1项内容：7月1日—7月31日开K4999次，组中甩YW车2辆（4、5车）YZ车1辆（14车）往返欠车运行。62029、62145号客调命令如图4-1所示。

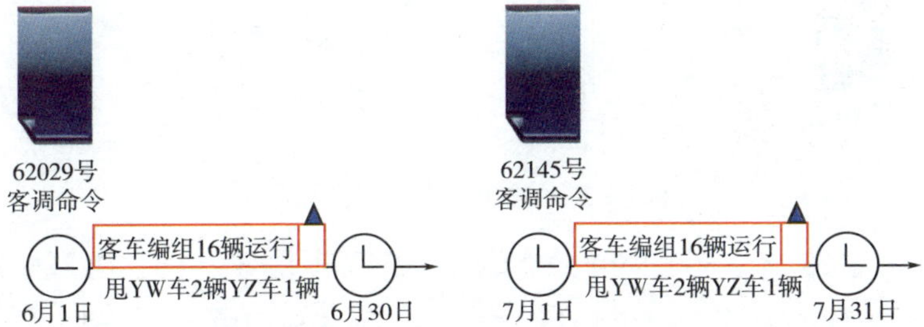

图4-1　62029、62145号客调命令图示

6月15日发布62081号客调命令第3项内容：自6月19日开K4999次起，组中加挂YW车2辆（恢复4、5车）往返运行；同时将前3月6日发62029号命令第1项、4月26日发62145号命令第1项命令中相关内容取消。62081号客调命令如图4-2所示。

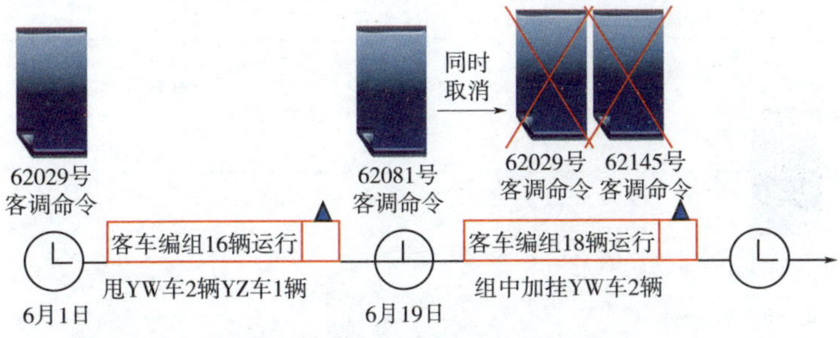

图4-2　62081号客调命令图示

7 月 11 日发布 62060 号客调命令第 3 项内容：7 月 12 日—7 月 30 日开 K4999 次，组中挂 YZ 车 1 辆（定员 118、加 1、空调）供客往返运行。62060 号客调命令如图 4-3 所示。

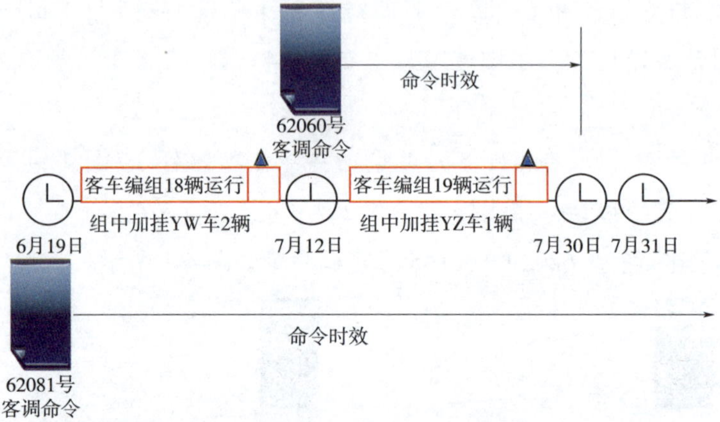

图 4-3　62060 号客调命令图示

7 月 28 日发布 62154 号客调命令第 7 项内容：7 月 31 日—8 月 31 日开 K4999 次，组中加挂 YZ 车 1 辆（106、加 1、空调），供客往返运行。62154 号客调命令如图 4-4 所示。

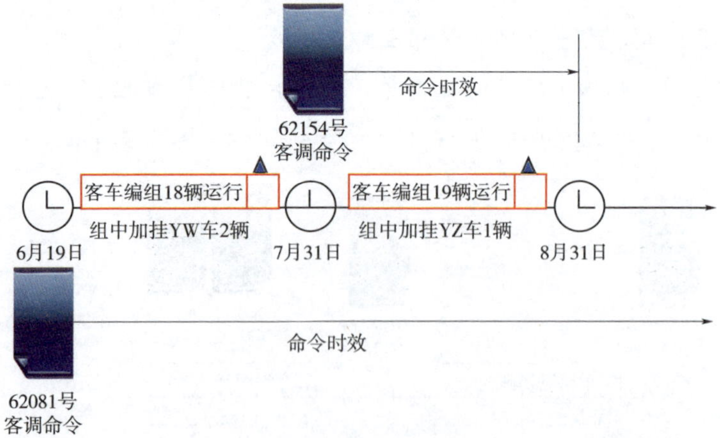

图 4-4　62154 号客调命令图示

8月1日15时40分，K4999次客车底调动至A站停妥。15时40分A站客运车间开始进行K4999次旅客检票工作。16时13分A站站台客运员接到K4999次列车长通知：本列中没有14号车厢，少一辆车。客运员立即通知客运车间和值班干部，并报告调度所。

16时26分列车调度员通知A站车站值班员K4999次不要开车，16时48分调度所下达62007号客调命令：8月1日A站开K4999次，尾挂YZ车（118、14车）运行一往返。17时28分K4999次加挂作业完毕，17时40分K4999次开车。较图定晚开70 min，构成铁路交通一般D类事故。

三、事故原因

1. 动车客车段在接到铁路局客调7月28日发布的第62154号命令中第7项“7月31日—8月31日开K4999次，组中加挂YZ车1辆（106、加1、空调）供客往返运行”的命令后，与客运处技术科联系，答复为“没加挂，就是恢复满编，其实和这月一样”的，臆测命令所表述内容，错误认为“A站8月1日始发的K4999次列车编组就应该是18辆”，没有主动与局客调进行核实，也没有按照客调62154号命令要求，安排需要加挂的YZ车，是导致事故发生的主要原因。

2. 铁路局客运处对于7月28日公布8月1日K4999次加挂YZ车1辆的电报及路局客调发布的命令内容，没有主动与动车客车段联系具体加挂事宜，未确认加挂电报及客调命令具体落实情况，主观臆测认为8月1日A站始发的K4999次列车编组就应为19辆，是构成此次耽误列车事故发生的主要因素。

3. 铁路局调度所客运调度员对发生编组变化的K4999次列车，始发客车底编组辆数掌握不清。发布62154号命令后，没有与A站进行核实，也没有提示A站8月1日K4999次列车编组变化。铁路局调度所客运调度员对旅客列车编组发生变化的关键环节卡控不到位，没有及时尽早地对A站及动车客车段进行提示，为此次耽误列车事故的发生埋下了安全隐患。

四、存在问题

1. 核对客调命令不认真。动车客车段在接受改变旅客列车编组的62154号客调命令时，没有认真核实客调命令的具体要求和相关事宜，只是通过电话与局客运处技术科进行沟通，且以微信的方式加以证实，没有严格按照作业流程和负责本专业的局车辆处再次核对客调命令具体要求，臆测K4999次列车此次加挂YZ车1辆，即是恢复原列车编组18辆。

2. 铁路局调度所客运调度员对客车编组底数不清、掌握不细。铁路局调度所客调没有如实掌握8月1日A站始发的K4999次列车编组变化情况，对于62154号命令是否如实正确的实施掌握不细。只是依据客调命令来掌握旅客列车编组，出库前没有对客车改变编组的情况进行核对，尤其是对始发的旅客列车实际编组掌握不细，也没有提前对A站、动车客车段进行提示。

3. 车站执行客调命令不坚决、不彻底。A站接到需要改变客运列车编组的客调命令后，没有坚决地执行改变列车编组的客调命令，依然是依照惯例询问动车段调度K4999次列车编组变化，对于62154号客调命令要求对8月1日始发的K4999次列车“组中加挂（京局）YZ车1辆（106、加1、空调）供客往返运行”的命令执行不坚决、不彻底。制作列车编组表客统一时，含糊不清，只是依据列车出库几辆就抄写几辆，没有严格按照和执行需要改变的列车编组客调命令来约束和制作客统一“旅客列车编组表”。

五、违章详情

违反《技规》（普速）第223条之规定：“铁路行车组织工作，

必须贯彻安全生产的方针，坚持高度集中、统一领导的原则。运输、机务、车辆、工务、电务、供电、信息、房建等部门要发扬协作精神，主动配合，紧密联系，协同动作，组织均衡生产，不断提高效率，挖掘运输潜力，完成和超额完成铁路运输任务。”

违反《技规》（普速）第224条之规定：“列车编组计划是全路的车流组织计划。列车中车组的编挂，须根据铁路总公司和铁路局的列车编组计划进行。”

违反《技规》（普速）第225条之规定：“列车运行图是铁路行车组织工作的基础。所有与列车运行有关的铁路各部门，必须按列车运行图的要求，组织本部门的工作，以保证列车按运行图运行。”

违反《技规》（普速）第230条第1款之规定：“检查各站执行列车运行图和编组计划的情况，及时发布有关行车命令和口头指示。”

违反《技规》（普速）第247条之规定：“列车应按本规程、列车编组计划和列车运行图规定的编挂条件、车组、重量或长度编组。”

违反《调规》（普速）第6条第（十）款之规定：“掌握铁路局集团公司管内客车配属、客流波动、票额利用、旅客列车开行及运行情况，重点掌握动车组列车、特快旅客列车、国际旅客列车、重点旅客列车的运行情况及旅客列车超员情况；处理旅客列车的临时加开、停运、变更径路、途中折返、车底编组、客车回送、整列换乘、车辆甩挂和调整编组（管内列车，跨局列车1个月以内硬卧、硬座、软卧、软座、餐车）、客车底试运行和实施票额临时调整等工作；落实专运及重点任务，并掌握运行情况；参与组织做好旅客列车行包运输工作。”

违反《调规》（普速）第65条之规定：“运营客车，根据分级管理的原则，由客运调度统一调动和使用。各级客运调度应加强运营客车管理，掌握运用状态，经济合理地安排使用。”

违反《调规》（普速）第 71 条之规定："国铁集团、铁路局集团公司调度应及时正确发布与运输有关的调度命令，下级调度以及有关人员必须坚决执行。"

六、吸取教训

1. 铁路局客运处要依据车辆处提供客车底编组变化，及时公布客车底变化的电报，并对调度所客调发布的客调命令加以把关核对，并检查和督促车站执行客调命令的情况，及早发现问题、尽早解决，防止旅客列车因编组不符而影响旅客的正常出行。

2. 铁路局调度所发布改变旅客列车编组变化的客调命令时，要认真核对列车编组辆数、型号和车号及时间规定，并监督有关站段、动车所落实电报命令情况。

3. 有关客运站、动车所接到客调命令后，要认真阅读、详实核对客调命令的具体内容。必要时要与主管部门核对电报命令的真实意图，确认旅客列车客车底编组情况，切忌臆测行事，确保严格按照客调命令的具体内容和要求执行。

4. 铁路局车辆、客运、调度所要严格落实客调命令发布、转交作业程序和流程，杜绝客调命令在传递、执行上的臆测行为，确保旅客列车安全正点。

七、解析评述

根据《调规》规定：运营客车，根据分级管理的原则，由客运调度统一调动和使用。各级客运调度要加强运营客车管理，掌握运用状态，经济合理地安排使用。国铁集团、铁路局集团公司调度应及时正确发布与运输有关的调度命令，下级调度以及行车有关人员必须坚决执行。

该事故案例中，该旅客列车自 4 月份开始根据客流实际实施增减编调整。K4999 次旅客列车图定编组 18 辆，最大限编 19 辆。在最后客调命令下达后，动车客车段没有按照客调命令严格执行旅客列车编组的要求，没有按照客调命令规定辆数进行编组。在与客运处沟通时，客运处没有理解动车段询问加挂电报及客调命令内容的真实意图，根据自我掌握情况答复为“没加挂，就是恢复满编，其实和这月一样的”。动车客车段根据答复内容，臆测“没加挂”就是仍然执行现行18辆运行编组，“恢复满编”就是恢复图定18辆编组，而没有结合各次客调命令发布内容进行正确理解，也没有与铁路局客调进行核实核对，错误理解为列车编组为18辆，并按照18辆进行旅客列车编组，导致实际少编组一辆客车构成事故。

同时追究该局调度所次要责任。对于这个责任，许多调度员有些不理解，认为在这个过程中客调命令发布符合规定，内容正确。在接到车站旅客列车编组少一辆的报告后，迅速行动、积极采取措施，组织加挂客车车辆，努力减少对旅客出行影响，为什么要追究次要责任？其实通过深入分析，发现调度员在职责落实方面还有欠缺。主要是客运调度员未认真落实工作职责，对始发的旅客列车编组变化情况、客车编组底数，以及客调命令执行落实情况掌握不细。对频繁变化的客车底编组情况没有提前对车站、客车段督促检查，客车底出库前也没有对客车编组变化情况进行核对，种种工作失误造成事故的发生。如果工作职责履行到位，各部门间加强协调沟通，就可以很快发现并纠正错误，从而消除引发事故因素，可以避免此次事故的发生。

对于旅客列车编组变化所带来的安全风险，因为牵涉到旅客出行质量和铁路运输声誉，所以各部门一定要高度重视，要以“一点也不能差、差一点也不行”的精神，站在为人民服务的高度做好高铁动车组、旅客列车运输组织工作，应从以下几个方面着手：

一是加强风险研判。针对客票预售期变化、客车实施“一日一图”的实际，列车运行图精准调整后旅客列车编组调整频繁，给调度安全带来安全风险。有关工种调度要结合工作变化特点，对安全风险进行研判，建立有效卡控机制，落实闭环管理，增强做好确保高铁客车安全的自觉性和主动性。

二是落实协调机制。建立并完善调度所、客运、车辆部门之间的协调联系机制，加强各部门之间日常的沟通协调。严格旅客列车临时加开、停运以及甩挂车辆工作流程和互控制度，从源头做到对旅客列车编组的规范管理。

三是严格命令执行。各客运站、动车所要建立客调命令传递、接收、执行、监督机制，加强对调度命令的管理，确保按照客调命令的具体内容和要求执行。

四是加强客调命令管理。进一步规范客运调度命令发布内容、时机、签认、审核及转交、检查、归档等环节流程标准，建立有效机制，确保客调命令发布准确、及时。客运调度员要认真履行工作职责，加强对相关文电的核对，发现问题及时向有关部门反馈，尽早及时消除问题隐患。

五是开展技控措施。充分利用信息化手段，研发技控保安全系统程序，提高客调命令管理信息化、科学化、高效化，满足高铁客车运输需求。

八、问题思考

1. 什么是旅客列车编组？其编组依据有哪些？

2. 什么是客运调度命令？其作用有哪些？

3. 铁路行车组织工作必须贯彻的方针及原则是什么？

4. 为完成铁路运输任务，铁路各部门应做到哪些工作？

5. 客运调度员应如何履行工作职责，确保旅客列车绝对安全？

6. 客运调度员应如何与有关部门联系协调，共同做好旅客列车组织工作？

7. 遇旅客列车编组与文件电报、调度命令不符时，应如何办理？

8. 对各类调度命令，应如何理解“命令内容、受令处所必须正确、完整、清晰”的要求？

安全记心中，分秒不放松。

案例 39

更换动车组车底换乘组织不当耽误列车一般 D 类事故

一、事故概述

×× 年 7 月 17 日，D1234 次（乙局客运段担当）图定甲局 A 站 3 道 15 时 33 分终到，折返 D4321 次 16 时 15 分开，折返时间 42 min。D1234 次动车组运行途中因动车组两个牵引力丢失，维持运行至终到站 A 站处理。甲局临时调整动车组交路，将 D1234 次调整至 A 站 2 道接车，组织动车段出库一组同型动车组接入 A 站 3 道（与 2 道同一站台）。D1234 次 A 站到达后乘务组换乘 3 道动车组后开 D4321 次，经组织后正点开出。

为使车底配属与客运乘务匹配，国铁集团发布调度命令，7 月 18 日 D4321 次恢复原局动车组及原局乘务交路。7 月 18 日 15 时 33 分 D1234 次正点到达 A 站 3 道，D4321 次车底由动车段出库 15 时 27 分到达 A 站 4 道，3 道、4 道非同一站台。由于列车调度员换乘组织不当，没有为换乘创造便利条件，没有将换乘两列动车组接入同一站台，造成换乘作业延时，折返 D4321 次 16 时 25 分开，晚开 10 min，同时影响上行 2 趟动车组列车因进路交叉在 A 站机外停车等点，下行 3 趟动车组列车均晚开。构成铁路交通一般 D 类事故，甲局调度所负主要责任，乙局客运段负次要责任。

二、存在问题

1. 执行国铁集团命令未预想预防。根据国铁集团调度命令，因 7 月 17 日动车组临时调整交路和临时调整乘务组，7 月 18 日 D1234、D4321 次恢复原局动车组及原局乘务组交路。当班列车调度员对于恢复原乘务组这一变化未充分预想预防，调度组织、协调作用没有充分发挥，没有为现场提供便利条件，造成换乘动车组不在同一站台，从而延误了乘务组换乘时间。同时，对4道、3道乘务组换乘时间未做准确预判，没有根据实际情况准确编制高铁运行计划，造成影响上下行5列动车组晚点。

2. 当班列车调度员关键盯控不到位。对于需要换乘的两列动车组，当班列车调度员没有安排在同一站台停靠。对于现场换乘情况进度没有准确掌握，对D4321次开车时分没有准确掌握，造成因D4321次未正点开出继而影响其他动车组晚点。

3. 专业调度室工作职责履行不到位。调度所专业调度室对7月18日乘务组换乘工作没有履行专业监督职责，未对作业关键进行督促盯控，对高铁动车组列车安全正点意识不强，履职尽责不到位。动车组乘务员换乘站场如图4-5所示。

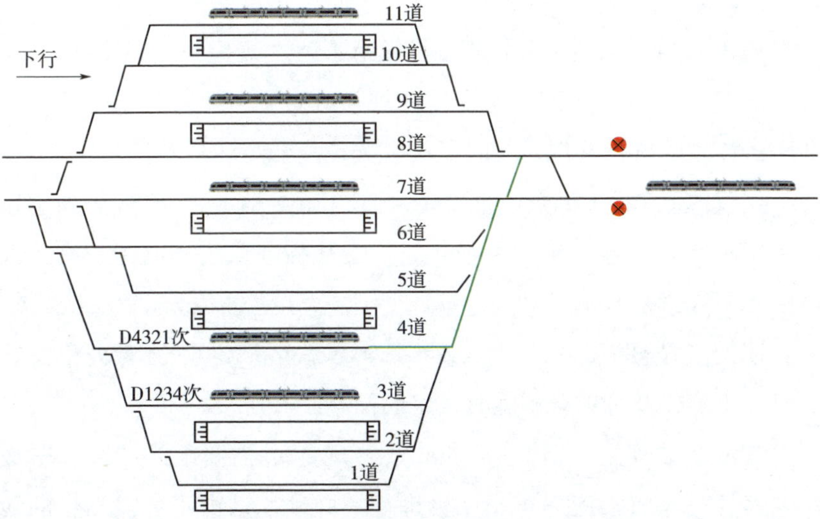

图4-5 动车组乘务员换乘站场示意

三、违章详情

违反《技规》（高速）第 203 条之规定：“铁路行车组织工作，必须贯彻安全生产的方针，坚持高度集中、统一领导的原则。运输、机务、车辆、工务、电务、供电、信息、房建等部门要发扬协作精神，主动配合，紧密联系，协同动作，不断提高效率，挖掘运输潜力，完成和超额完成运输任务。”

违反《技规》（高速）第 204 条之规定：“列车运行图是铁路行车组织工作的基础。所有与列车运行有关的铁路各部门，必须按列车运行图的要求，组织本部门的工作，以保证列车按运行图运行。”

违反《技规》（高速）第 262 条之规定：“调度日计划是一日内的运输工作计划，包括列车开行计划和施工、维修计划。”

违反《技规》（高速）第 263 条之规定：“调度日计划主要内容。1. 列车开行计划主要内容：（1）列车开行车次。（3）开行动车组列车所对应的车组（型号、车组号）、动车组车底运用方案及路用列车开行计划。”

违反《技规》（高速）第 266 条第 1 款之规定：“列车调度员负责组织实现列车运行图、调度日计划，应做到：检查列车运行图和调度日计划的执行情况，及时发布有关调度命令和口头指示。”

违反《技规》（高速）第 266 条第 2 款之规定：“严格按列车运行图指挥行车，遇列车发生晚点时，应积极采取措施，组织有关人员恢复正点。”

违反《技规》（高速）第 266 条第 3 款之规定：“注意列车运行情况，正确、及时地处理临时发生的问题。”

违反《技规》（高速）第 406 条之规定：“需要组织旅客下车或换乘其他列车时，应在车站站台进行。必须在站内不邻靠站台的线路或区间组织旅客下车或换乘时，需经铁路局主管运输副局长（总调度长）批准。”

违反《技规》（高速）第 458 条之规定：“在站内组织旅客换乘时，应尽量安排在同一站台的两个站台面进行。”

违反《调规》（高速）第 6 条第（二）款之规定：“严格执行各项规章制度、安全管理制度和安全卡控措施，遵守和维护调度纪律，及时处理影响行车安全的有关情况，保证调度指挥安全。”

违反《调规》（高速）第 43 条第（二）款之规定：“值班中应精力集中、坚守岗位、严格落实岗位安全责任、遵守安全生产规章制度和操作规程，及时正确处理问题。”

四、吸取教训

1. 列车调度员要增强服务现场意识，对于因非正常情况组织换乘作业，要尽可能组织同一站台换乘，为现场创造便利条件，提高作业效率。

2. 调度所专业室要加强对关键作业的督促和盯控，卡控关键环节，及时进行提醒和警醒，确保动车组运行安全正点。

3. 列车调度员要根据实际情况准确铺画并下达高铁运行计划。发生非正常情况，要及时了解有关信息，迅速采取措施，努力将影响降到最低。

五、解析评述

1. 换乘工作

动车组列车在运行过程中，因设备故障、交路影响等原因造成原动车组列车无法继续运行时，为了减少对旅客出行影响和保证旅客安全，需组织旅客换乘。动车组列车根据各种任务、编组内容和运行条件的不同，配备由动车组司机、随车机械师、客运乘务员组成的列车乘务组。在实际运输过程中，为完成生产任务的需要，列车乘务组也进行适时调整。无论是旅客换乘还是乘务组换乘，都是高铁运输基本的工作内容，都要加强组织、紧密衔接，确保换乘工作安全、便利、高效，努力减少对旅客出行及动车组运行的影响。

2. 动车组换乘应注意的事项

（1）列车调度员在组织动车组乘务组换乘时，应多为现场考虑，在换乘作业过程中有可能涉及餐料转运等作业，所以应尽可能安排在同一站台组织换乘，为换乘作业创造便利条件。

（2）换乘作业开始前，相关工种调度应提前与相关列车乘务人员和车站做好对接工作，布置换乘要求和时间限制，安排车站配合列车乘务员做好换乘工作。

（3）换乘过程中，列车调度员应及时了解现场作业进度，对可以预知的不能按照规定时间节点完成换乘作业、影响列车正点开车的情况，应及时调整动车组开行计划，避免造成列车运行秩序混乱。

（4）换乘作业过程中，列车长、车站等相关工作人员应严格按照列车调度员布置的规定时间内完成换乘作业。遇特殊情况无法在规定的时间内完成换乘时，应提前与列车调度员联系，取得支持，以保证其他列车正点运行，避免应急处置不当造成列车晚点。

（5）在站内不邻靠站台的线路或区间组织旅客下车或换乘时，因组织工作复杂、旅客乘降不便，一般情况下不采用。特殊情况下必须采用时，需经铁路局集团公司主管运输副总经理（总调度长）批准，有关部门、单位要严密部署、精心组织，确保旅客乘降安全。

（6）为给动车组旅客提供更好的服务，避免或减少动车组晚点，动车组故障需及时启用热备动车组。因各线运行的动车组型号不同，定员人数不同，如热备动车组定员少于故障动车组实际人数时，有条件时，优先使用定员能满足需要的其他动车组组织旅客换乘。

该事故案例中，因调度在组织乘务组换乘过程中没有预想预防，工作精细化不高，没有根据车站股道站台情况合理安排换乘地点，造成换乘时间延时。同时，当班调度动车组列车调整不当，没有根据实际情况及时调整动车组运行计划，造成影响其他动车组列车晚点，表现出的突出问题就是工作精细化的问题。组织换乘工作时应在车站同站台进行，这一点相信高铁调度员都知道。但是在具体落实过程中，没有将“同站台”真正执行好。高铁计划中，对库出动车组股道就没有规定准确，臆测为同站台或者编制高铁计划调度员根本不知道还需要进行换乘，仍然按部就班进行编制，编制了不符合实际作业的计划。而实际指挥的调度台高铁调度员，在具体组织过程中，也没有及时发现并调整股道，造成错误的计划执行。这说明对于高铁工作仍然精细化程度不高，仍然存在“以为”“可能”“大概”的粗放型的工作方式。而如何落实、落实效果如何、有没有人盯落实等环节方面失控，看似人人都抓工作，但是“最后一公里”执行不好，最终造成全部工作的无效，甚至“清零”。同时，对于高铁动车组列车运行，都要精确到“秒”来计算。当班调度对乘务组换乘时间未做准确预判，没有根据实际情况准确编制高铁运行计划。因为工作不精细，对动车组什么时分能开车不知道，更没有根据实际情况精准进行调整，进而影响上下行动车组列车都晚点，不符合“宁晚一列、不晚一片”的调度调整原则。因种种不认真、不精细的工作行为，造成简单的、细微的工作漏洞没有及时弥补，“千里之堤毁于蚁穴”，导致最终耽误列车构成事故。

六、问题思考

1. 什么是换乘工作？换乘有哪些内容？

2. 在组织换乘过程中，应有哪些注意事项？

3. 如何编制高质量的高铁运行计划？

4. 铁路运输调度应如何发挥工作职能，确保高铁动车组列车安全正点？

5. 铁路运输调度应如何做到精细化指挥？

6. 如何理解“高铁客车安全万无一失”的工作要求？

7. 如何理解“宁晚一列、不晚一片”的调度调整原则？

上岗之前多预想，
安全生产更牢固。

案例 40

擅自操作未移交设备耽误列车一般 D 类事故

一、事故概述

××年9月16日，××局××供电段按照路局批复的维修计划，委托中铁电气化局工程指挥部，对G牵引变电所隔离开关进行改造施工作业。其改造项目为：牵引变电所隔离开关改造（Ⅱ级维修），施工内容：G牵引变电所1号、2号馈线停电，对G牵引变电所2111GK、2112GK、2131GK、2132GK进行改造施工。18时07分列车调度员下达接触网供电臂停电调度命令，18时42分供电调度员下达G牵引变电所211、213馈线停电命令，18时48分供电调度员下达作业命令。

19时50分2111、2112、2131、2132隔离开关改造施工完毕，变电所内分合试验正常。19时52分中铁电气化局施工人员向供电调度申请远动分合试验2111F线隔离开关。19时53分供电调度员远动试验2111F线隔离开关分合正常。19时54分中铁电气化局向供电调度申请远动分合试验2112T线隔离开关。19时55分供电调度员远动试验2122T线隔离开关闭合随即分闸，212断路器电流速断跳闸，造成非作业区段运行途中一趟旅客列车机车无网压非常制动停车。20时04分恢复供电，20时14分旅客列车司机进行制动机试验后20时17分开车。构成铁路交通一般D类事故，××局调度所负主要责任。

二、存在问题

1. 供电调度员擅自操作未移交设备。牵引变电所隔离开关改造施工完毕后，19 时 55 分施工领导人（中铁电气化局）向供电调度申请，由供电调度员远动分合试验 2112T 线隔离开关。供电调度员在牵引供电系统操作 2112T 隔离开关闭合（实际现场为 2122T 隔离开关闭合），从而将 212 馈线电流经 2122T 隔离开关与 2112T 隔离开关处悬挂的接地线沟通，造成 212 断路器接地跳闸。供电调度员在自身不是配合单位、设备未测试完毕、未正式移交的情况下，盲目听从中铁电气化局施工人员请求，在牵引变电所 2112T 隔离开关位置标识错误的情况下，擅自操作隔离开关，造成 212 断路器跳闸是此次事故的主要原因。

2. 班组作业标准执行不到位，作业监控缺失。当日供电调度员在供电系统上操作 2112T 隔离开关闭合作业时，监控人未及时到位进行监控，违反操作隔离开关“一人作业、一人监控”的作业要求；供电值班班长履责不力，关键作业环节盯控不到位，未严格执行作业标准，是造成此次事故的又一主要原因。

3. 专业科室安全管理有待加强。调度所供电调度室对《供电调度接触网停送电卡控制度》的执行日常检查落实不到位。在审核施工维修项目时，没有对施工维修项目认真审核，没有针对施工项目对作业人员进行合理安排，监控人员未及时到岗盯控关键作业，因互控措施失效造成事故的发生。

4. 调度所施工维修管理存在漏洞。施工单位在调度所进行行车设备维修改造时，对其维修作业没有严格管理。施工单位在修改 SCADA 系统设备调度端界面技术资料时，没有专业部门对该项施工维修作业进行盯控，对修改后的系统设备没有专业部门审核检查。供电调度员对施工维修作业随意，盲目同意进行远动作业，擅自操作隔离开关，施工维修安全卡控制度缺失，管理不到位。

三、违章详情

违反《技规》（普速）第 6 条之规定：“铁路重要产品须按有关规定，执行行政许可、产品认证等铁路产品准入制度。”

违反《技规》（普速）第 8 条之规定：“新设备（包括改造后的设备）投入使用前须有操作规程、竣工图纸等技术文件和保证安全生产的办法与管理细则，经过技术测验合格并对有关人员进行培训后，方可使用。”

违反《技规》（普速）第 9 条之规定：“铁路机车车辆、线路、桥隧、通信、信号、牵引供电、电力、信息、安全、给水、房建等技术设备，均须有完整和正确反映其技术状态的文件及技术履历等有关资料。”

违反《调规》（普速）第 6 条第（二）款之规定：“严格执行各项规章制度、安全管理制度和安全卡控措施，遵守和维护调度纪律，及时处理影响行车安全的有关情况，保证调度指挥安全。”

违反《调规》（普速）第 72 条之规定：“列车调度员应熟悉管辖区段内主要行车人员和机车车辆、线路桥隧、通信信号、牵引供电等设备基本情况，掌握天气变化对行车工作影响的规律，组织行车有关人员协调动作，实现按列车运行图行车。”

违反《调规》（普速）第 74 条第（一）款之规定：“熟悉有关运输站段及列车的技术设备、作业过程、各项技术作业标准及各站接发列车的有关规定，正确组织指挥列车运行。”

违反《调规》（普速）第 74 条第（二）款之规定：“值班中应精力集中、坚守岗位、严格落实岗位安全责任、遵守安全生产规章制度和操作规程，及时正确处理问题。”

四、吸取教训

1. 严格施工维修作业的管理。对施工单位在调度所使用的行车设备进行更新改造时，要制定有关卡控措施，明确施工维修期间作业项目、内容、影响范围及防范措施。尤其是修改 SCADA 系统设备技术资料时，必须由专业部门全程盯控，经专业部门试验校验合格后，供电调度员方准进行系统操作。

2. 对新改造调度设备，在设备未测试完毕、未正式移交的情况下，不得对系统设备进行操作。新改造设备交付调度所后，要立即对有关标识进行试验核对。对标识错误、标识不符的问题及时反馈，要求设备管理部门消除问题隐患。

3. 严格落实供电操作监控制度。严格执行供电作业标准和作业监控制度，远动操作供电设备时，严格落实“一人作业、一人监控”的“二人互控”制度，确保供电作业安全。

4. 加强专业管理。供电调度室要充分发挥专业管理职能，认真审核有关供电施工维修计划，充分预想预防，合理安排作业人员及盯控人员，确保供电互控制度有效落实。

五、解析评述

1. 牵引供电设备

牵引供电设备包括牵引变电所、开闭所、分区所、自耦变压器所、接触网和远动系统的设备，其中各部分的功能描述如下。

牵引变电所：将电力系统经输电线路送来的三相工频（50 Hz）交流高压电能（110 kV 及以上），降为工频交流 25 kV 送到单相的接触网上，作为电力机车的牵引电源。牵引变电所内设有主变压器、动力变压器、自用电变压器、断路器、隔离开关及各种控制、保护、信号显示和计量等设备。

分区所：在供电臂末端，设有开关设备的场所，它使牵引变电所可以进行越区供电，在复线区段可以实现上、下行接触网并联。

开闭所：设有开关设备，能进行电分段或变更馈线数目的开关站。

分区所、开闭所内设有断路器、隔离开关及各种控制、保护、信号显示等设备，采用自耦变压器供电方式的分区所、开闭所内还设有自耦变压器。

自耦变压器所：采用自耦变压器供电方式时，装设自耦变压器的场所。所内设有自耦变压器、断路器、隔离开关及各种控制、保护、信号显示等设备。

接触网：通过受电设备供给机车电能的导电系统。

远动系统：对牵引供电设备进行远程监视和控制的系统，包括数据采集、处理、传输和显示等。

2. 新设备（包括改造后的设备）投入使用前有关要求

营业线牵引供电设备施工包括变电所及接触网新建、设备改造、设备大修等必须纳入营业线施工管理。施工应由相关部门批准后，向铁路局集团公司供电调度报送必要的技术资料，资料包括安全组织措施、施工平面图、施工过渡方案、故障抢修应急预案、与设备单位签定的安全协议等。施工配合班组根据施工单位的申请，按规定提报施工计划，严禁无计划施工作业。工程竣工后，由设备管理单位负责向供电调度提供有关竣工技术资料。

新设备在管理、使用和养护、维修上都有新的技术要求，如违反或不认真执行这些要求，不仅可能损坏设备，甚至危及行车及人身安全。因此，在新设备使用前，有关单位必须根据施工部门和设备供应商提供的操作规程、竣工图纸等技术文件，制定保证安全生产的作业办法、设备养护维修办法和管理细则，供有关人员学习、执行。新设备正式使用前应进行技术测验，测验合格方可使用。设备使用和检修人员还应进行技术培训，熟悉新设备性能和操作程序以及养护维修、排除故障等办法后，方可担任操作和检修工作。

3. 新建、改建和扩建设备投运前供电调度应掌握的资料

（1）牵引供电设备技术参数，电力系统供电示意图，接触网平面图及有关资料。

（2）变电所变压器分接开关位置，继电保护整定计算书，变电所主接图，以及二次图纸。

（3）跨越接触网架空线路资料，接触网馈线相序及接触网分相位置，各接触网工区管辖分界。

4. 新设备投运前应做好的工作

（1）供电调度要认真熟悉和掌握设备性能、接线方式，施工质量及地理环境。

（2）配备供电系统示意图、接触网平面图以及各种报表记录本。

（3）与电力系统调度和相邻铁路局集团公司供电调度交换正式供电调度员名单、供电调度通信联系电话和供电调度负责人。

（4）编制新设备倒闸卡片，核对设备编号。

该事故案例中，供电调度员违反有关规定，在新改造供电设备未经试验审核交付，未对技术资料进行核对确认的情况下，根据施工人员申请，擅自操纵牵引供电设备。由于牵引供电系统技术资料与现场实际不符，造成错误操纵设备耽误列车构成事故。供电调度员也是出于好心，帮忙施工人员进行作业，但工作是工作，职责分工有不同，哪些事情是职责所需，哪些事情是规章约束的禁止行为，必须要明确并坚决执行。

六、问题思考

1. 什么是牵引供电设备？各部分的功能有哪些？

2. 什么是牵引供电远动系统？由何人进行操作管理？

3. 新设备（包括改造后的设备）投入使用前有什么要求？

4. 对调度所设备的施工、维护、更新、改造都有哪些规定？

5. 牵引供电设备施工前，有关部门向供电调度报送的技术资料都有哪些？

6. 新改建供电设备投运前，供电调度员应做好哪些方面的工作？

牢固树立安全意识，
严格落实“二人确认制度”。